Die Rückkehr
der Arbeitslosigkeit

Zeitgeschichte im Gespräch
Band 5

Herausgegeben vom
Institut für Zeitgeschichte

Redaktion:
Thomas Schlemmer und Hans Woller

Die Rückkehr der Arbeitslosigkeit

Die Bundesrepublik Deutschland
im europäischen Kontext 1973 bis 1989

Herausgegeben von
Thomas Raithel
und Thomas Schlemmer

R. Oldenbourg Verlag München 2009

Gefördert im Rahmen der Leibniz-Gemeinschaft durch Mittel
aus dem Pakt für Forschung und Innovation

Bibliografische Information der Deutschen Nationalbibliothek
Die Deutsche Nationalbibliothek verzeichnet diese Publikation in der
Deutschen Nationalbibliografie; detaillierte bibliografische Daten
sind im Internet über <http://dnb.d-nb.de> abrufbar.

© 2009 Oldenbourg Wissenschaftsverlag GmbH, München
Rosenheimer Straße 145, D-81671 München
Internet: oldenbourg.de

Das Werk einschließlich aller Abbildungen ist urheberrechtlich geschützt.
Jede Verwertung außerhalb der Grenzen des Urheberrechtsgesetzes ist
ohne Zustimmung des Verlages unzulässig und strafbar. Dies gilt
insbesondere für Vervielfältigungen, Übersetzungen, Mikroverfilmungen
und die Einspeicherung und Bearbeitung in elektronischen Systemen.

Gedruckt auf säurefreiem, alterungsbeständigem Papier
(chlorfrei gebleicht).

Umschlaggestaltung und Layoutkonzept:
Thomas Rein, München, und Daniel von Johnson, Hamburg
Satz: Dr. Rainer Ostermann, München
Druck und Bindung: Grafik+Druck GmbH, München

ISBN 978-3-486-58950-4

Inhalt

Vorbemerkung **7**

I. Nach dem Boom
Christoph Boyer
Schwierige Bedingungen für Wachstum und
Beschäftigung **9**
Martin Werding
Einbahnstraße in die Beschäftigungskrise?
Arbeitsmarktentwicklung und Arbeitsmarktinstitutionen
in den OECD-Staaten seit 1960 . . . . **23**
Gebhard Flaig, Horst Rottmann
Arbeitsmarktinstitutionen und die langfristige
Entwicklung der Arbeitslosigkeit. Empirische Ergebnisse
für 19 OECD-Staaten **37**

II. Arbeitslosigkeit als Erfahrung und politisches Problem
Winfried Süß
Massenarbeitslosigkeit, Armut und die Krise der sozialen
Sicherung seit den 1970er Jahren. Großbritannien und
die Bundesrepublik Deutschland im Vergleich. **55**
Thomas Raithel
Jugendarbeitslosigkeit in der Bundesrepublik
Deutschland und in Frankreich in den 1970er und
1980er Jahren **67**
Thomas Schlemmer
Abseits der Arbeitsgesellschaft. Langzeitarbeitslosigkeit
in der Bundesrepublik Deutschland und in Italien **81**
Wilfried Rudloff
Behinderte und Behindertenpolitik in der „Krise der
Arbeitsgesellschaft". **95**
Kim Christian Priemel
Gewerkschaftsmacht? Britische und westdeutsche
Gewerkschaften im Strukturwandel **107**

III. Interdisziplinäre Perspektiven der Forschung
Alois Wacker
Arbeitslosigkeit als Thema der Sozialwissenschaften.
Geschichte, Fragestellungen und Aspekte der
Arbeitslosenforschung **121**
Steffen Jaksztat
Der Beitrag der Sozialpsychologie zur Arbeitslosen-
forschung **137**
Petra Schütt, Sabine Pfeiffer, Anne Hacket, Tobias Ritter
Soziologische Beiträge zur Arbeitslosenforschung. **149**
Markus Promberger
Das Beschäftigungsmotiv in der Arbeitszeitpolitik. **161**

Abkürzungen **174**

Autorinnen und Autoren........................ **176**

Vorbemerkung

Seit rund 30 Jahren wird in der Bundesrepublik von Sozialwissenschaftlern und Publizisten über die „Krise der Arbeitsgesellschaft" diskutiert[1]. Der angebliche Bedeutungsverlust der Erwerbsarbeit im Zuge eines „Wertewandels" spielte dabei ebenso eine Rolle wie die Rückkehr der Massenarbeitslosigkeit seit Mitte der 1970er Jahre und die damit verbundene Befürchtung, dass der modernen Gesellschaft infolge des technischen Fortschritts allmählich die Arbeit „ausgehe", wie dies Hannah Arendt bereits frühzeitig prognostiziert hatte[2].

Für Zeithistoriker hingegen waren die Themen Erwerbsarbeit und Arbeitslosigkeit noch bis vor wenigen Jahren nahezu ausschließlich mit der Zwischenkriegszeit verbunden – mit der 1929 einsetzenden Weltwirtschaftskrise, dem Ende der Weimarer Republik und dem Aufstieg des Nationalsozialismus. Im Hinblick auf die Geschichte Westdeutschlands nach 1945 überdeckten „Wirtschaftswunder" und Vollbeschäftigung die Tatsache, dass sowohl am Anfang als auch am Ende der „alten" Bundesrepublik besorgniserregend hohe Arbeitslosenzahlen standen. Erst mit dem immer stärkeren Interesse an der Geschichte der 1970er und 1980er Jahre[3] ist diese Massenarbeitslosigkeit ins Blickfeld der Historiker getreten, zumal allmählich auch amtliche Dokumente aus diesen Jahren für die Forschung zugänglich werden.

Der vorliegende Band reflektiert diese Entwicklung ebenso wie das Bemühen der Geschichtswissenschaft, mit Nachbardisziplinen wie der Volkswirtschafslehre, der Arbeitsmarktforschung, der Soziologie oder der Sozialpsychologie ins Gespräch zu kommen, die bei der Erforschung von Erwerbsarbeit und Arbeitslosigkeit über die größere Erfahrung verfügen. Unser Buch vereint Beiträge von Wissenschaftlerinnen und Wissenschaftlern, die sich aus unterschiedlichen Perspektiven mit dem Wandel der Erwerbsarbeit und dem Problem der Massenarbeitslosigkeit auseinandersetzen. Die

---

[1] Vgl. vor allem Joachim Mattes (Hrsg.), Krise der Arbeitsgesellschaft? Verhandlungen des 21. Deutschen Soziologentages in Bamberg 1982, Frankfurt a.M./New York 1983.
[2] Hanna Arendt, Vita activa oder Vom tätigen Leben, Stuttgart 1960, S. 11f.
[3] Vgl. Anselm Doering-Manteuffel/Lutz Raphael, Nach dem Boom. Perspektiven auf die Zeitgeschichte seit 1970, Göttingen 2008.

Aufsätze gehen auf zwei Veranstaltungen zurück: zum einen auf einen Workshop, der am 11. und 12. Juni 2008 in München im Institut für Zeitgeschichte stattfand, zum anderen auf eine von Andreas Wirsching (Augsburg) geleitete Sektion auf dem 47. Deutschen Historikertag in Dresden am 3. Oktober 2008. Beide Veranstaltungen standen in Zusammenhang mit dem vom Institut für Zeitgeschichte und vom ifo Institut für Wirtschaftsforschung durchgeführten, durch Mittel aus dem Pakt für Forschung und Innovation finanzierten Projekt „Die Krise der Arbeitsgesellschaft 1973 bis 1989". Sie zielten weniger auf die Präsentation von Ergebnissen als vielmehr auf Standortbestimmungen und die Vorstellung laufender Forschungen. Dementsprechend versteht sich der vorliegende Band auch nicht als Bilanz, sondern als Einladung zur Diskussion über ein nach wie vor drängendes Problem, das tiefe historische Wurzeln hat.

Die Herausgeber danken dem Institut für Zeitgeschichte für das Engagement bei der Durchführung der Veranstaltungen und der Herausgabe dieses Bandes. Ihr Dank gilt ferner den Kolleginnen und Kollegen im IfZ, vor allem Renate Bihl, Anna Thiel und Hans Woller, für ihre umsichtige Unterstützung sowie Gabriele Jaroschka und Rainer Ostermann für die redaktionelle Betreuung. Der meiste Dank ist aber den Autoren geschuldet, die bereit waren, sich auf den Termindruck und die redaktionellen Vorgaben der Herausgeber einzulassen.

München, im Mai 2009
Thomas Raithel und Thomas Schlemmer

Christoph Boyer
Schwierige Bedingungen für Wachstum und Beschäftigung

1. Vorüberlegungen

Nach dem Boom, dem *golden age*, den *trente glorieuses* – Formeln, die ein Hauch wehmütiger Ironie umspielt – sind in Europa und darüber hinaus die Bedingungen für Wachstum und Beschäftigung schwieriger geworden. Davon handelt dieser Beitrag, wobei ich das Thema zunächst etwas präziser zuschneiden möchte: Es geht, erstens, um die sozioökonomischen Rahmenbedingungen der Arbeitsgesellschaft, noch nicht zentral um diese selbst. Die Rede wird also sein von der Makroökonomie, den Institutionen, die diese regulieren, und den dahinterstehenden Leitvorstellungen. Unerlässlich ist dabei der Blick auf den politischen Rahmen; anders gesagt: Ökonomie ist hier immer eine eminent politische Ökonomie.

Wenn wir nun sagen, dass dieser ganze Komplex ab Anfang der 1970er Jahre in eine Krise geriet, dann meint der Begriff der Krise eher nicht die offen zutage liegende oder gar dramatisch zugespitzte Entscheidungssituation, nicht das „in summo discrimine rerum". Gemeint sind vielmehr, auf der systemischen Ebene, ein Ensemble meist unübersichtlich ineinander verschlungener politisch-sozial-ökonomisch-kultureller Steuerungs-, Reproduktions-, Umweltanpassungs-[1] und Legitimationsprobleme und die – häufig langwierige und mühsame – Suche nach Lösungen für diese[2]. Krisen haben Inkubationszeiten und bleiben, manchmal für geraume Zeit, unterhalb der Wahrnehmungsschwelle. Sie können, womöglich über längere Zeiträume hinweg, „schleichend" verlaufen und in eher unauffälligen Formen verhandelt werden. Vielleicht werden sie erfolgreich beendet – vielleicht auch nicht. Die Frage ist hier natürlich, was wir als Erfolg oder Lösung bezeichnen. Womöglich münden Krisen in grundstürzenden Wandel oder sogar in den

---

[1] Dieser Begriff ist systemisch-evolutionstheoretisch, nicht „ökologisch" gemeint.
[2] Vgl. die beiden Arbeiten von Walter L. Bühl: Krisentheorien. Politik, Wirtschaft und Gesellschaft im Übergang, Darmstadt 1988, und Sozialer Wandel im Ungleichgewicht. Zyklen, Fluktuationen, Katastrophen, Stuttgart 1990.

Zerfall des Systems, vielleicht aber auch in bescheidener dimensionierte adaptierende Umbauten[3].

Es geht mir, zweitens, nicht primär um die Bundesrepublik, sondern um deren europäische und globale Kontexte. Die Bundesrepublik ist, in anderen Worten, die Variation eines sehr viel weitergespannten Themas. Was die globalen Kontexte anbetrifft: Die Globalisierung wird derzeit ja intensiv beritten; womöglich ist das Thema sogar schon zuschanden geritten. Wir kommen, meine ich, ohne diese großen Zusammenhänge trotzdem nicht aus. Betrachtet werden sollte, drittens, eigentlich der Zeitraum zwischen 1973 und 1989. Dass die frühen 1970er Jahre aus mehreren Gründen eine Zäsur darstellen, lässt sich meines Erachtens zwanglos begründen[4]. Ich bin aber eher skeptisch, ob und inwieweit das auch für das Jahr 1989 gilt. Es funktioniert, zugegeben, am ehesten im Blick auf die deutsche Geschichte, es funktioniert weniger reibungslos im Blick auf Europa und die Welt. Ich möchte den Untergang des Kommunismus als Moment von welthistorischer Bedeutung nicht wegdisputieren, ich würde aber doch lieber die Idee der grundlegenden Einheit der Epoche zwischen den frühen 1970er Jahren und heute – und darüber hinaus – erproben. Weil sich hier ein weites Feld auftut, lässt sich die Grobschlächtigkeit mancher Behauptung kaum vermeiden; es kommt mir aber mehr auf die große Linie an als auf Akribie im Detail. Ich rekapituliere

---

[3] Was die Frage einer adäquaten begrifflichen Fassung angeht, so steht das Krisenkonzept in Konkurrenz zu anderen Angeboten wie „Umbruch" oder „Epochenschwelle" (vgl. Winfried Süß, Der keynesianische Traum und sein langes Ende. Sozioökonomischer Wandel und Sozialpolitik in den siebziger Jahren, in: Konrad H. Jarausch (Hrsg.), Das Ende der Zuversicht? Die siebziger Jahre als Geschichte, Göttingen 2008, S. 120–137, vor allem S. 132ff.). Ich sehe einen Vorteil des Krisenbegriffs darin, dass er, anders als etwa der „Umbruch", nicht lediglich „erhebliche Unterschiede" zwischen einem „vorher" und einem „nachher" markiert. Der Krisenbegriff enthält in nuce eine Theorie der Systemevolution, die a) systeminterne bzw. -externe Anpassungs- und Steuerungsprobleme als dynamische Impulse von Wandel im Sinne von (Versuchen der) Adaptation versteht; er ist damit nicht nur deskriptiv, sondern auch erklärend; b) impliziert der Begriff eine *Mehrzahl* möglicher „Ausgänge" solcher Adaptationsversuche. Die *realisierte* Variante ist somit als eine unter mehreren im *Möglichkeitsraum* ausgezeichnet; sie ist Resultat komplexer Prozesse der Selektion aus einer Reihe von Optionen.

[4] Vgl. Christoph Boyer, Vom Keynesianismus und Staatssozialismus zum ...? Sozioökonomische Umbrüche in Europa im späten 20. Jahrhundert, in: Zeitgeschichte 34 (2007), S. 135–143, und Anselm Doering-Manteuffel/Lutz Raphael, Nach dem Boom. Perspektiven auf die Zeitgeschichte seit 1970, Göttingen 2008.

eingangs die Grundzüge dessen, was ich westliches Makromodell nenne, behandle vor diesem Hintergrund die krisenhaften Wandlungsprozesse seit den frühen 1970er Jahren[5] und schließe mit einem – äußerst selektiven – Blick auf Formen und Varianten ihrer Bearbeitung.

2. Genese und Krise des westlichen Makromodells

An den Anfang stelle ich eine Skizze des demokratisch-marktwirtschaftlich-neokorporatistischen Wohlfahrtsstaats in der Großregion von Großbritannien über Frankreich und die Beneluxstaaten bis Deutschland und Österreich, im skandinavischen Norden, ab der Mitte der 1970er Jahre auch auf der iberischen Halbinsel. Die Anfänge dieses Typus liegen – sieht man ab von den in der Zwischenkriegszeit, vor allem in Antwort auf die Weltwirtschaftskrise ausgebildeten Keim- und Vorformen – im Nachkriegs-Wiederaufbau. Von hier führt der Weg zur voll entfalteten „klassischen" Industriegesellschaft. Deren traditionale Sektoren – Kleingewerbe, Kleinhandel und Kleinlandwirtschaft – wurden beschnitten, planiert oder modernisiert. Das einzigartige Wirtschaftswachstum im Boom leitete eine Ära des Massenwohlstands ein, in der Folge einen Wertewandel auf breiter Front. Soziale Spannungen wurden durch den Sozialstaat abgefedert, Verteilungskonflikte durch das Wirtschaftswachstum abgemildert, wenn nicht entschärft. Der Nachkriegsboom reduzierte die strukturelle Spannung zwischen Produktions-

---

[5] Vgl. zum Folgenden in allerstrengster Auswahl: Fritz W. Scharpf, Sozialdemokratische Krisenpolitik in Europa. Das „Modell Deutschland" im Vergleich, Frankfurt a.M./New York 1987; Fritz W. Scharpf/Vivien A. Schmidt (Hrsg.), Welfare and Work in the Open Economy, Bd. 1: From Vulnerability to Competitiveness, Oxford/New York 2000; Göttinger Graduiertenkolleg, Die Zukunft des europäischen Sozialmodells, Arbeitsbericht 2002 sowie Fortsetzungsantrag (www.uni-goettingen.de/de/inst/2978.html); Stefan A. Schirm, Internationale Politische Ökonomie. Eine Einführung, Baden-Baden 2007, S. 65–185; Eric Hobsbawm, The Age of Extremes, 1914–1991, London 2004, S. 403ff.; Barry Eichengreen, The European Economy since 1945. Coordinated Capitalism and Beyond, Princeton/Oxford 2006, S. 198–413; Tony Judt, Postwar. A History of Europe since 1945, London 2005, S. 451–800; Ivan T. Berend, An Economic History of Twentieth Century Europe, Cambridge/New York 2006, S. 263–326; Jeffry A. Frieden, Global Capitalism. Its Fall and Rise in the Twentieth Century, New York/London 2006, S. 339–472; Eric Thun, The Globalization of Production, in: John Ravenhill (Hrsg.), Global political economy, Oxford/New York 2007, S. 346–372; Bernard Wasserstein, Barbarism and Civilization. A History of Europe in our Time, Oxford 2007, S. 554–793.

und Verteilungszielen, trocknete die Arbeitslosigkeit aus und steigerte markant die Aufnahmekapazitäten der Arbeitsmärkte. Zur Signatur der Epoche, in der die sozialökonomischen Physiognomien der europäischen Nationalgesellschaften westlich des Eisernen Vorhangs einander zunehmend ähnlicher wurden, gehörte die beginnende westeuropäische (Markt-)Integration, die Wohlfahrtsgewinne durch Außenhandel produzierte.

Zugrunde lag diesem westlichen Makromodell die Kombination von „Produktivitätspolitik" (Charles Maier) und vergleichsweise moderater Wirtschafts-, Politik- und Gesellschaftssteuerung unter Einbindung der maßgeblichen sozialökonomischen Interessengruppen. Die große Diversität autochthoner Traditionen in Europa wurde jetzt mit amerikanischen Einflüssen amalgamiert: Die USA drangen nach 1945 in ihrem europäischen Einflussbereich überall und insgesamt ziemlich erfolgreich auf die Liberalisierung verkrusteter Strukturen.

Diese Entwicklungen reflektierten sich in der optimistisch grundierten Überzeugung von der Notwendigkeit, dem Nutzen, auch der Machbarkeit vergleichsweise weitreichender politischer Steuerung und Regulierung von Wirtschaft und Gesellschaft. Der *embedded liberalism* überformte die Markwirtschaft durch Elemente von Schutz und Kontrolle; die Landwirtschaft etwa befand sich gleichsam unter einer Käseglocke, ähnliches trifft auf den Dienstleistungssektor zu. Die Arbeitsmärkte waren intensiv durchreguliert, staatliche Industrien und öffentliche Dienste waren bedeutende Arbeitgeber, die in Zeiten der Krise als Beschäftigungspuffer fungierten. Die nationalen Ökonomien – und dies ist von besonderer Bedeutung – waren durch relativ gut konsolidierte Außengrenzen geschützt, die Kapitalmärkte waren national reguliert, grenzüberschreitende Kapitaltransfers unterlagen Kontrollen. Die Wechselkurse waren im System von Bretton Woods gebunden, die nationalen Regierungen konnten jedoch, in gewissen engeren Grenzen, auf- oder abwerten. Weil solche Änderungen der Wechselkursrelationen Produktivitätsunterschiede zwischen den Volkswirtschaften tendenziell ausglichen, konnte das gnadenlose Diktat der Produktivität zu einem gewissen Ausmaß vernachlässigt werden. Damit wurde eine in der Tendenz egalisierende Lohnpolitik möglich, welche die Lohnskalen ohne sonderliche Rücksicht auf Produktivitätsgesichtspunkte zu komprimieren in der Lage war. Aufs Ganze gesehen waren die Exit-Optionen im *embedded liberalism* begrenzt: Unternehmer, Lohnabhängige und Verbraucher produzierten beziehungsweise konsumierten im politisch vorgegebenen und stabilisierten – nationalen – Rahmen; als Arbeitgeber, Steuer- und Beitragszahler konnten sie in die Pflicht des – wiederum nationalen – Steuer- und Sozialstaats genommen werden.

Aufgrund einer Reihe wechselseitig verbundener Ursachen geriet dieses Makromodell seit den frühen 1970er Jahren in eine Krise. Dafür war nicht zuletzt die internationale Währungs- und Finanzpolitik verantwortlich, genauer gesagt der Zerfall des Systems von Bretton Woods. *Bretton Woods* heißt: Bindung der nationalen Währungen an den Dollar, Bindung des Dollars an den Goldstandard. Zwei Entwicklungen brachten dieses System Anfang der 1970er Jahre zum Einsturz: Zum einen ist hier die Wiederbelebung der internationalen Finanzmärkte zu nennen, die sich bereits in den 1960er Jahren anbahnte und sozusagen als Präludium der zweiten Globalisierung zu verstehen ist, die das letzte Drittel des 20. Jahrhunderts prägen sollte. Zum anderen wuchs als Folge längerfristiger weltwirtschaftlicher Verschiebungen – die USA verloren gegenüber Westeuropa und Japan an Gewicht – der Abwertungsdruck auf den Dollar. Die Erfolge der Japaner und Europäer im Welthandel schlugen sich in den Wechselkursrelationen nieder, deren relative Stabilität im Zeichen von Bretton Woods zunehmend als Fessel erschien. Der Dollarkurs konnte gegen seine Schwächeanfälle letztlich nicht gehalten werden; 1971 wurde er vom Goldstandard abgekoppelt. Dies war dann überhaupt das Ende der festen Wechselkurse: Bretton Woods kollabierte. Dieser Kollaps hatte aber – und dies sei besonders betont – nicht primär technische, sondern tief wurzelnde wirtschaftspolitische beziehungsweise politische Gründe. Der Zusammenbruch war somit kein Zufall; das System von Bretton Woods hatte sich à la longue systematisch selbst untergraben – durch die vom Wechselkursregime bewirkten Fortschritte und die Erfolge der internationalen ökonomischen Integration.

Die Labilisierung der festen Wechselkurse machte deren Schutz- und Pufferfunktion zunichte; diese Konsequenz vor allem ist in unserem Zusammenhang wichtig. Zeitlich ungefähr koinzident war die erste Ölkrise von 1973. Zwei Folgen waren hier von besonderer Bedeutung. Zum einen akkomodierten sich die westlichen Volkswirtschaften an den Ölpreisanstieg ohne Austerity-Politik, nämlich durch einen inflationären Schub. Zum anderen erzeugte der Abfluss von Kaufkraft in die Ölförderländer in den westlichen Volkswirtschaften eine Nachfragelücke, mit der Konsequenz steigender Arbeitslosigkeit. Inflation und Arbeitslosigkeit waren die Signatur der 1970er Jahre; sie waren durch das Stagflations-Dilemma unheilvoll miteinander verbunden: *deficit spending* – als Antidot gegen die Arbeitslosigkeit – trieb Inflation und Staatsverschuldung in die Höhe. Der Einsatz monetaristischer Instrumente zur Inflationsbekämpfung hingegen leistete dem Anstieg der Arbeitslosigkeit Vorschub.

Die Signatur der 1980er Jahre wurde vor allem von der Anhebung des internationalen Zinsniveaus markiert – unter billigender Inkaufnahme der Rezession, also sinkender Einkommen und weiter steigender Arbeitslosigkeit. Diese Entwicklung ging von den USA aus, wo aus (innen-)politischen Gründen die Belange der Inflationsbekämpfung über diejenigen der Beschäftigungspolitik obsiegten. Die hohen Zinsen breiteten sich, bei bereits durchlässiger gewordenen Grenzen zwischen den nationalen Kapitalmärkten, rasch aus: Die westlichen Regierungen waren gezwungen nachzuziehen, um Kapitalabwanderung zu vermeiden. Das höhere Zinsniveau bestimmte die Gewinnerwartungen der Unternehmen, die nur mehr dann Arbeitsplätze schufen, wenn diese Erwartungen bedient wurden. Damit waren aber den Wirkmöglichkeiten von *deficit spending* noch engere Grenzen gesetzt. Mit einer Steigerung der staatlichen Investitionen allein ließ sich die Arbeitslosigkeit nicht wirksam bekämpfen. Dagegen zeigten sich gravierende Rückwirkungen auf die öffentlichen Budgets: Angesichts steigender Zinslasten auf die Staatsschuld wurde *deficit spending*, jedenfalls in längerfristiger Perspektive, noch problematischer. Wo es ungeachtet dessen fortgesetzt wurde, wuchsen die Staatsschulden, und mit ihnen die Zinslasten der öffentlichen Haushalte, in enorme Höhen.

Drei seit den frühen 1970er, ja vielleicht schon den späten 1960er Jahren wirkende Krisenursachen blieben virulent, als sich die makroökonomischen Rahmenbedingungen wieder verbesserten und die Zinsen sowie der Ölpreis sanken. Vielleicht etwas dramatisierend könnte ich sagen: erst jetzt wird das eigentliche Thema angesprochen, erst jetzt richten wir den Blick auf die mächtigen Strömungen, die bis heute die Wirtschaftspolitik unter Anpassungsdruck setzen und die Einheit der Epoche über das Jahr 1989 hinweg konstituieren. Drei Determinanten also sind wichtig. Zum Ersten: Das Nachlassen des Wirtschaftswachstums oder, genauer gesagt, die Abflachung der exorbitanten und säkular wohl einzigartigen Wachstumsraten, wie sie die Nachkriegsrekonstruktion und der damalige Nachholbedarf bewirkt hatten. Prosperität ließ sich auf Dauer nicht mehr durch Nachfragestimulierung allein revitalisieren. Von Bedeutung war, zum Zweiten, die Umstellung vom extensiven, fordistischen Wachstumsmuster auf intensives Wachstum im Zeichen der Dritten industriellen Revolution (Stichworte: Mikrochip, Computer, Internet). Waren die 1970er Jahre noch von nachlassender Innovationsdynamik, schleppender Produktivitätsentwicklung und einem Strukturkonservatismus geprägt gewesen, der die „alten" Industrien und ihre blue-collar-Belegschaften willig mit Subventionen bedient hatte, so schlugen sich längerfristig in allen OECD-Ländern die technologisch bewirkten Produktivitätszuwächse und die steigende Kapitalintensität der Produktion im teilweise dramatischen Absinken der industriellen Beschäftigung und in *jobless growth* nieder. Tertiarisierung – der Ausbau sowohl der produktions- als auch der konsumentenorientierten Dienstleistungen – konnte diese Entwicklung nur partiell kompensieren. So baute sich eine wachsende Sockelarbeitslosigkeit auf, wobei die Umschichtung überflüssig gewordener *low skills* in den Niedriglohnsektor zu beobachten war.

Zum – nun, nicht gerade – Verschwinden, aber doch zum Schwinden der „klassischen" Lohnarbeit in den „alten" europäischen Industrieländern trug, ebenfalls in den Anfängen bereits seit den 1970er Jahren, der Wandel der internationalen Arbeitsteilung bei. Mit dem Abbau grenzüberschreitender Kapitalkontrollen, der Schleifung der Barrieren im internationalen Handel, den zunehmend raumgreifenden regionalen Integrationsprozessen, nicht nur im Rahmen der Europäischen Union, sondern etwa auch in Gestalt von NAFTA oder Mercosur, mit den technischen Verbesserungen und den Verbilligungen in Transport und Kommunikation – mit all diesen Entwicklungen also wuchs das Volumen sowohl der grenzüberschreitenden Investitionen wie auch das des internationalen Handels rasant. Dieser Wachstumstrend war bezeichnenderweise auch in den sonst von Stagnation, ja Rezession geprägten 1970er Jahren ungebrochen. Auch das Volumen der internationalen Kreditgeschäfte schwoll unübersehbar an, die grenzüberschreitenden Kapitalbewegungen beschleunigten sich.

Mit der Ausweitung der Märkte expandierten die multinationalen Unternehmen. Diese beiden Entwicklungen bedingen einander zumindest teilweise; beides hing wiederum mit dem technischen Fortschritt zusammen: Die höchsten Skaleneffekte ergaben sich, wenn neue Technologien von möglichst großen Unternehmen umgesetzt und die entsprechenden Produkte auf möglichst großen Märkten abgesetzt wurden. Die ins Gigantische gewachsenen Unternehmen nutzten dabei die Lohnkostendifferentiale zwischen den Volkswirtschaften und leisteten so der Verlagerung von Produktionsstätten und Arbeitsplätzen aus den alten Industrieländern an billigere Standorte Vorschub. Vielfach war dies nicht einfach die Verlagerung von Produktionen en bloc, sondern ein komplexer Vorgang: die Zerlegung von Produktionsketten und die Um- und Neuverteilung ihrer Glieder nach Effizienzgesichtspunkten; High-tech-Anteile sowie Forschung und Entwicklung verblieben am alten, die Produktion der einfacheren Komponenten wanderte an den neuen, kostengünstigeren Standort. Für die – sagen wir: entwickelteren Entwicklungsländer – bedeutete dies die Einwanderung von Kapital, Technologie und Arbeitsplätzen. Dort wuchs jetzt die Konsumgüterproduktion, zumindest da, wo vorerst eher billige und einfachere Produkte hergestellt wurden; die Konkurrenz für die Stahl-, Automobil-, Textil- und Schuhindustrie der alten Industriestaaten wurde härter. Aufs Ganze gesehen lief die Globalisierung, so könnte man vielleicht sagen, auf einem Einebnungs- und Ausgleichsprozess zwischen Nord und Süd hinaus. Kosten und Nutzen waren hier ziemlich unübersichtlich verteilt.

Standortstabile Unternehmen in den alten Industrieländern wirtschafteten nun unter erleichterten lohn- und sozialpolitischen Konditionen. Fand das *race to the bottom* der Sozialstandards auch nicht im befürchteten Ausmaß statt, so verschärfte doch der Wandel der Strukturen der internationalen Arbeitsteilung den globalen Produktions- und Absatz-, den Steuer- und Sozialwettbewerb in erster Linie mit den Ländern Osteuropas, Süd- und Ostasiens nicht unwesentlich. Folge war die tendenzielle Entmachtung der staatlichen Sozial- und Steuerpolitik in den alten Industrieländern; die Entscheidungsträger dort wurden – sagen wir es ruhig so – leichter erpressbar.

Die Reorganisation der Lohnarbeit unter dem Druck des globalen Standortwettbewerbs mündete in der sogenannten Ersten Welt in ein Dilemma: Deregulierung der Arbeitsmärkte, Spreizung der Lohnskalen und generelle Absenkung der Arbeitskosten öffneten die Lohn- und in der Konsequenz auch die Sozialstruktur nach unten. Es entstand ein – womöglich in den Auswirkungen durch Kombilöhne oder negative Einkommenssteuern abgefederter – Niedriglohnsektor, das industrielle Normalarbeitsverhältnis erodierte, prekäre Beschäftigungsverhältnisse und „irreguläre" Erwerbsbiographien nahmen zu. Stärker vermachtete und weniger deregulierte Arbeitsmärkte hingegen leisteten der Massen- und Langzeitarbeitslosigkeit Vorschub, wobei eine vom früheren sozialökonomischen Status der Leistungsempfängers abgelöste steuerfinanzierte Basissicherung wachsende Bedeutung erlangte, die in der Regel dichten administrativen Kontrollen unterlag. Folge sowohl der Langzeitarbeitslosigkeit wie auch der Ausbildung des Niedriglohnsektors war die Verfestigung alter beziehungsweise die Formierung neuer, polizeilich-bürokratisch kontrollierter und moralisch-sozialpädagogisch traktierter Unterschichten. Die Kohäsion der sozialstaatlich pazifizierten, vergleichsweise konfliktarmen Bürgergesellschaften der Nachkriegszeit lockerte sich, die neue sozialökonomische Ungleichheit exkludiert tendenziell „unnütze" Bevölkerungsteile – mit längerfristig wohl gravierenden Risiken für die Legitimationsgrundlagen der Demokratie[6].

3. Lösungsstrategien

Diese idealtypisierende Skizze grundlegender wirtschaftsgeschichtlicher Entwicklungen im letzten Drittel des 20. Jahrhunderts ignoriert, dass – jenseits zahlreicher systemischer Gemeinsamkeiten der westlichen Industrieländer – differente nationale Traditionen, politische Kulturen und politisch-sozialökonomische Akteurs- oder Kräftekonstellationen eigene Antworten auf die neuen Herausforderungen für Wachstum und Beschäftigung hervorgebracht haben. Diese Lösungsstrategien sind auf Länderentwicklungspfaden angeordnet. Die Konturen und Identitäten der europäischen Gesellschaften, das ist hier die Prämisse, schliffen sich nach 1945 zwar ab, jedoch keineswegs bis zur Unkenntlichkeit. Der Entwicklungsgang der „alten" Bundesrepublik ist eine Variation dieses Themas – eine unter mehreren. Die „Thatcher-Revolution" in Großbritannien, um ein anderes Beispiel zu nennen, kontrastiert mit den weniger weitreichenden, jedoch sozialverträglicheren Versuchen einer Neubestimmung des Verhältnisses von Ökonomie und Sozialstaat in Italien und Österreich, Frankreich oder Deutschland. Die

---

[6] Als Hauptdeterminanten des signifikanten Anstiegs der Arbeitslosigkeit seit den 1970er Jahren kommen hier also die Dritte industrielle Revolution und die Globalisierung in den Blick. Auf die Diskussion über die Relevanz institutioneller Verkrustungen bzw. über die von einem übermäßig generösen Sozialstaat angeblich gesetzten adversen *incentives* kann ich nur pauschal verweisen. Gegen das Argument, die Füllhörner des Wohlfahrtsstaats hätten Willen und Motivation zur Arbeit geschwächt, ließe sich einwenden, dass die europäischen Sozialsysteme bereits vor 1973 im allgemeinen über recht solide Absicherungen gegen Erwerbslosigkeit verfügten. Institutionelle Entwicklungen kann man, so das – allerdings sehr vorläufige – Fazit, nicht ausblenden; vermutlich erklären sie aber nur einen eher kleinen Teil des Anstiegs der Arbeitslosigkeit (vgl. Eichengreen, European Economy, S. 272 und S. 274, Fußnote 31). Die Frage wäre, inwieweit ökonometrische Methoden zur Dingfestmachung und Präzisierung allfälliger Kausalbeziehungen zwischen den Variablen „institutionelle Absicherungen gegen Arbeitslosigkeit" und „Arbeitslosenquote" beitragen können. Skeptisch bin ich dort, wo die erstgenannte Variable aus einer womöglich größeren Anzahl von Länder-Regelungen, ohne Rücksicht auf die komplexen Bedingungskonstellationen im einzelnen Fall, aggregiert wird.

Forschung hat im Blick auf diese *varieties of capitalism* und die mögliche Bandbreite der Wohlfahrtsstaatlichkeit elaborierte Typologien ausgearbeitet. Weil ich diese Differenzierungen hier nicht im Einzelnen nachvollziehen kann, sollen – mit Blick auf das weite Feld der Krisenbearbeitung – einige allgemeinere Bemerkungen genügen.

Zwischen dem Problemdruck beziehungsweise den strukturellen Spannungen einerseits und den Antworten auf diese Herausforderungen andererseits bestehen überaus komplexe Beziehungen. Schon die Problemperzeptionen beruhen nicht auf simplen Reiz-Reaktions-Schemata, sondern sie sind sozial respektive politisch-institutionell „konstruiert"[7] und vermittelt. Wenn ich nun im Blick auf diese komplexen Beziehungen zwischen Problem und Lösung etwas schwungvoll generalisieren müßte, so würde ich sagen, dass sich in vielen europäischen Ländern die politische Landschaft in den 1970er Jahren unter den Vorzeichen von Stagflation und Arbeitslosigkeit gewandelt hat, aber gerade nicht – noch nicht – im Sinn des Neoliberalismus: Die Gewerkschaften bekämpften und die Regierungen vermieden Austerity-Politik. Bereits zwischen 1968 und 1973 deutete sich das Ende der alten Ordnung in den meisten westeuropäischen Ländern durch erhöhte Streikintensität an, etwa im Mai 1968 in Frankreich. Charakteristisch war aber auch noch in den späten 1970er Jahren ein eher vorsichtiger Umgang mit den Gewerkschaften, der etwa Besitzstandswahrung durch Lohnindexierung erlaubte; das wohl berühmteste Beispiel ist die italienische *scala mobile*[8]. Weiterhin waren die 1970er Jahre durch eine Ausweitung des öffentlichen Dienstes, eine Steigerung der Subventionen, Außenhandelsprotektionismus und kostspielige Sozialprogramme gekennzeichnet, die nicht über Steuererhöhun-

---

[7] Die inflationär verwendete, aber trotzdem schiefe Metapher aus der Welt der Ingenieure wird hier lediglich als Verlegenheitslösung gebraucht. Die Rede von der „sozialen Konstruktion" verkennt, dass in den meisten Fällen keine rational geplanten und anschließend wohlüberlegt in die Realität umgesetzten Konstruktionsleistungen vorliegen, sondern eher „Emergenzen".

[8] Eine für den Erfolg der Inflationsbekämpfung zentrale Determinante war in den 1970er Jahren der institutionelle Mechanismus des *collective bargaining*. Höher zentralisierte, konsensorientierte neokorporatistische Systeme, die im Interesse des Gemeinwohls effektiv auf Moderierung der Lohnforderungen verpflichtet werden können, haben hier – so die Faustregel – einen Vorteil vor schwach koordinierten Arrangements mit einer Vielzahl konkurrierender, unter Profilierungs- und Erfolgszwang stehender und deshalb tendenziell aggressiverer gewerkschaftlicher Akteure. Die bundesdeutsche Mitbestimmung und die österreichische Sozialpartnerschaft z.B. sind unter diesem Blickwinkel den stärker fragmentierten Tarifverhandlungssystemen etwa Italiens und Großbritanniens überlegen. Eine weitere

gen, sondern durch Aufblähung der Budgets finanziert wurden. Damit fuhr man zunächst ziemlich bequem, weil die Zinsen unterhalb der Inflationsrate lagen; das Staatsschuldenmachen war zwischen 1973 und 1981 praktisch ein *free lunch*. Die *affluent society* hätte diese Lasten vermutlich auch mittels Verbreiterung der Steuerbasis oder durch egalisierende Umverteilung finanzieren können. Aber die politischen Kräfteverhältnisse waren meist so, dass das Problem eher mittels Verschiebung in die Zukunft, das heißt eben durch steigende Staatsverschuldung „gelöst" wurde.

Was die Modalitäten der weiteren Krisenbearbeitung und der Lastenverteilung angeht, so möchte ich angesichts der Komplexität dieser Problematik zwar nicht gleich das Handtuch werfen, mich aber doch mit der flüchtigen Skizze einiger Leitlinien begnügen. Je weiter die Globalisierung fortschritt und je mächtiger die auf Entgrenzung und Liberalisierung der Märkte bedachten, tendenziell globalisierungsfreundlichen sozialökonomischen Kräfte wurden – desto mehr Terrain gewann der Glaube an den Rückzug der Regierungen aus der Wirtschaft als beste Antikrisen-Wirtschaftspolitik. Man sollte mit der Rede von einem Paradigmenwechsel allerdings vorsichtig sein. Zwar gab es, einerseits, neue Konzepte und Rezepte, zum Beispiel den in der Wolle gefärbten neoliberalen Washington Consensus, der in den 1980er Jahren für die Entwicklungsländer und in den 1990er Jahren für einige der postkommunistischen Transformationsländer eine sinistre Bedeutung erlangte. Der neue Zeitgeist wurde aber, andererseits, nicht am grünen Tisch und sozusagen durch eine Weltverschwörung produziert. Hier war viel ad-hoc-Pragmatismus im Spiel, oft folgte, wenn ich es so sagen darf, der Überbau der Basis, nicht umgekehrt. Die monetaristische Wende der amerikanischen Zinspolitik 1979 dürfte, um nur ein Beispiel zu nennen, als eine hemdsärmelige antiinflatorische Maßnahme anzusehen sein, der erst später das Mäntelchen eines Paradigmenwechsel hin zum Monetarismus umgehängt worden ist.

Solche und andere – zunächst womöglich kontingent verursachte – Einzelmaßnahmen „gerannen" à la longue allerdings doch zu einem neuen Stil der Wirtschaftspolitik. Dieser Entwicklung entsprach eine Wende in der Wirtschaftstheorie[9]. Im Hintergrund

---

wichtige Determinante für den Erfolg der Inflationsbekämpfung, die Politik der Zentralbank, kann hier nur summarisch erwähnt werden.
[9] Der Einwand, die entscheidenden Konzepte Milton Friedmans und Friedrich August von Hayeks seien bereits deutlich früher entstanden (vgl.Martin Werding, Gab es eine neoliberale Wende? Wirtschaft und Wirt-

spielte sich, wenn ich das so feuilletonistisch sagen darf, ein Wandel des Zeitgeists ab: schwindende Bedeutung von Gleichheit, Subsidiarität und Solidarität einerseits, zunehmender Stellenwert von Flexibilisierung und Individualisierung andererseits. Dies erlaubte es etwa, Prekarität zu „Selbstverwirklichung" im Kontext postmoderner Patchwork-Biographien zu stilisieren. So weit, so gut – die Warnung vor überzogenen Interpretationen behält jedoch auch angesichts solcher und ähnlicher Befunde ihren Wert. Ein radikal-neoliberal inspirierter, kompletter Rückzug des Staates aus der Wirtschaft hat ja nicht einmal im Großbritannien der „Thatcher-Revolution" stattgefunden; politisch-administrative Eingriffe gibt es nach wie vor, nur stehen diese zunehmend in einem veränderten, das heißt von der Globalisierung geprägten Bezugsrahmen.

Erstaunlich ist, vor der Folie des Paradigmas vom Paradigmenwechsel, vor allem auch die angesichts des „objektiven" Problemdrucks *relative* Stabilität der Sozialstaatlichkeit allenthalben. Erstaunlich ist dieser Befund aber nur auf den ersten Blick. Vor dem Hintergrund der Erwartungen und Ansprüche der Bürger fordert die Räson des Überlebens den politischen Eliten ja die permanente Produktion von Legitimität und Loyalität durch materielle Zuwendungen ab. Die Erklärung für diese – ungeachtet aller unstreitigen Ausgabenstagnation und signifikanter Teil-Rückbauten – beträchtliche Persistenz des Sozialstaats dürfte in der Vielzahl und engen Verflechtung rechtlich abgesicherter, lobbyistisch und mit dem Wahlzettel verteidigter *vested interests* zu suchen sein.

4. Schluss und Ausblick

Ich habe ausschließlich die europäischen Gesellschaften westlich des Eisernen Vorhangs seit den frühen 1970er Jahren behandelt. Was dort vor sich ging, unterschied sich aber nicht kategorial von den letzten beiden Jahrzehnten des Staatssozialismus in Ost- und Ostmitteleuropa. Wohl differieren, an der Oberfläche, die Szenarien in Ost und West deutlich. Sie sind aber durch subkutane Kor-

---

schaftspolitik in der Bundesrepublik Deutschland ab Mitte der 1970er Jahre, in: VfZ 56 (2008), S. 303–321, vor allem S. 309–311), ist richtig, aber m. E. unerheblich. Wesentlich ist, wann diese Konzepte handlungsrelevant wurden. Ein aufschlussreicher Indikator hierfür dürfte in der Verleihung des Nobelpreises für Wirtschaft an Hayek im Jahr 1974 zu sehen sein. Zu Milton Friedman und Friedrich August von Hayek vgl. Alan O. Ebenstein, Milton Friedman. A biography, Basingstoke 2009, und Hans Jörg Hennecke, Friedrich August von Hayek. Zur Einführung, Hamburg 2008.

respondenzen und funktionale Äquivalente miteinander verknüpft. Wie ist das gemeint? Beide Lager waren, zum einen, seit den frühen 1970er Jahren mit einer identischen Herausforderung konfrontiert: der Dritten industrielle Revolution. Systembedingt unterschiedlich war lediglich die Antwort. Die mühsamen und durchwegs kurzatmigen staatssozialistischen Strategien „ökonomischer Intensivierung" verblieben stets im Korsett planwirtschaftlicher Strukturen. Die Maxime der Vollbeschäftigung beziehungsweise Arbeitsplatzsicherheit war ein Tabu. Wirtschaftlicher und politischer Strukturkonservatismus im Dienst der Parteimacht forderte hier den Preis der ökonomisch-technologischen Stagnation im Innern und existenzbedrohender Verschuldung nach außen. Der Westen antwortete auf die Herausforderung der Dritten industriellen Revolution mit rascherem und weiterreichendem technisch-ökonomischen Wandel. Systembedingt waren hier die Spielräume für Anpassungsprozesse größer, für die jedoch der – funktional äquivalente – Preis steigender Arbeitslosigkeit und zunehmender Lebensunsicherheit gezahlt wurde.

Im Westen wie im Osten waren, zum anderen, diese und andere Problemfelder vor dem Hintergrund der Globalisierung, das heißt der schwindenden Manövrierfähigkeit nationalstaatlicher Politik aufgespannt: Wurden die Steuerungskompetenzen westlicher Regierungen durch die internationale Finanzlage und durch transnationale Unternehmen ausgehebelt, so wurden die zutiefst verschuldeten Ostblockstaaten durch den ökonomisch überlegenen Systemgegner und die internationalen Finanzmärkte penetriert, paralysiert, ja tendenziell entmachtet. In beiden Fällen wirkten Einflüsse aus dem *Systemumfeld*, die dem Zugriff der nationalen Steuerungszentralen weitgehend entzogen waren.

Aufs Ganze und von einer höheren Warte der Abstraktion aus gesehen, kann man sagen, dass sozialistische und kapitalistische Industriegesellschaften seit den frühen 1970er Jahren ähnliche Herausforderungen bearbeiteten. Die Antworten waren fast zwei Jahrzehnte lang recht unterschiedlich. 1989 wechselte, wenn ich das mit der „Wende" einmal etwas technischer formulieren darf, der Osten auf den westlichen Krisenbearbeitungspfad. Die Krise war und ist eine Krise nicht nur des Kapitalismus oder nur des Kommunismus. Es ist ein Umbruch in der Industriegesellschaft als solcher, ein Umbruch, der in vielem nicht zu Neuem führt, sondern auch an ältere Entwicklungsmuster anknüpft.

Setzt man die Zäsur im Blick auf die Kontinuität der „großen Herausforderung", so liegt sie in den frühen 1970er Jahren. Dies relativiert, das möchte ich noch einmal betonen, die „welthistorische" Zäsur von 1989. Das westliche Modell hat sich aufgrund der systeminhärent höheren Freiheitsgrade kurz- und mittelfristig als widerstandsfähiger erwiesen. An der Antwort auf die Frage, ob dies auch langfristig gilt, wird derzeit noch gearbeitet.

Martin Werding
Einbahnstraße in die Beschäftigungskrise?
Arbeitsmarktentwicklung und Arbeitsmarktinstitutionen in den OECD-Staaten seit 1960

1. Einleitung

Die Diskussion über eine grundlegende Krise der Arbeitsgesellschaft, die Mitte der 1970er Jahre, nach dem Ausklingen des großen Booms der Nachkriegszeit und dem ersten Ölpreis-Schock, über die entwickelten Volkswirtschaften hereinbrach, wird weltweit geführt. Nach Jahren anhaltender Überbeschäftigung, in der die Arbeitsmärkte alle vorhandenen Arbeitskräfte gleichsam aufgesaugt hatten, ergab sich allerorten nicht nur ein beträchtlicher Anstieg der Arbeitslosigkeit. Verbunden war damit, vor allem für jüngere Zeitgenossen, zugleich eine neue Erfahrung, die die Hoffnung auf einen andauernden wirtschaftlichen Aufstieg und ständig wachsenden Wohlstand für alle enttäuschte. Wer die Entwicklungen seither vorwiegend mit Blick auf den deutschen Arbeitsmarkt verfolgt hat, erhält allerdings ein übertriebenes, wenn nicht sogar tendenziell verfälschtes Bild von ihrem Verlauf. Während die Arbeitslosigkeit in der Bundesrepublik seit 1970 cum grano salis durchgängig gestiegen ist, so dass der Weg in die Beschäftigungskrise aus deutscher Sicht als Einbahnstraße erscheint, ergibt sich für zahlreiche andere Industrieländer – nach anfänglich ähnlichen Trends – ein deutlich günstigerer Befund.

Der vorliegende Aufsatz, der auf ein gemeinsam von ifo Institut und Institut für Zeitgeschichte durchgeführtes Forschungsprojekt zurückgeht, führt ein in ökonometrische Analysen der Ursachen für solche unterschiedlichen Entwicklungen, die sich im gesamten Zeitraum zwischen 1960 und 2006 in 20 OECD-Ländern ergeben haben. Die stark variierenden Verläufe und auch der aktuelle Forschungsstand in der Ökonomie[1] legen nahe, die Gründe im Bereich unterschiedlicher nationaler Institutionen, speziell unterschiedlicher Regulierungen des Arbeitsmarkts, zu vermuten. Mit der Be-

---

[1] Vgl. z.B. Stephen Nickell/Richard Layard, Labour Market Institutions and Economic Performance, in: Orley Ashenfelter/David Card (Hrsg.), Handbook of Labor Economics, Bd. 3c, Amsterdam 1999, S. 3029–3084.

tonung von Arbeitsmarktinstitutionen als möglichen Bestimmungsfaktoren der Arbeitslosigkeit rücken zugleich politische Reaktionen oder Reaktionsmöglichkeiten in den Vordergrund, die in Deutschland und anderen Ländern oft schon in den 1970er und 1980er Jahren in der öffentlichen Diskussion standen und daher auch in der zeithistorischen Forschung hervortreten.

2. Definition und Messung von Arbeitslosigkeit

Theoretisch ist Arbeitslosigkeit einfach zu definieren, nämlich als Differenz zwischen Arbeitsangebot und Arbeitsnachfrage. Für praktische Zwecke ist es dagegen alles andere als leicht festzustellen, um wie viel das Angebot an Arbeitskräften die nachgefragte Menge tatsächlich übersteigt. Bei anhaltend schlechter Arbeitsmarktlage ziehen sich Personen unter Umständen enttäuscht aus aktiver Arbeitsuche in die sogenannte stille Reserve zurück. Sie lassen sich dann nicht mehr ohne weiteres statistisch erfassen, obwohl sie bei einem passenden Angebot jederzeit Arbeit aufnehmen würden. Umgekehrt erfassen offizielle Statistiken unter Umständen Personen, die sich zwar arbeitslos melden, weil sie damit Anspruch auf bestimmte finanzielle Leistungen erhalten, in Wirklichkeit aber gar nicht (mehr) arbeiten möchten. Darüber hinaus ergeben sich Abgrenzungsprobleme bei zahlreichen Details, etwa ob Personen, die mit geringem Erwerbsumfang arbeiten und ihre Erwerbstätigkeit ausdehnen möchten, als arbeitslos gelten sollen, ob Personen, die vorübergehend an staatlichen Trainings- oder Beschäftigungsmaßnahmen für Arbeitslose teilnehmen, in dieser Zeit als arbeitslos zu zählen sind und so weiter.

Neben solchen konzeptionellen Unklarheiten gibt es ferner verschiedene Verfahren zur Messung von Arbeitslosigkeit. In der Praxis dominieren dabei einerseits Zählungen auf der Basis amtlicher Register, die im Prinzip eine Vollerhebung aller Arbeitslosen darstellen, andererseits Hochrechnungen auf der Basis repräsentativer Erhebungen, deren Ergebnisse erst in einem zweiten Schritt auf die jeweilige Gesamtbevölkerung übertragen werden. Vor diesem Hintergrund gibt es in jedem der Länder, die in diesem Beitrag betrachtet werden, eine nationale Definition von Arbeitslosigkeit und nationale Verfahren zu ihrer Messung, deren Resultate nicht ohne weiteres vergleichbar sind. Änderungen von Definition und/oder Messverfahren können dabei sogar zu Brüchen in den Zeitreihen für einzelne Länder führen.

Für internationale Vergleiche existiert darüber hinaus allerdings eine standardisierte Definition von Arbeitslosigkeit, die die ILO 1982 vorgeschlagen hat[2]. Internationale Organisationen wie die ILO, die OECD oder auch die EU stellen ferner standardisierte Daten für ihre Mitgliedsstaaten zusammen, die dieser Definition trotz unterschiedlicher nationaler Abgrenzungen, Erhebungsverfahren und auch möglicher Brüche in nationalen Statistiken allseits und kontinuierlich entsprechen sollen. Die Qualität solcher standardisierter Daten lässt sich nur schwer überprüfen. Sie für Zwecke, wie die hier verfolgten einzusetzen, ist in der ökonomischen Forschungsliteratur allerdings gängig und praktisch ohne Alternative.

Abbildung 1 zeigt den zeitlichen Verlauf der Arbeitslosenquote in (West-)Deutschland[3] zwischen 1960 und 2006, einmal nach der nationalen Definition („registrierte Arbeitslose", erhoben von der Bundesagentur für Arbeit) und einmal nach der international standardisierten Definition (laut ILO, Angaben der OECD). Dabei zeigt sich, dass Niveau und Veränderungen der Arbeitslosigkeit in Deutschland nach beiden Definitionen letztlich sehr ähnlich gemessen werden. Allerdings erweist sich Deutschland als eines der wenigen Länder, in denen die nationale Definition eine höhere Arbeitslosigkeit ausweist als die standardisierte[4]. Zwar hat es auch in Deutschland immer wieder Versuche gegeben, offizielle Statistiken durch engere Abgrenzungen der registrierten Arbeitslosigkeit zu schönen; andere Länder sind in diese Richtung jedoch wesentlich weiter gegangen.

Verdeutlicht wird in der Abbildung außerdem ein weiterer Aspekt, der bei der Analyse der zeitlichen Entwicklung der Arbeitslosigkeit eine Rolle spielt. Neben laufenden Arbeitslosenquoten jedes Jahres werden dort auch „gefilterte" Zeitreihen ausgewiesen[5],

---

[2] Vgl. die Resolution, die auf der Thirteenth International Conference of Labour Statisticians verabschiedet wurde (http://www.ilo.org/public/english/bureau/stat/download/res/ecacpop.pdf).
[3] In Deutschland erzeugt die Wiedervereinigung einen statistischen Bruch. Bei der Betrachtung von Arbeitslosen*quoten* führt dies jedoch, anders als bei absoluten Zahlen, nicht notwendig zu einer Verzerrung. Vereinfachend werden hier daher bis 1990 Daten für Westdeutschland, anschließend für Gesamtdeutschland verwendet.
[4] Traditionell liegt dies daran, dass in Deutschland Personen in Teilzeitbeschäftigung (unter 15 Wochenstunden) als arbeitslos erfasst werden, wenn sie eigentlich eine Vollzeitbeschäftigung suchen, nach der ILO-Definition nicht. In jüngerer Zeit kommt hinzu, dass die nationale Definition von Erwerbsfähigkeit nach dem SGB II strenger ist als nach den ILO-Vorgaben. Die ausgewiesenen Zahlen zu beiden Definitionen unterscheiden sich ferner auch durch die Erhebungsmethode.
[5] Der hier verwendete Hodrick-Prescott-Filter (HP-Filter) stellt das wohl gängigste Filterverfahren zur Glättung von Zeitreihen aller Art dar. Die Stärke

Abb. 1: *Entwicklung der Arbeitslosigkeit[a] in der Bundesrepublik Deutschland[b] 1960 bis 2006*

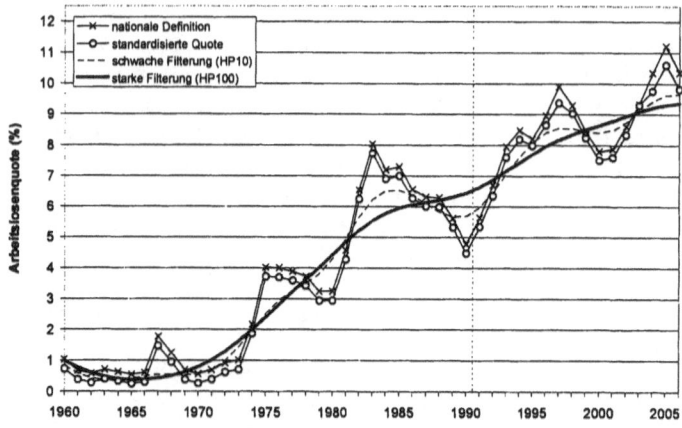

a) Registrierte Arbeitslosigkeit und standardisierte Daten (ILO-Konzept).
b) Bis 1990: Daten für Westdeutschland; ab 1991: Daten für Gesamtdeutschland.
Quellen: Bundesagentur für Arbeit; OECD; ifo Berechnungen.

die konjunkturelle Schwankungen ausblenden und den Verlauf der strukturellen oder Trendarbeitslosigkeit zeigen sollen. Zweierlei ist an dieser Darstellung von Bedeutung: Die Ursachen dieser Trendarbeitslosigkeit, die durch wiederkehrende, mehr oder weniger gleichmäßige Fluktuationen der Güternachfrage in einer Volkswirtschaft nicht erklärt werden kann, sind aus ökonomischer Sicht generell von besonderem Interesse. Darüber hinaus belegt die Abbildung, dass die Trendarbeitslosigkeit in Deutschland zwischen 1970 und 2006 in der Tat immer nur gestiegen ist – auf Werte, die im internationalen Vergleich zuletzt ebenfalls relativ hoch erscheinen. Wenn sich die Trendarbeitslosigkeit in den meisten anderen entwickelten Volkswirtschaften im selben Zeitraum weniger klar in eine Richtung entwickelt hat, ist die Frage nach möglichen Ursachen dafür aus deutscher Sicht also von ganz speziellem Interesse.

der Filterung kann dabei durch die Wahl eines Parameters (der größer als Null ist) eingestellt werden, der in Abbildung 1 durch die Angabe HP 10, HP 100 ausgewiesen wird. Höhere Werte führen zu einer stärkeren Glättung der Ausgangsdaten.

3. Langfristige Entwicklung der Arbeitslosigkeit in der OECD

Tabelle 1 gibt einen Eindruck von der langfristigen Entwicklung der Arbeitslosigkeit – gemessen an standardisierten Arbeitslosenquoten, die zur Ermittlung der jeweiligen Trendarbeitslosigkeit gefiltert wurden – in 20 OECD-Ländern. Die Angaben beschränken sich dabei auf Werte in Zehnjahresintervallen, während für die späteren Analysen komplette Zeitreihen von Jahresdaten verwendet werden können. Zusätzlich wird in der Tabelle für jedes Land auch die höchste, im Beobachtungszeitraum gemessene Arbeitslosenquote ausgewiesen. Außerdem sind die Länder insgesamt danach gereiht, wie groß der relative Abstand der aktuell gemessenen Arbeitslosenquote zu diesem Maximalwert ist.

Tab. 1: Entwicklung der Arbeitslosigkeit[a] in ausgewählten OECD-Ländern 1960 bis 2006

	1960	1970	1980	1990	2000	2006	Max.[b]
DE	1,0	0,8	4,4	6,4	8,7	9,4	9,4 (2006)
AU	2,5	1,7	2,7	3,8	4,3	4,6	4,6 (2006)
CH	0,4	0,2	0,6	1,9	3,6	3,7	3,8 (2004)
JP	1,6	1,3	2,2	2,5	4,4	4,4	4,6 (2003)
FR	1,3	2,0	6,3	9,9	9,9	9,2	10,5 (1995)
BE	3,7	3,0	8,5	8,6	8,2	8,0	9,5 (1984)
PT	2,6	2,8	7,5	6,2	5,6	6,6	7,9 (1983)
SWE	2,1	1,9	2,3	4,4	7,1	6,2	7,6 (1997)
IT	3,6	3,6	5,9	9,6	9,8	7,4	10,5 (1996)
CAN	6,2	5,1	8,7	9,7	7,9	6,7	9,8 (1985)
USA	5,3	5,0	7,4	6,4	5,0	5,1	7,6 (1982)
NOR	1,4	1,1	2,1	4,8	4,2	3,4	5,3 (1993)
FIN	3,0	3,1	5,5	8,3	11,0	8,0	12,2 (1996)
AUS	2,1	2,2	6,5	8,5	7,0	5,3	8,7 (1993)
DK	1,7	1,3	6,2	7,2	5,3	4,3	7,2 (1991)
ESP	1,8	1,5	9,8	16,3	13,0	9,1	16,5 (1993)
UK	2,5	2,7	7,4	9,2	5,9	5,4	9,8 (1986)
NZ	0,4	0,1	2,2	7,4	6,0	4,1	7,9 (1993)
NL	1,2	1,9	6,5	6,7	3,9	3,7	7,5 (1985)
IRL	5,5	5,7	10,6	15,2	6,6	4,5	15,6 (1988)

a) Standardisierte Arbeitslosenquoten (ILO-Konzept); gefiltert (HP 100).
b) Höchster Wert im Beobachtungszeitraum (in Klammern: Jahr).
Quellen: OECD; ifo Berechnungen.

Deutschland liegt (zusammen mit Österreich) an der Spitze dieser Tabelle, weil der Maximalwert zugleich in das letzte hier erfasste Jahr fällt. Zugleich weist Deutschland – nach dem bis dahin ungebrochenen Anstieg der Trendarbeitslosigkeit seit 1970 – im Jahre 2006 die höchste hier gemessene Trend-Arbeitslosenquote auf (während Österreich in dieser Hinsicht in einer deutlich günstigeren Situation ist). Hinter Deutschland und Österreich folgt eine kleinere Zahl von Ländern – die Schweiz, Japan, Frankreich und Belgien –, in denen sich ebenfalls ein ausgeprägter trendmäßiger Anstieg der Arbeitslosigkeit zeigt, der bis nahe an die Gegenwart heranreicht und effektiv noch nicht überwunden wurde. Die Mehrzahl der hier erfassten Länder hat jedoch, nach Höhepunkten der Trendarbeitslosigkeit zwischen 1980 und 1995, wieder eine nennenswerte Reduktion der entsprechenden Quote erlebt. Berücksichtigt man, dass die äußerst geringen Arbeitslosenquoten in den Jahren 1960 und 1970 in eine Zeit erkennbarer Überbeschäftigung fielen und eine Rückkehr auf das damalige Niveau aus heutiger Sicht zumeist für kaum realistisch gehalten wird, könnte man in den Ländern von Portugal bis Irland im Grunde sogar von einem klaren Auf und Ab der Trendarbeitslosigkeit in der Zeit von 1960 bis zur Gegenwart sprechen. Das einzige Land, in dem sich tatsächlich ein annähernd symmetrisches Muster dieser Art zeigt, sind allerdings die USA. In jedem Fall belegt Tabelle 1, dass die trendmäßige Entwicklung der Arbeitslosigkeit in den hier betrachteten OECD-Ländern enorme Unterschiede aufweist. Für die empirische Analyse der Ursachen wie für die Diskussion möglicher politischer Implikationen bieten die zugrunde liegenden Daten daher reichlich Stoff.

4. Strukturen der Arbeitslosigkeit

Deutliche Unterschiede zeigen sich zwischen den hier betrachteten Ländern im Übrigen nicht nur hinsichtlich des Niveaus und des zeitlichen Verlaufs der Arbeitslosenquoten, sondern auch, wenn man die Arbeitslosigkeit nach verschiedenen Strukturmerkmalen aufschlüsselt. Hervorgehoben seien davon hier nur zwei Dimensionen, die auch in der öffentlichen Wahrnehmung von Arbeitslosigkeit und in einschlägigen politischen Diskussionen eine besondere Rolle spielen, nämlich der Anteil Langzeitarbeitsloser an der jeweiligen Arbeitslosigkeit sowie das Ausmaß der Jugendarbeitslosigkeit. Als langzeitarbeitslos gelten in Deutschland wie nach internationalen Standards Personen, die länger als ein Jahr arbeitslos sind. Mit zunehmender Dauer der Arbeitslosigkeit entwertet fehlende berufliche Praxis – objektiv oder zumindest nach dem Urteil potentieller Arbeitgeber – häufig die vorhandenen Qualifikationen. Hinzu kommen oft wachsende Frustration, soziale Isolation und gesundheitliche Probleme auf Seiten der Arbeitslosen. In jedem Fall sinken die Chancen auf einen (Wieder-)Eintritt in Beschäftigung mit der Dauer der Arbeitslosigkeit stark ab. Ein hoher Anteil an Langzeitarbeitslosen deutet demnach auf einen Sockel verhärteter Arbeitslosigkeit hin, die im Laufe der Zeit nicht so rasch wieder abgebaut werden kann wie eine gleich hohe Arbeitslosenquote, die aus kürzeren Arbeitslosigkeitsphasen der jeweils Betroffenen resultiert. Umgekehrt steigt der Anteil Langzeitarbeitsloser in der Regel dann an, wenn die Arbeitslosenquote in einem Land über längere Zeit hoch geblieben ist, weil das generell große Arbeitslosigkeitsrisiko sich dann immer mehr bei einzelnen Betroffenen konzentriert.

Vor diesem Hintergrund wären auch die Anteile Langzeitarbeitsloser in ihrem zeitlichen Verlauf für alle hier betrachteten Länder von Interesse. Für genauere Analysen sind entsprechende Informationen auch verfügbar. Vereinfachend sei aber lediglich ein Blick auf die Werte für das Jahr 2000 geworfen. Als sehr hoch erweist sich der Anteil Langzeitarbeitsloser an allen Arbeitslosen dabei in Italien (mit 61,3 Prozent), Belgien (56,3 Prozent) und Deutschland (51,5 Prozent); hoch ist der Anteil außerdem in Spanien (47,6 Prozent), Portugal (42,9 Prozent) und Frankreich (42,6 Prozent). Insgesamt zehn der hier betrachteten 20 Länder weisen Anteile zwischen 25 und 40 Prozent auf. Als niedrig erscheint der Anteil der Langzeitarbeitslosen demgegenüber in Dänemark (20 Prozent), Neuseeland (19,3 Prozent) und Kanada (11,2 Prozent); sehr niedrig ist er schließlich in den USA (sechs Prozent) und in Norwegen (5,4 Prozent). Die Streuung dieser Werte ist insgesamt bemerkenswert hoch.

Jugendarbeitslosigkeit gilt ökonomisch und politisch in der Regel als besonders besorgniserregend, weil sie in zahlreichen Ländern für den fehlgeschlagenen Einstieg in eine Berufsausbildung steht, mindestens aber den Erwerb erster Berufserfahrung verhindert, durch die eine abgeschlossene Ausbildung überhaupt erst ihren vollen Marktwert erreicht. Wenn jungen Leuten der Eintritt ins Erwerbsleben misslingt, drohen oft lebenslang ein erhöhtes Arbeitslosigkeitsrisiko, Beschäftigung in atypischen und marginalisierten Formen der Erwerbstätigkeit sowie – infolgedessen – Armut oder zumindest reine Sozialleistungs-Karrieren. Wenn junge Menschen arbeitslos werden, sind die volkswirtschaftlichen Kosten daher deutlich höher als bei (vorübergehender) Arbeitslosigkeit von Arbeitskräften mittleren und höheren Alters, die bereits über Qualifikationen und Erfahrungen verfügen.

Es mag daher überraschen, dass das Arbeitslosigkeitsrisiko für junge Erwerbspersonen in allen hier betrachteten Ländern höher ausfällt als für den Durchschnitt aller Erwerbspersonen. Allerdings ergeben sich auch in dieser Hinsicht bemerkenswerte Unterschiede. Setzt man die spezifische Arbeitslosenquote 15- bis 24-Jähriger in ein Verhältnis zur allgemeinen Arbeitslosenquote, so erscheint diese Relation als sehr hoch in Norwegen (mit 300 Prozent) und Italien (283 Prozent), als hoch in den USA (233 Prozent) und in Belgien (230 Prozent), hingegen als niedrig in Dänemark (149 Prozent), Irland (148 Prozent) und Österreich (136 Prozent), als sehr niedrig in Deutschland (109 Prozent). Im Bereich der Jugendarbeitslosigkeit hat Deutschland demnach – vor allem aufgrund seines Berufsausbildungssystems – im internationalen Vergleich kein besonderes Problem.

5. Arbeitslosigkeit und Arbeitsmarktinstitutionen

Den theoretischen Hintergrund von Analysen, die nationale Arbeitsmarktinstitutionen als mögliche Ursachen für unterschiedliche Niveaus und Verläufe der strukturellen oder Trendarbeitslosigkeit ansehen, bilden mehrere ökonomische Modelle, in denen Arbeitslosigkeit einheitlich nicht mehr als temporäres Ungleichgewicht am Arbeitsmarkt erscheint, sondern vielmehr als ein Gleichgewichtsphänomen. Die Marktstruktur und/oder bestimmte institutionelle Rahmenbedingungen verhindern dabei einen einfachen Ausgleich des Arbeitsmarkts – etwa durch marktgerechte Anpassungen der Löhne – und erzeugen somit Arbeitslosigkeit von einer gewissen Persistenz, die sich erst dann wieder zurückbilden kann, wenn sich strukturelle oder institutionelle Gegebenheiten ändern. Neben dem Arbeitsmarkt wird dabei unter Umständen auch der Gütermarkt einbezogen, ausgehend von der Idee, dass institutionelle Rahmenbedingungen in beiden Märkten die volkswirtschaftliche Balance der Marktmacht von Arbeitnehmern und Unternehmen bei der Lohn- und Preisbildung bestimmen, wobei die Beschäftigung beziehungsweise die Arbeitslosigkeit letztlich vom Reallohn abhängt.

Einschlägige Ansätze der Arbeitsmarktökonomie liefern etwa die sogenannte *Bargaining*-Theorie[6], mit einer expliziten Modellierung

---

[6] Vgl. etwa Orley Ashenfelter/George E. Johnson, Bargaining Theory, Trade Unions and Industrial Strike Activity, in: American Economic Review 59 (1969), S. 35–49.

von Lohnverhandlungen zwischen Gewerkschaften und Firmen oder Arbeitgeberverbänden, die Effizienzlohn-Theorie[7], die in mehreren, leicht unterschiedlichen Varianten vor allem die Anreizfunktion von Löhnen im Rahmen üblicher Arbeitsverträge betont, und die Such- oder *Matching*-Theorie[8], die das Verhalten von Erwerbspersonen bei der Arbeitsuche sowie Entscheidungen von Unternehmen zur Ausschreibung offener Stellen genauer analysiert. Von Bedeutung ist daneben auch die makroökonomisch fundierte Theorie einer (gleichgewichtigen) Arbeitslosenquote ohne Inflationsdruck, englisch „*Non-accelerating-inflation rate of unemployment*"[9]. Arbeitsmarktinstitutionen, die auf dieser Grundlage als mögliche Determinanten der Arbeitslosigkeit in den Blick geraten, sind etwa:

- Lohnverhandlungen, gekennzeichnet durch den Organisationsgrad der Tarifparteien, speziell der Arbeitnehmer, beziehungsweise die effektive Reichweite der Abschlüsse, sowie den Grad an Zentralisierung beziehungsweise Koordination der Verhandlungen;
- Bestandsschutz von Beschäftigungsverhältnissen, insbesondere der Kündigungsschutz für reguläre Arbeitsverträge, aber auch Bestimmungen für den Abschluss befristeter Arbeitsverträge und die Beschäftigung von sogenannten Leiharbeitnehmern;
- Arbeitslosenunterstützung, charakterisiert vor allem durch die Höhe und die Dauer entsprechender Ansprüche, häufig auch in Form von nach der Dauer gestaffelten Leistungen;
- Abgaben auf Arbeit, sowohl in Form von Steuern als auch von (Sozial-)Beiträgen, die insgesamt einen Keil zwischen die für Arbeitgeber anfallenden Lohnkosten und die den Arbeitnehmern zufließenden Nettolöhne treiben.

Hinzufügen ließen sich dem auch einige wichtige Typen von Gütermarktregulierungen, die effektiv zumeist Marktzutrittsbeschränkungen für neue Anbieter erzeugen und den Wettbewerb zwischen bestehenden Unternehmen begrenzen. Die Erfassung und Messung solcher Regelungen ist jedoch bei weitem nicht so fort-

---

[7] Vgl. etwa Carl Shapiro/Joseph E. Stiglitz, Equilibrium Unemployment as a Worker Discipline Device, in: American Economic Review 74 (1984), S. 433–444.
[8] Vgl. etwa Christopher A. Pissarides, Equilibrium Unemployment Theory, Cambridge (Mass.)/London 1990.
[9] Vgl. Richard Layard/Stephen Nickell/Richard Jackman, Unemployment: Macroeconomic Performance and the Labour Market, Oxford 1991.

geschritten wie bei den zuvor genannten Arbeitsmarktinstitutionen. Mögliche Zusammenhänge zwischen Gütermarktregulierungen und Arbeitsmarktentwicklung sind daher empirisch noch weitgehend unerforscht[10].

6. Messung von Arbeitsmarktinstitutionen

Für ökonometrische Analysen müssen institutionelle Gegebenheiten, wie sie hier eben benannt wurden, messbar gemacht werden, um ihre Ausprägung international vergleichen und ihre Entwicklung auch über die Zeit verfolgen zu können. Dabei ergeben sich insbesondere zwei Probleme: Erstens ist nur ein Teil der Arbeitsmarktinstitutionen direkt, also im eigentlichen Sinne, messbar, zweitens sind einige der hier aufgeführten Institutionen mehrdimensional. Nicht direkt messbar sind beispielsweise der Grad der Zentralisierung und der Koordination von Lohnverhandlungen sowie viele Aspekte des Kündigungsschutzrechts. Eine Lösung bietet hier die Bildung von Indikatoren, deren Skalierung und effektive Bandbreite allerdings stets etwas Arbiträres hat. Mehrdimensional sind etwa Regelungen zur Arbeitslosenunterstützung oder erneut das gesamte Recht zum Bestandsschutz von Arbeitsverhältnissen. Zur Messung können daher entweder einzelne Aspekte ausgewählt werden (etwa die durchschnittliche Lohnersatzrate der Arbeitslosenunterstützung nach sechs Monaten Arbeitslosigkeit), oder es können zusammenfassende Maße gebildet werden (etwa ein komplexer Indikator für den Kündigungsschutz, der sich aus mehreren Subindikatoren für einzelne Regelungsfelder zusammensetzt). Sowohl einer Auswahl als auch jeder Art der Gewichtung bei der Zusammenfassung einzelner Dimensionen haftet dabei allerdings ebenfalls eine gewisse Willkür an.

Das Interesse an empirischen, international vergleichenden Analysen der Effekte von Arbeitsmarktinstitutionen hat sich erst etwa ab Mitte der 1980er Jahre stärker entwickelt. Seither wurde insbesondere durch die OECD, aber auch von anderer Seite, gezielt eine gewisse Dateninfrastruktur für solche Untersuchungen geschaffen. Die dabei bereitgestellten Daten unterliegen zwar den angesprochenen Beschränkungen. Sie sind unter Ökonomen aber weithin akzeptiert, zumindest als hinreichend aussagekräftige

---

[10] Vgl. jedoch etwa Edmund S. Phelps, The Continent's High Unemployment: Possible Institutional Causes and Some Evidence, in: Martin Werding (Hrsg.), Structural Unemployment in Western Europe: Reasons and Remedies, Cambridge (Mass.)/London 2006, S. 53–73.

Abb. 2: Variation in der Strenge des Kündigungsschutzes für ausgewählte OECD-Länder 1950 bis 2003

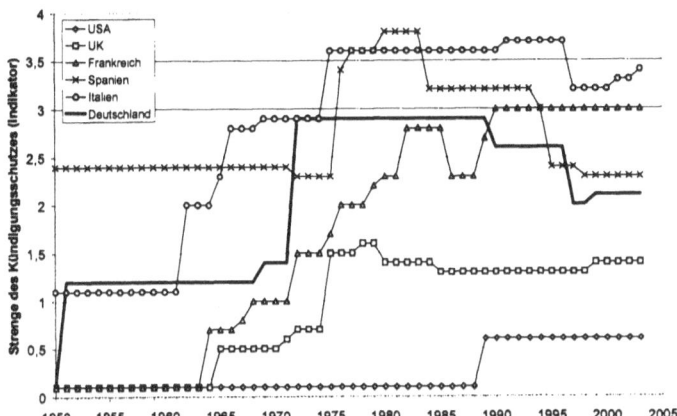

Quellen: Allard, Measuring Job Security, Appendix 3.

Proxies für die jeweils erfassten institutionellen Regeln und ihre Veränderungen. Für weiter zurückliegende Zeiträume müssen entsprechende Daten teilweise mit großer zeitlicher Verzögerung (re-)konstruiert werden, so dass das Datenangebot für die 1950er und selbst noch für die 1960er Jahre eher dünn ist. Gleichzeitig gibt es allerdings Anzeichen, dass sich ein Gutteil der Zeitreihen-Variation bei den Arbeitsmarktinstitutionen, das heißt ihre Veränderungen innerhalb eines Landes, bereits in der Zeit vor 1970 abspielte – mit möglichen Konsequenzen für die anschließende Entwicklung der Arbeitslosigkeit.

Ein Beispiel für die langfristige Variation von Institutionen, aber auch für die nennenswerte Variation zwischen verschiedenen Ländern liefert Abbildung 2. Betrachtet wird dort, für einige Länder mit recht unterschiedlichen Verläufen, die Strenge des nationalen Kündigungsschutzrechts nach einem von Gayle Allard gebildeten Indikator[11]. Für die USA ergibt sich dabei ein recht flacher Verlauf auf einem niedrigen Schutzniveau (mit einer gewissen Verschärfung

---

[11] Vgl. Gayle J. Allard, Measuring Job Security Over Time: In Search of a Historical Indicator for Employment Protection Legislation, Madrid 2005 (Instituto de Empresa Business School Working Paper Nr. WP05-17). Der Indikator nimmt effektiv Werte zwischen 0 und 3,8 an. Höhere Indikatorwerte repräsentieren dabei strengere Regeln zum Bestandsschutz von Arbeitsverhältnissen.

durch die Rechtsprechung zu *unfair dismissals* um 1990), für Frankreich eine kontinuierliche Verschärfung ab etwa 1960, für Italien und Großbritannien – allerdings auf sehr unterschiedlichen Ausgangs- und Endniveaus – zunächst eine gewisse Verschärfung, dann eine Stagnation oder sogar eine leichte Reduktion, für Spanien ein durchgängig eher hohes Schutzniveau, das von Mitte der 1970er bis Mitte der 1990er Jahre vorübergehend sogar noch deutlich verschärft wurde. Für die Bundesrepublik zeigt der Indikator schließlich sprunghafte Verschärfungen des Kündigungsschutzes zu Beginn der 1950er und nochmals zu Beginn 1970er Jahre und eine leichte Reduktion ab Anfang der 1990er Jahre; gleichwohl erscheint der Kündigungsschutz in Deutschland aktuell immer noch als deutlich strenger als vor 1970.

7. Vorhersagen über die Effekte von Arbeitsmarktinstitutionen

Die verschiedenen theoretischen Ansätze, die den Besonderheiten von Arbeitsmärkten und ihren institutionellen Rahmenbedingungen durch entsprechend vertiefte Modellierungen Rechnung tragen, liefern zugleich mehr oder weniger klare Vorhersagen über die Wirkungen der hier in den Blick genommenen Arbeitsmarktinstitutionen. Aufgabe empirischer Analysen ist dann, diese Vorhersagen zu testen, das heißt zu überprüfen, ob die in ökonometrischen Schätzungen gefundenen Wirkungsrichtungen damit übereinstimmen oder im Widerspruch dazu stehen beziehungsweise ob bei Effekten, die aus theoretischer Sicht zweideutig sind, empirisch eine eindeutige Wirkungsrichtung hervortritt – etwa weil sich einer von mehreren Einzeleffekten als dominant erweist. Um solchen ökonometrischen Analysen den Weg zu bereiten[12], sollen hier daher abschließend die zentralen Hypothesen über Effekte von Arbeitsmarktinstitutionen für das Arbeitsmarktgeschehen, speziell für die Entwicklung der Arbeitslosigkeit, vorgestellt werden.

Als Indikatoren für die Verhandlungsmacht von Gewerkschaften werden üblicherweise der Organisationsgrad der Arbeitnehmer und die Reichweite kollektiver Lohnvereinbarungen angesehen. Je größer diese sind, desto höher sollte der jeweils ausgehandelte Tariflohn ausfallen. Im Endeffekt wird erwartet, dass dies die Arbeitslosigkeit erhöht. Komplexer sind aus theoretischer Sicht die Effekte der Zentralisierung von Lohnverhandlungen. Vermutet wird, dass

---

[12] Vgl. hierzu den Beitrag von Gebhard Flaig und Horst Rottmann in diesem Band.

sich bei einem mittleren Zentralisierungsgrad, also bei Verhandlungen auf Branchenebene und/oder auf der Ebene großer Tarifgebiete, Löhne und Arbeitslosigkeit am stärksten erhöhen. Bei dezentraleren Verhandlungen, etwa auf Firmenebene, muss die Gewerkschaft Rücksicht auf die Wettbewerbsposition des Unternehmens gegenüber direkten Konkurrenten nehmen; bei stärkerer Zentralisierung treten die durch hohe Löhne induzierte Arbeitslosigkeit und andere gesamtwirtschaftliche Risiken, wie steigende Inflation, stärker hervor und sorgen für eine gewisse Lohnzurückhaltung.

Regelungen zum Bestandsschutz von Arbeitsverhältnissen haben, wie zahlreiche weitere Schutzbestimmungen für Arbeitnehmer in den Bereichen Arbeitszeit und Urlaub, Arbeitssicherheit oder Mitbestimmung, die Tendenz, die Arbeitskosten bei gegebenen Löhnen zu erhöhen und damit die Arbeitslosigkeit zu steigern. Ein strengerer Kündigungsschutz und Bestimmungen zur Begrenzung befristeter Arbeitsverhältnisse oder zur Eindämmung von Leiharbeit sorgen zumindest dafür, dass zwar weniger Arbeitskräfte entlassen werden (was die Arbeitslosigkeit tendenziell senkt), aufgrund der Vorfeldwirkung steigender (erwarteter) Entlassungskosten aber auch weniger Arbeitskräfte eingestellt werden. In jedem Fall sollten also die Dynamik des Arbeitsmarkts, gemessen am sogenannten *Job turnover*, sinken und die Dauer der Arbeitslosigkeit und der Anteil der Langzeitarbeitslosen erhöht werden.

Höhere Ansprüche auf Arbeitslosenunterstützung sollten – zur Wahrung eines gewissen Lohnabstands und weil sie die wirtschaftlichen Folgen der Arbeitslosigkeit mildern – zu höheren Lohnabschlüssen und damit erneut zu erhöhter Arbeitslosigkeit führen. Ein ähnlicher, möglicherweise noch wichtigerer Effekt wird von einer längeren Bezugsdauer für solche Leistungen erwartet. Kurzfristig erfüllen hinreichend großzügige Leistungen der Arbeitslosenunterstützung eine wichtige Versicherungsfunktion, und sie erlauben es den Arbeitslosen, eine bestmöglich zu ihren Qualifikationen passende Stelle zu suchen. Der ungünstige Effekt für Löhne und Arbeitslosigkeit dürfte jedoch immer stärker hervortreten, je länger vergleichsweise hohe Leistungen gezahlt werden, die die Suchanstrengungen der Arbeitslosen schwächen.

Steuern und Sozialabgaben sollten die Arbeitslosigkeit ebenfalls erhöhen, wenn sie zu einer Erhöhung der Lohnkosten führen. Denkbar ist allerdings auch, dass sie entweder durch entsprechend geringere Nettolöhne oder durch entsprechend höhere Güterpreise effektiv von den Arbeitnehmern beziehungsweise den Konsumenten getragen werden und daher die Arbeitsmarktentwicklung kaum berühren. In der Regel belasten sie jedoch Arbeitsentgelte stärker als Sozialleistungen. So gesehen können sie zumindest die ungünstigen Effekte der Höhe und der Bezugsdauer von Leistungen zur Arbeitslosenunterstützung verstärken.

Die unmittelbaren Effekte der hier betrachteten Arbeitsmarktinstitutionen für die Entwicklung der Arbeitslosigkeit erweisen sich demnach aus theoretischer Sicht überwiegend als ungünstig. Daneben kann es jedoch auch indirekte, günstigere Effekte geben, die daraus resultieren, dass die institutionellen Rahmenbedingungen des Arbeitsmarktes als Teil des sozialen Netzes Sicherheit schaffen. Dies kann die Arbeitnehmer veranlassen, höhere Risiken einzugehen, bessere und stärker firmenspezifische Qualifikationen zu erwerben sowie größere Loyalität gegenüber ihren Arbeitgebern an den Tag zu legen. Sowohl ihre Produktivität als auch die allgemeine wirtschaftliche Entwicklung können dadurch positiv beeinflusst und die Arbeitsplatzrisiken verringert werden. Ob und in welchem Maße in der Realität eher diese günstigen oder die zuvor ausgeführten, ungünstigen Effekte hervortreten, hängt zum Teil an der genauen Ausgestaltung der einzelnen Institutionen, die durch die Art und Weise ihrer Messung möglichst detailliert erfasst sein sollte. Die Balance der Vor- und Nachteile kann sich ferner – insgesamt oder innerhalb einzelner Länder – im Zeitablauf ändern. Auf der Basis eines Panel-Datensatzes, der mehrere Länder und einen längeren Zeitraum abdeckt, kann dies ebenfalls analysiert werden. Letztlich sind die Effekte von Arbeitsmarktinstitutionen, einschließlich ihres Zusammenwirkens im Rahmen nationaler Institutionensysteme, eine Frage der Empirie, die anknüpfend an existierende Studien[13] auf verbesserter Datenbasis und umfassender als bisher zu untersuchen ist.

---

[13] Vgl. zuletzt etwa Stephen Nickell/Luca Nunziata/Wolfgang Ochel, Unemployment in the OECD since the 1960s: What Do We Know?, in: FJ 115 (2005), S. 1–27; Andrea P. Bassanini/Romain Duval, The Determinants of Unemployment across OECD Countries: Reassessing the Role of Policies and Institutions, in: OECD Economic Studies 42 (2006), S. 7–86.

Gebhard Flaig, Horst Rottmann
Arbeitsmarktinstitutionen und die langfristige Entwicklung der Arbeitslosigkeit
Empirische Ergebnisse für 19 OECD-Staaten

1. Einleitung

In fast allen Industrieländern ist die Arbeitslosenquote im Trend seit den 1960er Jahren deutlich angestiegen. Teilweise lassen sich hierfür negative Schocks wie die dramatische Erhöhung der Öl- und Rohstoffpreise in den 1970er Jahren, die weltweit hohen Realzinsen in den 1980er Jahren, der Rückgang der Produktivitätswachstumsraten oder die Verwerfungen im Zuge der Globalisierung verantwortlich machen. Das kann aber bestenfalls nur ein Teil der Erklärung sein. Bei flexiblen Produkt- und Arbeitsmärkten müssten sich theoretisch Preise und Löhne so anpassen, dass relativ schnell wieder ein hoher Beschäftigungsgrad erreicht wird. Die negativen Schocks können also nur dann zu einem langfristigen Anstieg der Arbeitslosigkeit führen, wenn es auf den Märkten „Rigiditäten" gibt, die eine schnelle und volle Anpassung verhindern.

Aber auch empirisch bestehen Zweifel, ob allein die negativen Schocks der vergangenen Jahrzehnte die mittel- und langfristige Entwicklung der Arbeitslosigkeit erklären können. Diese Schocks trafen die Industrieländer mehr oder weniger simultan und in ähnlichem Ausmaß. Aber nicht in allen Ländern stieg die Arbeitslosigkeit in gleichem Umfang, und nicht in allen Ländern verlief die Entwicklung gleichförmig. Die konjunkturbereinigte Trendkomponente der standardisierten Arbeitslosenquote – Näheres hierzu weiter unten – in den USA war beispielsweise 2006 etwa gleich hoch wie in den 1960er Jahren. Vor allem in vielen kontinentaleuropäischen Ländern (etwa in der Bundesrepublik Deutschland, in Frankreich, Italien und Belgien) liegt die konjunkturbereinigte Arbeitslosenquote heute im Durchschnitt jedoch mindestens doppelt so hoch als vor vier Jahrzehnten. In anderen Ländern (etwa in Spanien, Australien, Irland und Kanada) ist die Arbeitslosigkeit in den 1970er und 1980er Jahren zwar stark gestiegen, danach aber deutlich zurückgegangen, wenngleich das niedrige Niveau aus den 1960er Jahren nicht wieder erreicht wurde.

Diese Beobachtungen haben in der Ökonomie inzwischen eine breite Literatur hervorgebracht, die institutionelle Unterschiede zwischen den Ländern als eine wichtige Determinante der Arbeitslosigkeit betrachtet. Arbeitsmarktinstitutionen wie Kündigungsschutz, gewerkschaftlicher Organisationsgrad, Modalitäten der Lohnfindung, Höhe und Dauer der Arbeitslosenunterstützung sowie Steuer- und Abgabesätze ändern teilweise direkt die Arbeitskosten der Unternehmen und haben vor allem über die Lohnfindung einen entscheidenden indirekten Einfluss auf die Arbeitskosten. Der daraus resultierende „gleichgewichtige" Produzentenreallohn (reale Arbeitskosten aus Sicht der Unternehmen) wiederum ist eine entscheidende Determinante der Arbeitslosenquote.

Im vorliegenden Beitrag werden die empirischen Ergebnisse einer Analyse des Zusammenhangs zwischen institutionellen Regelungen und der längerfristigen Entwicklung der Arbeitslosigkeit vorgestellt. Zunächst diskutieren wir die theoretischen Grundüberlegungen, die der empirischen Spezifikation zugrunde liegen. Dann wird die Rolle der Institutionen näher betrachtet, wobei auch auf Definitions- und Messprobleme einzugehen ist. Nach einem kurzen Überblick über den Stand der Forschung präsentieren wir schließlich die eigenen Ergebnisse. Zunächst erläutern wir, wie die Trendkomponente der Arbeitslosenquote geschätzt wird. Danach werden graphisch mögliche Zusammenhänge zwischen den einzelnen Institutionen und der Arbeitslosigkeit aufgezeigt. Der letzte Abschnitt enthält die Ergebnisse von verschiedenen Panel-Regressionsmodellen, mit denen überprüft wird, ob ein kausaler Effekt von Institutionen auf die Arbeitslosigkeit vorliegt.

2. Der theoretische Ansatz

Im Folgenden konzentrieren wir uns auf die Erklärung der mittel- und langfristigen Entwicklung der Arbeitslosigkeit und abstrahieren von eher kurzfristigen Zyklen, die durch konjunkturelle Schwankungen hervorgerufen werden. In einem gewissen Sinn kann dieses statistische Konstrukt der Trendkomponente der Arbeitslosenquote als strukturelle Arbeitslosigkeit interpretiert werden. In der Literatur wird diese oft auch als NAIRU (Non-accelerating inflation rate of unemployment) oder QERU (Quasi-equilibrium rate of unemployment) bezeichnet.

Die mittel- und langfristige Entwicklung der Arbeitslosenquote wird als ein Gleichgewichtsphänomen interpretiert[1]. Sie resultiert

---

[1] Vgl. z.B. Wolfgang Franz, Theoretische Ansätze zur Erklärung der Arbeitslosigkeit: Wo stehen wir 1995?, in: Bernhard Gahlen/Helmut Hesse/Hans

letztlich aus der Interaktion der Preissetzung auf den Gütermärkten und der Lohnsetzung. Der sich daraus ergebende Reallohn bestimmt die in der Produktion eingesetzte Arbeitsmenge und damit auch die Arbeitslosigkeit. Mittelfristig pendelt sich die Arbeitslosigkeit so ein, dass die Ansprüche der Unternehmen und der Arbeitnehmer miteinander kompatibel sind.

Die Unternehmen setzen den Absatzpreis für ihre Produkte gemäß den Regeln der Gewinnmaximierung fest. Der Produktpreis hängt ab vom Nominallohn einschließlich aller Arbeitgeberbeiträge zur Sozialversicherung, von den übrigen Faktorpreisen (Vorleistungen, Kapital) und den beim Verkauf anfallenden Steuern, insbesondere der Mehrwertsteuer. Da die Produktivität unter sonst gleichen Bedingungen mit steigender Beschäftigung sinkt, wird der geforderte Preis aufgrund der dann höheren Grenz- und Durchschnittskosten positiv mit der Beschäftigung korreliert sein. Eine wichtige Rolle spielt dabei auch die Marktmacht der Unternehmen. Auf unvollkommenen Gütermärkten mit monopolistischen und oligopolistischen Marktstrukturen können die Unternehmen einen Aufschlag auf ihre Grenzkosten durchsetzen. Der von den Unternehmen „gebotene" Reallohn (Lohnkosten je Stunde dividiert durch Outputpreis) ist also umso niedriger, je höher die Beschäftigung und je größer ihre Marktmacht ist, da die Unternehmen umso höhere Preise durchsetzen können, je geringer der Wettbewerbsdruck ausfällt.

Auf der anderen Seite steigt mit höherer Beschäftigung, das heißt mit einer höheren Auslastung des Faktors Arbeit, der von den Arbeitnehmern und deren Gewerkschaften durchsetzbare Lohnsatz. Bei gegebener Beschäftigung ist der Lohn umso höher, je größer die Macht der Arbeitsanbieter ist. Die Marktmacht der Arbeitnehmer beziehungsweise ihrer Gewerkschaften ist umso größer, je mehr sie gegen Arbeitslosigkeit geschützt sind (beispielsweise durch Regeln des Kündigungsschutzes) und je höher die Lohnersatzleistungen durch staatliche Sozialsysteme im Fall von Arbeitslosigkeit sind. Die Lohnhöhe wird auch durch Modalitäten der Lohnfindung beeinflusst. Wichtig ist etwa, ob auf Firmen-, Branchen- oder gesamtwirtschaftlicher Ebene verhandelt wird, in welchem Umfang Verhandlungsergebnisse allgemeinverbindlich sind, ob Tarifautonomie herrscht oder der Staat in den Lohnbildungsprozess eingreift, welches Drohpotential Gewerkschaften haben

---

Jürgen Ramser (Hrsg.), Arbeitslosigkeit und Möglichkeiten ihrer Überwindung, Tübingen 1996, S. 3–46, oder Olivier Blanchard/Gerhard Illing, Makroökonomie, München 2006, S. 171–204 und S. 382–403.

und so weiter. Man kann auch vermuten, dass höhere Beiträge zur Sozialversicherung die Lohnforderungen in die Höhe treiben, da die Arbeitnehmer primär an ihrem Nettoreallohn interessiert sind.

Da sowohl die geforderten Güterpreise als auch die Löhne mit steigender Beschäftigung zunehmen, kann es sein, dass beide Forderungen mit einem hohen Beschäftigungsgrad nicht kompatibel sind. Eine niedrigere Beschäftigung und die damit einhergehende höhere Arbeitslosigkeit reduzieren die Lohnforderungen. In dem hier gewählten theoretischen Ansatz gibt es eine gleichgewichtige Arbeitslosenquote, bei der die Verteilungsansprüche der Unternehmen und der Gewerkschaften miteinander vereinbar sind. Damit erhöhen Institutionen, die die Macht der Gewerkschaften stärken, den Lohndruck und damit die Arbeitslosigkeit. Ebenso reduzieren wettbewerbsbeschränkende Regelungen auf der Unternehmensseite die Beschäftigung.

3. Die Rolle von Institutionen

Es gibt inzwischen zahlreiche Studien, die die Bedeutung von Institutionen für die Höhe der Arbeitslosigkeit untersucht haben[2]. Obwohl die Resultate nicht immer ganz eindeutig sind, scheinen sich viele Ökonomen einig zu sein, dass Arbeitsmarktinstitutionen eine wichtige Determinante der Arbeitslosigkeit sind. Im Folgenden werden einige Institutionen näher beleuchtet, die in der Literatur analysiert worden sind[3].

Der Kündigungsschutz und Restriktionen bezüglich temporärer Beschäftigungsverhältnisse erhöhen für die Unternehmen die Kosten der Einstellung sowie vor allem der Entlassung von Arbeitskräften und reduzieren damit unmittelbar die Wahrscheinlichkeit, dass Unternehmen Beschäftigungsanpassungen in Form von Entlassungen durchführen. Allerdings haben diese Regelungen auch

---

[2] Vgl. z.B. Stephen J. Nickell, Unemployment and Labour Market Rigidities: Europe versus North America, in: Journal of Economic Perspectives 11 (1997), S. 55–74; Olivier Blanchard/Justin Wolfers, The Role of Shocks and Institutions in the Rise of European Unemployment: The Aggregate Evidence, in: EJ 110 (2000), C1-C33; Andrea P. Bassanini/Romain Duval, The Determinants of Unemployment across OECD Countries: Reassessing the Role of Policies and Institutions, in: OECD Economic Studies 42 (2006), S. 7–86.

[3] Vgl. z.B. Werner Eichhorst/Michael Feil/Christoph Braun, What Have we Learned? Assessing Labor Market Institutions and Indicators, Bonn 2008 (IZA Discussion Paper Nr. 3470).

einen direkten negativen Einfluss auf die Neueinstellung von Arbeitnehmern, deren mögliche Entlassung in der Zukunft für die Unternehmen mit zusätzlichen Kosten verbunden ist. Der direkte Einfluss auf die Arbeitslosigkeit ist deshalb ambivalent. Durch den zumindest partiell höheren Schutz der beschäftigten *Insider* erhöht sich deren Marktmacht bei Lohnverhandlungen. Dies gilt auch für die Gewerkschaften, da sie typischerweise die Interessen der Beschäftigten stärker gewichten als die der Arbeitslosen. Die höhere Marktmacht der Arbeitsanbieter führt zu Lohndruck. Im Zusammenspiel mit den direkt höheren Anpassungskosten eines stringenteren Kündigungsschutzes kann die Beschäftigung sinken und die Arbeitslosigkeit steigen. Allerdings kann Kündigungsschutz auch die Arbeitnehmer dazu veranlassen, verstärkt in die Bildung ihres betriebsspezifischen Humankapitals zu investieren und damit ihre Produktivität für das jeweilige Unternehmen zu erhöhen. Das könnte beschäftigungserhöhend wirken.

Im empirischen Teil dieses Beitrags (Abschnitt 5) verwenden wir ein ordinales Maß für den Kündigungsschutz, das auf Vorarbeiten der OECD zurückgeht, von Gayle J. Allard entwickelt[1] und bis zum Anfang der 1950er Jahre zurückberechnet wurde. Der Indikator ist ein gewichteter Durchschnitt verschiedener Einzelindikatoren, die sowohl unterschiedliche gesetzliche als auch tarifliche Regelungen zu (Massen-)Entlassungen, Zeitarbeit und Leiharbeit berücksichtigen.

Zu den Steuern auf den Arbeitseinsatz gehören die Lohnsteuer, die Abgaben zur Sozialversicherung und die Mehrwertsteuer. Sie treiben einen Keil zwischen die von den Unternehmen zu zahlenden Arbeitskosten und den Nettoreallohn, den die Arbeitnehmer letztlich erhalten (Steuer- und Abgabenkeil). Dies reduziert tendenziell sowohl Arbeitsangebot als auch Arbeitsnachfrage. Da die Arbeitnehmer letztlich am Nettoreallohn interessiert sind, führen höhere Steuern und Abgaben auch zu höheren Lohnforderungen und -abschlüssen, was die Arbeitslosigkeit erhöht. Es ist nicht einfach, international vergleichbare Daten über die Steuer- und Abgabenbelastung zu konstruieren. Ein Ansatz verwendet Makrodaten der volkswirtschaftlichen Gesamtrechnung. Die OECD modelliert aufgrund detaillierter Spezifikationen der Steuergesetze die Abgabenbelastung für verschiedene Haushaltstypen, die dann aggre-

---

[1] Vgl. Gayle J. Allard, Measuring Job Security Over Time: In Search of a Historical Indicator for Employment Protection Legislation, Madrid 2005 (Instituto de Empresa Business School Working Paper Nr. WP05-17).

giert werden. In dieser Studie verwenden wir den Steuer- und Abgabenkeil nach den Berechnungen der OECD.

Die Arbeitslosenunterstützung gewährt Arbeitnehmern eine Lohnersatzleistung im Falle der Arbeitslosigkeit und mildert den Einkommensverlust. Neben diesem positiven sozialpolitischen Effekt gibt es aber auch Nebenwirkungen, die die Arbeitslosigkeit erhöhen. Wenn Arbeitslosigkeit einen Teil ihres Schreckens verliert, entsteht ein Anreiz, höhere Lohnforderungen durchzusetzen oder die Suche nach einen Arbeitsplatz in der Hoffnung auf ein besseres Angebot in die Länge zu ziehen, was dann einen negativen Effekt auf die Beschäftigung hat. Kommt es aber aufgrund einer längeren Arbeitsplatzsuche zu einer besseren Stellenvermittlung auf dem Arbeitsmarkt, so ergeben sich auch die Produktivität erhöhende und damit Arbeitskosten reduzierende Effekte. Ein guter Indikator für die Generosität der Arbeitslosenunterstützung muss sowohl die Höhe des Arbeitslosengelds, die maximale Bezugsdauer sowie andere Elemente wie etwa die Besteuerung der Unterstützung und die Voraussetzungen für deren Bezug berücksichtigen. Wir verwenden einen Indikator, den Gayle J. Allard entwickelt hat[5].

Zu den wichtigen Institutionen gehört die Art und Weise, wie Löhne gebildet werden. Das diesbezügliche Arrangement umfasst Regeln wie die Allgemeinverbindlichkeit von Verträgen, die von Gewerkschaften und Arbeitgeberverbänden geschlossen werden, die Ebene, auf der verhandelt wird (Unternehmen, Branche, Gesamtwirtschaft), die implizite oder explizite Koordination der beiden Verhandlungsseiten, die Existenz von Mindestlöhnen und so weiter. In diesem Beitrag verwenden wir einen Indikator für die Stärke der Koordination und Zentralisation von Lohnverhandlungen. Generell kann man erwarten, dass koordinierte Lohnverhandlungen tendenziell die Arbeitslosenquote senken, da die negativen Effekte von hohen Lohnabschlüssen auf die Beschäftigung stärker berücksichtigt werden als beispielsweise bei Verhandlungen in einzelnen Branchen. Eine wichtige Determinante ist auch die Macht der Gewerkschaften, die oft mittels der Gewerkschaftsdichte (Gewerkschaftsmitglieder dividiert durch Beschäftigte) gemessen wird. Wir verwenden Daten, die von Jelle Visser und der OECD zusammengestellt wurden[6].

---

[5] Vgl. Gayle J. Allard, Measuring the Changing Generosity of Unemployment Benefits: Beyond Existing Indicators, Madrid 2005 (Instituto de Empresa Business School Working Paper Nr. WP05-18).

[6] Vgl. Jelle Visser, Union Membership Statistics in 24 Countries, in: Monthly Labor Review 1/2006, S. 38–49.

Für alle diese institutionellen Regelungen hat die OECD Indikatoren entwickelt. Teilweise gehen sie bis in die 1960er Jahre zurück, für eine Reihe von Indikatoren gibt es aber erst seit 1970 oder noch später Zahlen. Verschiedene Autoren haben diese Ergebnisse zusammengestellt, modifiziert sowie mit Hilfe weiterer Indikatoren interpoliert und ergänzt[7].

4. Ergebnisse früherer empirischer Studien

Inzwischen gibt es eine reiche Literatur über den Einfluss von Institutionen auf die Arbeitslosigkeit. Viele Studien finden statistisch signifikante und ökonomisch bedeutsame Effekte. Zum Beispiel berichtet Nickell, dass Änderungen von Arbeitsmarktinstitutionen einen großen Teil der Veränderungen der Arbeitslosenquote in den OECD-Ländern erklären können[8]. Insbesondere erwähnt Nickell das System des Kündigungsschutzes, die Steuern auf Arbeit und die Regelungen der Arbeitslosenunterstützung. Andrea P. Bassanini und Romain Duval kommen in ihrer Analyse zu dem Ergebnis, dass sich über 60 Prozent der Variation der Arbeitslosenquote zwischen den OECD-Ländern durch Unterschiede in den institutionellen Regelungen erklären lassen[9].

Eine Reihe von Untersuchungen zeigt aber auch, dass diese Ergebnisse nicht immer robust sind. Sie hängen unter anderem von der Definition und Messung der Arbeitslosenquote und der Institutionen, vom Schätzzeitraum und von der Schätzmethode ab[10]. Generell ist jedoch festzuhalten, dass in den meisten Studien Institutionen einen signifikanten Einfluss auf die Arbeitslosenquote haben. Weniger Konsens herrscht über die relative Bedeutung der einzelnen Institutionen, ob die Stärke einzelner Regelungen von

---

[7] Vgl. z.B. Stephen J. Nickell/Luca Nunziata, Labour Market Institutions Database. Version 2, 2001. (www://cep.lse.ac.uk/pubs/download/data0502.zip). Eine Zusammenfassung mit den Originalquellen gibt William Nickell, The CEP-OECD Institutions Data Set (1960–2004), o.O. 2006 (Centre for Economic Performance Discussion Paper Nr. 759). Eine gute Beschreibung von verschiedenen Verfahren zur Konstruktion der Indikatoren findet sich bei Eichhorst/Feil/Braun, What Have we Learned.
[8] Vgl. Stephen J. Nickell, Labour Market Institutions and Unemployment in OECD Countries, in: CESifo DICE Report 1 (2003), S. 13–26.
[9] Vgl. Bassanini/Duval, Determinants of Unemployment. Eine tabellarische Übersicht über zahlreiche empirische Studien findet man in Eichhorst/Feil/Braun, What Have we Learned.
[10] Vgl. z.B. Erik Klär/Ulrich Fritsche, Mehr Beschäftigung durch weitere Arbeitsmarktreformen?, in: Wirtschaftsdienst – Zeitschrift für Wirtschaftspolitik 7 (2008), S. 451–460.

der Ausprägung anderer Regelungen abhängt und ob sie über die Zeit und zwischen Ländern variiert. Trotz zahlreicher Untersuchungen besteht also weiterhin Forschungsbedarf.

5. Empirische Ergebnisse einer eigenen Studie

Im Folgenden berichten wir über einige empirische Ergebnisse, die im Rahmen unseres Projekts gewonnen wurden. Als erstes beschreiben wir die Konstruktion der Trendkomponente der Arbeitslosenquote, die wir als zu erklärende Variable verwenden. Danach zeigen wir graphisch zweidimensionale Zusammenhänge zwischen den einzelnen Institutionen und der Arbeitslosenquote und abschließend präsentieren wir die Ergebnisse einer Regressionsanalyse.

Die beobachtete Entwicklung der Arbeitslosenquote folgt zum einen einer langfristigen Trendentwicklung, zum anderen weist sie aber auch starke konjunkturelle Schwankungen auf. Beispielhaft zeigt dies Abbildung 1, die an dieser Stelle nochmals abgedruckt werden soll, für die Bundesrepublik Deutschland. Sowohl die nach nationalen Regelungen definierte als auch die standardisierte Quote spiegeln periodische Schwankungen mit einer Zykluslänge von etwa neun Jahren[11].

Aufgrund unterschiedlicher Definitionen und sozialpolitischer Regelungen sind die durch nationale Behörden erhobenen Arbeitslosenquoten international nicht vergleichbar. Als abhängige Variable verwenden wir deshalb die international standardisierte OECD-Arbeitslosenquote, die auf Haushaltsbefragungen beruht. Generell gilt dabei jeder als arbeitslos (erwerbslos), der nicht arbeitet, aber aktiv nach einer Arbeitsstelle sucht. Die nationalen Definitionen weichen davon im Allgemeinen mehr oder weniger ab. Nach deutscher Definition ist beispielsweise arbeitslos, wer nicht oder weniger als 15 Stunden pro Woche arbeitet, sich bei der Agentur für Arbeit arbeitslos gemeldet hat und eine sozialversicherungspflichtige Beschäftigung von mindestens 15 Wochenstunden sucht. In den meisten Ländern ist die standardisierte Arbeitslosenquote höher als die national definierte, in Deutschland etwas niedriger.

Um die Trendkomponente zu extrahieren (und die zyklische Komponente zu unterdrücken), verwenden wir den sogenannten Hodrick-Prescott-Filter. Der HP-Filter „wählt" die Trendkomponente

---

[11] Für eine zeitreihenökonometrische Analyse vgl. beispielsweise Gebhard Flaig, Die Entwicklung der Arbeitslosenquote. Ein langfristiger Vergleich zwischen Deutschland und den USA, in: ifo Schnelldienst 16 (2003), S. 14–19.

*Abb. 1: Entwicklung der Arbeitslosigkeit$^{a)}$ in der Bundesrepublik Deutschland$^{b)}$
1960 bis 2006*

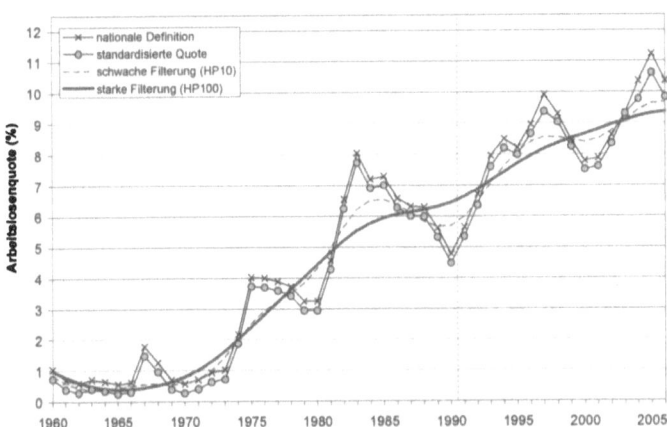

a) Registrierte Arbeitslosigkeit und standardisierte Daten (ILO-Konzept).
b) Bis 1990: Daten für Westdeutschland; ab 1991: Daten für Gesamtdeutschland.
Quellen: Bundesagentur für Arbeit; OECD; ifo Berechnungen.

einer Zeitreihe so, dass – grob gesprochen – einerseits die Trendkomponente und die ursprüngliche Zeitreihe nicht zu weit voneinander abweichen und andererseits die Trendkomponente relativ glatt verläuft. Dabei muss ein Parameter λ vorgegeben werden, der die „Glattheit" der extrahierten Trendkomponente beeinflusst. Je größer der Parameterwert gewählt wird, desto stärker wird die Trendkomponente geglättet und desto mehr weicht die ursprüngliche Zeitreihe von dem extrahierten Trend ab. In dieser Studie verwenden wir, wie bei Jahresdaten in der Literatur üblich, für λ einen Wert von 100, der zumindest nach visueller Inspektion alle zyklischen Elemente eliminiert und plausible Ergebnisse für die Trendkomponente liefert[12].

Diese Berechnung haben wir für 20 OECD-Staaten für den Zeitraum 1960 bis 2006 durchgeführt: Australien, Österreich, Belgien, Kanada, Dänemark, Finnland, Frankreich, die Bundesrepublik Deutschland, Irland, Italien, Japan, Neuseeland, Niederlande, Norwegen, Portugal, Spanien, Schweden, Schweiz, das Vereinigte Königreich und die USA. Dabei ergibt sich vor allem, dass keines-

---

[12] Auch bei einem Wert von zehn für λ (der Trend ist dann etwas weniger glatt) ändern sich die später präsentierten Regressionsergebnisse kaum.

wegs alle Länder seit den 1970er Jahren eine permanente Verschlechterung der Arbeitsmarktentwicklung zu verzeichnen hatten. Insbesondere hat der Trend der Arbeitslosenquote in vielen Ländern zwischen Mitte der 1980er und Mitte der 1990er Jahre seinen Höhepunkt überschritten und ist seitdem spürbar gesunken. Ausnahme von dieser Regel sind vor allem Länder wie die Bundesrepublik Deutschland und Frankreich, bei denen die Trendarbeitslosigkeit bis zuletzt (2006) weiter gestiegen ist.

Der zweite Schritt besteht in einer mehr deskriptiven Beschreibung der bivariaten Zusammenhänge zwischen den Indikatoren der Arbeitsmarktinstitutionen und der Trendkomponente der standardisierten Arbeitslosenquote. Dabei wird im Allgemeinen unterschieden zwischen Vergleichen im reinen Querschnitt zwischen verschiedenen Ländern und der Entwicklung innerhalb eines Landes. Letzteres ist wichtig, da reine Querschnittsvergleiche zwischen Ländern dadurch verfälscht werden können, dass unbeobachtete dritte Variablen sowohl die Arbeitslosenquote als auch die Institutionen beeinflussen können und so eine Korrelation zwischen den beobachteten Variablen erzeugen, obwohl möglicherweise kein kausaler Effekt von den Institutionen auf die Arbeitslosigkeit vorliegt. In der Literatur ist dieses Phänomen als der Einfluss unbeobachteter Heterogenität bekannt. Zudem kann bei einer reinen Querschnittsanalyse die unbeobachtete Heterogenität zwischen den Ländern dazu führen, dass auch bei existierender Kausalität keine Korrelation zwischen den analysierten Variablen festzustellen ist. Deshalb beschränken wir uns im Folgenden auf die Veränderungen der verschiedenen Variablen innerhalb der Länder. Für jede Variable wird bei jeder Beobachtung der länderspezifische Mittelwert abgezogen (und dann der Mittelwert für das gesamte Sample wieder dazu addiert[13]). Im Prinzip betrachtet man jetzt nur noch Variationen der Variablen über die Zeit. Alle konstanten länderspezifischen Einflüsse werden durch diese Vorgehensweise eliminiert. Die folgenden Abbildungen basieren alle auf der gerade beschriebenen Art der Variablentransformation[14]. Zusätzlich enthalten die Abbildungen jeweils den geschätzten linearen Zusammenhang zwischen den abgebildeten Variablen. Dieser wurde mittels einer Einfachregression geschätzt[15].

---

[13] Dieser letzte Schritt dient nur dazu, das Größenniveau der Variablen zu erhalten.
[14] Bei allen folgenden Abbildungen und Berechnungen wird wegen fehlender Daten Neuseeland nicht berücksichtigt; der Berechnungszeitraum wird auf die Jahre zwischen 1960 und 2000 beschränkt.
[15] Die Einfachregression und die multiple Regressionsanalyse werden in fast

Abb. 2: Zusammenhang zwischen Steuerkeil und Arbeitslosenquote

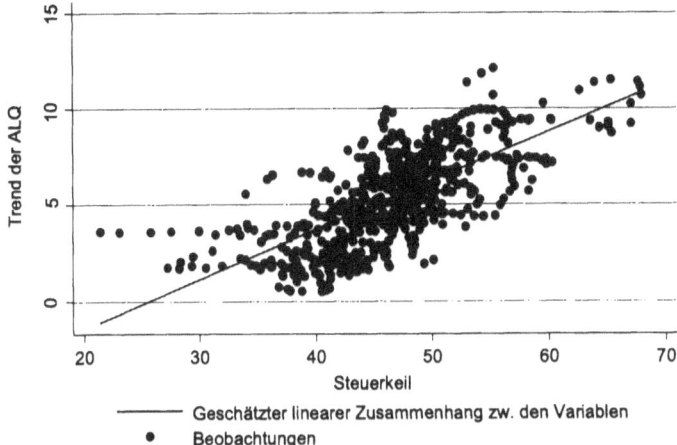

Arbeitslosenquote in Prozent; Steuerkeil: Steuer- und -abgabenkeil in Prozent des Bruttolohns (transformiert wie im Text beschrieben).
Quelle: Eigene Berechnungen.

Abbildung 2 zeigt den Zusammenhang zwischen dem Steuerkeil und der Arbeitslosenquote. Jeder Punkt repräsentiert die Kombination von Steuerkeil und Trendkomponente der Arbeitslosenquote für ein bestimmtes Jahr und ein bestimmtes Land. Es ergibt sich ein eindeutiger positiver Zusammenhang: Jahre, in denen der Steuerkeil hoch ist, sind meistens auch Jahre, in denen die Arbeitslosenquote hoch ist.

Die Abbildungen 3 und 4 zeigen analoge bivariate Zusammenhänge zwischen der Arbeitslosenquote und den Lohnersatzleistungen beziehungsweise dem Indikator des Kündigungsschutzes. Auch hier ist jeweils ein eindeutig positiver Zusammenhang zu erkennen: Eine höhere Lohnersatzquote und ein stärkerer Kündigungsschutz korrespondieren tendenziell mit einer höheren Arbeitslosenquote.

allen einführenden Lehrbüchern zur Statistik erklärt; vgl. z.B. Günter Bamberg/Franz Baur/Michael Krapp, Statistik, München 2009.

Abb. 3: Zusammenhang zwischen Lohnersatzquote und Arbeitslosenquote

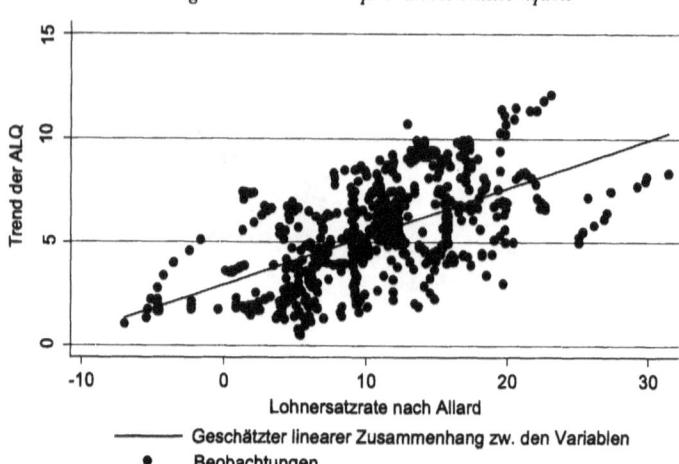

Arbeitslosenquote in Prozent; Lohnersatzrate: Indikator.
Quelle: Eigene Berechnungen.

Einfache Korrelationen zwischen jeweils zwei Variablen reichen selbstverständlich nicht aus, um kausale Zusammenhänge zu begründen. Deshalb werden im Folgenden die Ergebnisse verschiedener ökonometrischer Schätzungen präsentiert, bei denen simultan die Effekte des Kündigungsschutzes, der Gewerkschaftsdichte, der Lohnersatzquote bei Arbeitslosigkeit, des Steuerkeils sowie eines kombinierten Indikators für die Koordination und Zentralisation bei Lohnverhandlungen auf die Trendkomponente der standardisierten Arbeitslosenquote geschätzt werden. Diese Schätzungen würde man normalerweise mithilfe der multiplen Regressionsanalyse durchführen. Diese Vorgehensweise vernachlässigt aber die Panelstruktur, das heißt sie ignoriert, dass die Daten sowohl zwischen den Ländern als auch über die Zeit variieren. Alle von uns geschätzten Modelle berücksichtigen jedoch diese Panelstruktur. Die Modelle unterscheiden sich darin, wie die Einflüsse von weiteren unbeobachteten Variablen spezifiziert werden[16].

---

[16] Darstellungen dieser Methoden liefern beispielsweise Jeffrey Wooldridge, Introductory Econometrics. A modern Approach, Mason 2006, oder Collin Cameron/Pravin Trivedi, Microeconometrics. Methods and Application, Cambridge 2005.

Abb. 4: Zusammenhang zwischen Kündigungsschutz und Arbeitslosenquote

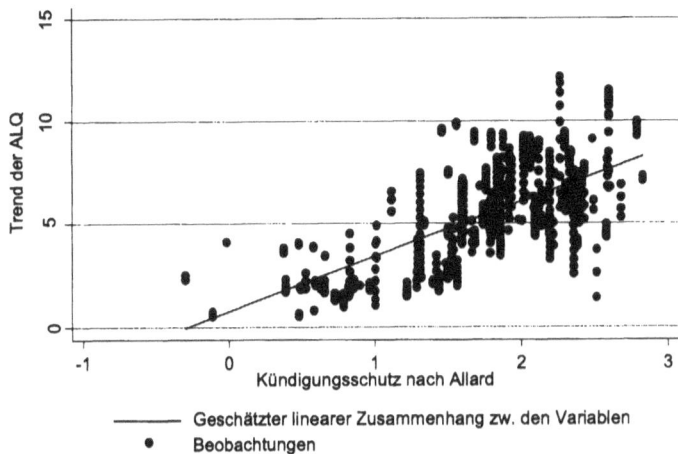

— Geschätzter linearer Zusammenhang zw. den Variablen
• Beobachtungen

Arbeitslosenquote in Prozent; Kündigungsschutz: Indikator.
Quelle: Eigene Berechnungen.

Die Basisschätzung ist ein Panelmodell mit sogenannten fixen Effekten. Dabei nimmt man an, dass die Parameter und damit die Einflüsse der Institutionen auf die Arbeitslosigkeit in allen Ländern identisch sind, dass die durchschnittliche Arbeitslosenquote aber aufgrund von unbeobachteten weiteren Einflussvariablen zwischen den Ländern variieren kann. Das bedeutet, dass das Absolutglied in der Regressionsgleichung zwischen den Ländern unterschiedlich sein darf. Das entspricht in etwa der bereits erläuterten Mittelwertbereinigung bei den Abbildungen, aber jetzt übertragen auf den Fall mit mehr als zwei Variablen. Die geschätzte Regressionsgleichung für 19 OECD-Länder (1960 bis 2000) lautet:

$$ALQ\_HP100_{it} = \text{Absolutglied}_i + 1{,}16 \, epl_{it} + 0{,}01 \, udnet_{it} + 0{,}09 \, nrw_{it}$$
$$(9{,}1) \quad\quad (1{,}2) \quad\quad\quad (7{,}4)$$
$$- 0{,}57 \, cow\_cew_{it} + 0{,}11 \, tw_{it}$$
$$(-5{,}1) \quad\quad\quad (8{,}8)$$

Dabei ist ALQ_HP100 der Trend der standardisierten Arbeitslosenquote, epl der Kündigungsschutzindikator nach Allard, udnet die Gewerkschaftsdichte nach Visser, nrw die Lohnersatzleistungen nach Allard, cow_cew ein kombinierte Indikator der Koordination und Zentralisation bei Lohnverhandlungen (OECD) und tw der von der OECD berechnete Steuerkeil. Das Subskript it bei den Variablen bezeichnet das Land (i) und das Jahr (t). Die Angaben in Klammern unter den geschätzten Parameter geben die t-Werte an (Parameter dividiert durch Standardfehler).

Die geschätzten Parameter aller Erklärungsvariablen bestätigen die Ergebnisse der graphischen Analyse: Ein stringenterer Kündigungsschutz, eine höhere Gewerkschaftsdichte, eine großzügigere Arbeitslosenunterstützung sowie ein höherer Steuerkeil lassen die Arbeitslosigkeit steigen (siehe die positiven Vorzeichen der Parameter), während eine stärkere Koordination/Zentralisation bei Lohnverhandlungen diese senkt. Bis auf die Gewerkschaftsdichte sind auch alle Parameter hoch signifikant von null verschieden (die t-Werte sind absolut größer als 2).

Die Ergebnisse solcher Schätzungen hängen vom Schätzzeitraum ab. Schätzt man das Modell beispielsweise für den Zeitraum von 1975 bis 2000, bleiben zwar die Vorzeichen der geschätzten Parameter erhalten, die Standardfehler werden aber im Allgemeinen größer und die Signifikanz geht damit zurück. Der Grund dafür ist, dass sich viele institutionelle Regelungen vor allem zwischen Mitte der 1960er und Ende der 1970er Jahre deutlich verändert haben. Nimmt man erst die Jahre ab 1975 oder gar ab 1980 in den Blick, ist die Variation der erklärenden Variablen innerhalb eines Landes relativ klein und die Parameter können nicht mehr präzise geschätzt werden.

Möglicherweise ist die Annahme, dass der Einfluss der jeweiligen Arbeitsmarktinstitution auf die Arbeitslosenquote für alle Länder identisch ist, zu restriktiv. So kann etwa die Wirkung des Kündigungsschutzes oder der Steuerbelastung unterschiedlich sein, je nachdem, ob Lohnverhandlungen zentral oder dezentral stattfinden. Deshalb lassen wir in weiteren Modellen zu, dass sich die Parameter für die Institutionen zwischen den Ländern unterscheiden dürfen. Dabei modellieren wir – technisch gesprochen – die länderspezifischen Abweichungen der Parameter vom mittleren Effekt als Zufallsvariable. Auch dabei haben die geschätzten Parameter für die meisten Länder dieselben Vorzeichen wie bisher. Das gilt vor allem für den Kündigungsschutz, die Lohnersatzrate bei Arbeitslosigkeit und den Steuerkeil. Beispielsweise führt, abgesehen von Japan, Schweden und den USA, ein stringenterer Kündigungsschutz in allen anderen Ländern zu einer höheren Arbeitslosigkeit. Vor allem für Japan und die USA dürfte der Parameter sehr unpräzise geschätzt sein, da sich der Kündigungsschutz dort während des Untersuchungszeitraums kaum geändert hat. Bei der Lohnersatzrate haben nur Italien und Schweden einen negativen

Abb. 5: Tatsächlicher und geschätzter Verlauf der Trendkomponente der standardisierten Arbeitslosenquote in sechs Ländern

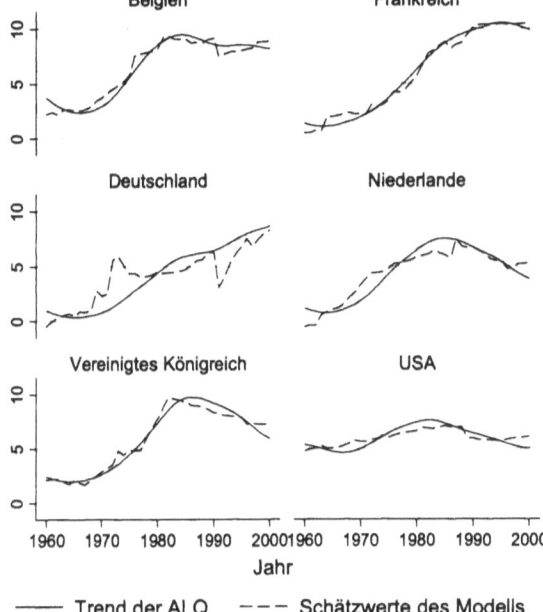

Arbeitslosenquote in Prozent.
Quelle: Eigene Berechnungen.

Koeffizienten, beim Steuerkeil haben vier Länder negative Koeffizienten, die allerdings sehr klein und nicht signifikant von null verschieden sind. Die Gewerkschaftsdichte ist jetzt nicht mehr signifikant. Die Ergebnisse für den Koordinations-/Zentralisations-Indikator für Lohnverhandlungen sind etwas gemischt, da das Vorzeichen in sechs Ländern positiv ist. In 13 Ländern bleibt es aber negativ. Im Allgemeinen führt also eine höhere Koordination und/oder Zentralisation bei Lohnverhandlungen zu niedrigerer Arbeitslosigkeit. Möglicherweise kann aber ein eindimensionaler Indikator die komplexen Lohnverhandlungsstrukturen nicht ganz zufriedenstellend abbilden.

Das geschätzte Modell kann die langfristige Entwicklung der Arbeitslosenquote zwar nicht in jedem Einzelfall, für viele Länder aber zumindest qualitativ über den gesamten Schätzzeitraum sehr gut erklären. In Abbildung 5 ist beispielhaft für sechs Länder die tatsächliche und die vom Modell geschätzte Entwicklung abgetragen.

Während für Belgien, Frankreich, die Niederlande, das Vereinigte Königreich und die USA eine relativ gute Übereinstimmung zwischen der tatsächlichen und der geschätzten Entwicklung zu konstatieren ist, zeigen sich für Deutschland größere Unterschiede. Der vom Modell generierte starke Anstieg der Arbeitslosigkeit Anfang der 1970er Jahre geht darauf zurück, dass die Allard-Indikatoren für den Kündigungsschutz und die Lohnersatzrate bei Arbeitslosigkeit in dieser Zeit sehr stark gestiegen sind. Nach der Wiedervereinigung haben sich die gesamtdeutschen Indikatoren gegenüber den westdeutschen positiv verändert; durch den starken Anstieg der Arbeitslosigkeit in den neuen Bundesländern hat dies jedoch zu keiner Reduktion der Arbeitslosenquote geführt. In weiteren Forschungsarbeiten soll geklärt werden, ob geeignete Bereinigungen der Indikatoren in solchen Fällen die Ergebnisse verbessern.

6. Zusammenfassung und Schlussfolgerungen

Die hohe und persistente Arbeitslosigkeit bildet in vielen Ländern ein wichtiges wirtschaftspolitisches Problem. Allerdings sind sowohl das Niveau als auch der Verlauf der Arbeitslosenquote zwischen den Ländern sehr unterschiedlich. Ein bedeutsamer Erklärungsfaktor ist dabei die institutionelle Ausgestaltung des Arbeitsmarkts. Zu nennen sind insbesondere der Kündigungsschutz, die Steuer- und Abgabenbelastung, die Modalitäten der Arbeitslosenversicherung, die Gewerkschaftsmacht sowie die Koordination und Zentralisation von Lohnverhandlungen. In unserem Beitrag haben wir empirische Ergebnisse von mehreren ökonometrischen Schätzungen von Panelmodellen präsentiert. Gegenüber der bisherigen Literatur unterscheidet sich dieser Ansatz im wesentlichen durch drei Aspekte: Wir verwenden, erstens, nicht die tatsächliche Arbeitslosenquote oder willkürlich definierte Mehrjahresdurchschnitte, sondern die Trendkomponente der standardisierten Arbeitslosenquote, die mit dem Hodrick-Prescott-Filter generiert wird. Wir arbeiten, zweitens, mit einem langen Schätzzeitraum von 1960 bis 2000. Nur so lässt sich sicherstellen, dass genügend Variation der Institutionen innerhalb der einzelnen Länder beobachtbar ist. Wir lassen, drittens, zu, dass die Parameter der Institutionen zwischen den Ländern variieren können.

Das empirische Hauptergebnis ist, dass vor allem ein stärkerer Kündigungsschutz, eine höhere Lohnersatzrate bei Arbeitslosigkeit sowie ein höherer Steuer- und Abgabenkeil die Trendkomponente der Arbeitslosenquote steigern. Das zeigt sich zunächst graphisch bei der Analyse zweidimensionaler Zusammenhänge, dann aber auch in einer ökonometrischen Analyse mit Paneldatenmodellen, und zwar unabhängig davon, ob wir annehmen, dass die Effekte von Institutionen auf die Arbeitslosigkeit in allen Ländern identisch sind oder zwischen den Ländern variieren. Die Effekte sind statistisch signifikant und in der Größenordnung relevant. In weiteren Arbeiten soll überprüft werden, ob diese Resultate robust bleiben, wenn alternative Indikatoren und Modellspezifikationen verwendet werden.

Zeitgeschichte im Gespräch

Schleichende Entfremdung?
Deutschland und Italien nach dem Fall der Mauer

Herausgegeben von Gian Enrico Rusconi, Thomas Schlemmer und Hans Woller

2. Aufl. 2009 | 136 S. | Br. | € 16,80
ISBN 978-3-486-59019-7
Zeitgeschichte im Gespräch, Bd. 3

»Ein ebenso interessantes wie außergewöhnliches Buch, treffen darin doch die widersprüchlichen Standpunkte der Autoren ungeschminkt aufeinander«, so der ehemalige italienische Ministerpräsident Giuliano Amato anlässlich der Buchpräsentation in der Residenz des Deutschen Botschafters in Rom am 16. Juni 2008.

»…pointiert und lebendig formuliert … eine anregende Lektüre«
Die Welt

Oldenbourg

oldenbourg.de

Bestellungen über den Buchhandel oder direkt: verkauf@oldenbourg.de

Winfried Süß
Massenarbeitslosigkeit, Armut und die Krise der sozialen Sicherung seit den 1970er Jahren

Großbritannien und die Bundesrepublik Deutschland im Vergleich

1. Zurückgedrängte Armut

Vor dem Hintergrund eines fulminanten Wirtschaftsbooms konnte der amerikanische Ökonom John Kenneth Galbraith in seinem vielgelesenen Buch „Gesellschaft im Überfluß" bereits Ende der 1950er Jahre die westlichen Wohlfahrtsstaaten sowohl von den Planwirtschafts-Diktaturen in Osteuropa als auch von den noch nicht entwickelten Ländern der südlichen Hemisphäre abgrenzen. Der Autor formulierte die zukunftsgewisse Erwartung, der „Mensch des Westens" sei endlich der „Armut entronnen, die so lange sein unausweichliches Los war"[1]. Das Zusammenspiel industrieller Produktivitätssteigerungen, staatlicher Konjunkturpolitik und sozialpolitischer Reformen, so seine von Zeitgenossen weithin geteilte Annahme, habe massenhafte Armut als handlungsrelevante Sozialfigur überwunden und in abgrenzbare Problemregionen oder gesellschaftliche Randlagen abgedrängt. Diese Deutung hatte einiges für sich, wie die Veränderung eines Schlüsselindikators zeigt: 1950 erhielten noch rund 1,3 Millionen Bundesbürger regelmäßige Leistungen der Sozialhilfe zum Lebensunterhalt. Zehn Jahre später hatte sich diese Zahl nahezu halbiert: nur mehr etwa 700.000 Menschen fanden im untersten Sicherungsnetz des Sozialstaats Zuflucht. In Großbritannien blieb der entsprechende Wert zwar höher (1961 rund 1,9 Millionen), aber auch hier lebten deutlich weniger Menschen unterhalb der Armutsschwelle als vor den Reformen der 1940er Jahre[2].

---

[1] John Kenneth Galbraith, Gesellschaft im Überfluß, München/Zürich 1959, S. 15.
[2] Vgl. Statistische Jahrbücher der Bundesrepublik Deutschland 1952 und 1962, S. 355 und S. 433 (ohne West-Berlin); Annual Abstract of Statistics 107 (1970), S. 57.

Hierzu hatte nicht nur die Steigerung des Wohlstands entscheidend beigetragen, sondern auch eine Politik, die „Not unter allen Umständen überflüssig" machen wollte[3]. Die Expansion des Sozialstaats nahm dem Arbeitsverhältnis einen Teil seines Marktcharakters, indem sie den sozialen Status von Beschäftigten sicherte und ihn dadurch aufwertete[4]. Dies beendete die „grundlegende Verwundbarkeit der Unterschichten" und verwandelte ihre latente Prekarität allmählich in ein „Dispositiv der Integration", das die Grundspannung zwischen Kapital und Arbeit deutlich verminderte[5]. In diesem Dispositiv waren Erwerbsarbeit und soziale Sicherung eng aufeinander bezogen und mehrfach ineinander verschränkt. So wurden Ungleichheiten des Arbeitsmarkts zwar abgemildert, aber auch bis zu einem gewissen Grad in die Sicherungssysteme zurückgespiegelt. Der Finanzierungsmodus sozialpolitischer Reformen bildete eine weitere Klammer, denn der wohlfahrtsstaatliche Expansionsschub wurde überwiegend durch Beiträge aus dem Arbeitseinkommen gespeist und war nur bei anhaltender Vollbeschäftigung und stabilem Wirtschaftswachstum langfristig bezahlbar[6].

Die Folgen dieser Verknüpfung zeigten sich seit der zweiten Hälfte der 1970er Jahre immer deutlicher, als die sozialen Verhältnisse zunehmend durch Arbeitslosigkeit, Überlastung der sozialen Sicherungssysteme und materielle Ungleichheit geprägt wurden. In der Bundesrepublik stieg die Arbeitslosenquote zwischen 1973 und 1983 von 0,8 auf 6,9 Prozent und in Großbritannien von 2,2 auf 10,8 Prozent. Gleichzeitig verdreifachte sich der Anteil derer, die regelmäßig auf Sozialhilfe angewiesen waren, in der Bundesrepublik von etwa 1,2 auf 3,5 Prozent der Bevölkerung; in Groß-

---

[3] Der Beveridgeplan. Sozialversicherungen und verwandte Leistungen. Bericht von Sir William Beveridge. Dem britischen Parlament überreicht im November 1942, Zürich 1943, § 17, S. 15.
[4] Vgl. Lutz Raphael, Europäische Sozialstaaten in der Boomphase (1948–1973). Versuch einer historischen Distanzierung einer „klassischen Phase" des europäischen Wohlfahrtsstaats, in: Hartmut Kaelble/Günther Schmid (Hrsg.), Das europäische Sozialmodell. Auf dem Weg zum transnationalen Sozialstaat, Berlin 2004, S. 51–73.
[5] Berthold Vogel, Sicher – Prekär, in: Stephan Lessenich/Frank Nullmeier (Hrsg.), Deutschland – eine gespaltene Gesellschaft, Frankfurt a.M./New York 2006, S. 77.
[6] Vgl. Winfried Süß, Der keynesianische Traum und sein langes Ende. Sozioökonomischer Wandel und Sozialpolitik in den siebziger Jahren, in: Konrad H. Jarausch (Hrsg.), Das Ende der Zuversicht? Die siebziger Jahre als Geschichte, Göttingen 2008, S. 120–137.

britannien verdoppelte er sich beinahe von 7,5 auf 13 Prozent[7]. Das Anwachsen der staatlich bekämpften Armut verweist sowohl auf die zunehmende Erosion der materiellen Sicherungswirkung wohlfahrtsstaatlicher Institutionen als auch auf die enge Verknüpfung von Armut und Arbeitslosigkeit in marktwirtschaftlich verfassten Gesellschaften. Nach einigen Bemerkungen zur Struktur der sozialen Sicherungssysteme in Großbritannien und der Bundesrepublik soll es genau um diesen Zusammenhang gehen.

2. *Welfare state* und *Sozialstaat*

Großbritannien und die Bundesrepublik definierten soziale Sicherung als essentiellen Teil der Bürgerrechte. Zudem prägte die enge Verbindung von ökonomischer Prosperität, staatlich gestützter Vollbeschäftigung und konsensualer Sozialstaatsexpansion hier wie dort das gesellschaftliche Selbstverständnis. Der Blick auf die Sozialleistungsquote macht indes auf markante Unterschiede in den beiden „Wohlfahrtskulturen" aufmerksam[8]. In Westdeutschland trafen die Wirtschaftskrisen der 1970er und 1980er Jahre auf einen finanziell gut ausgestatteten Sozialstaat; 1975 floss ein knappes Drittel des Bruttosozialprodukts in die soziale Sicherung – deutlich mehr als in anderen EG-Ländern und auch deutlich mehr als im Vereinigten Königreich mit einer Sozialleistungsquote von etwa 20 Prozent[9]. In der Konstruktion ihrer Sicherungssysteme unterschieden sich beide Länder ebenfalls erheblich. Der deutsche Sozialversicherungsstaat ist bis heute erwerbszentriert und zielt vorrangig auf den Ersatz von Arbeitseinkommen, wobei Transferzahlungen am Erhalt individuell erworbener Wohlstandspositionen orientiert sind und hohe Lohnersatzraten aufweisen[10]. Dies bewirkt einen vergleichsweise starken Sozialschutz für Arbeitnehmer, provoziert aber auch die Spaltung in durch Normalarbeitsverhält-

---

[7] Vgl. Statistisches Taschenbuch. Arbeits- und Sozialstatistik, hrsg. vom Bundesministerium für Arbeit und Soziales, Bonn 2007, Tabellen 8.13 und 9.14; Josephine Webb, Social Security, in: Albert H. Halsey/Josephine Webb (Hrsg.), Twentieth-Century British Social Trends, Basingstoke 2000, S. 548–583, hier S. 569.
[8] Vgl. Franz-Xaver Kaufmann, Wohlfahrtskultur – Ein neues Nasobem?, in: Reinhardt Nippert (Hrsg.), Kritik und Engagement. Soziologie als Anwendungswissenschaft, München 1991, S. 19–27.
[9] Vgl. Statistisches Taschenbuch, Tab. 9.18.
[10] Vgl. Franz-Xaver Kaufmann, Varianten des Wohlfahrtsstaats. Der deutsche Sozialstaat im internationalen Vergleich, Frankfurt a.M. 2003, S. 126–204 und S. 248–308.

nisse gut gesicherte „Insider" und „Outsider", die aufgrund ihrer Lebenslage und diskontinuierlicher Erwerbsbiographien deutlich schlechter gestellt sind[11].

Durch den geringeren Beitragsbezug von Sozialleistungen und seinen Akzent auf allgemein zugänglichen sozialen Diensten und Infrastrukturen ist die Grundanlage des britischen *welfare state* deutlich egalitärer. Allerdings zielt das britische Verständnis von *social security* nicht auf Statuserhalt, sondern orientiert sich an einer Grundsicherung auf kargem Niveau. Die Einkommensersatzleistungen der Renten- und Arbeitslosenversicherung waren im Schnitt deutlich niedriger als in der Bundesrepublik. Da zudem viele der steuerfinanzierten Sozialleistungen an individuelle Bedarfsprüfungen gebunden waren, trugen gerade Langzeitarbeitslose ein erhebliches Verarmungsrisiko. Alleinstehende britische Arbeitslose erhielten in den 1980er Jahren weniger als ein Sechstel des Durchschnittseinkommens der männlichen Erwerbsbevölkerung, während deutsche Arbeitslose zwischen 68 und 56 Prozent ihres letzten Nettolohns erreichten, was etwa der Hälfte eines durchschnittlichen Arbeitnehmereinkommens entsprach[12]. Die steuerfinanzierte Sozialhilfe Großbritanniens nahm daher im Gefüge der sozialen Sicherung eine ganz andere Stellung ein als in Westdeutschland. *Supplementary benefit* und *income support* fungierten hier nicht nur als unterstes Netz, sondern hatten eine unverzichtbare Ergänzungsfunktion für die vorgelagerten Sicherungssysteme; 1980 bezog beispielsweise etwa jeder zweite britische Arbeitslose Leistungen der Sozialhilfe.

3. Arbeitslosigkeit und Armut

Arbeitslosigkeit und Armut stehen im engen Bezug zur Krisenbewältigung der europäischen Wohlfahrtsstaaten seit der Mitte der 1970er Jahre. Das rückläufige Wirtschaftswachstum dünnte ihre finanzielle Basis zunehmend aus, während die sozialen Sicherungs-

---

[11] Vgl. Katrin Mohr, Soziale Exklusion im Wohlfahrtsstaat. Arbeitslosensicherung und Sozialhilfe in Großbritannien und Deutschland, Wiesbaden 2007, S. 78f.
[12] Vgl. Günther Schmid/Frank Oschmiansky, Arbeitsmarktpolitik und Arbeitslosenversicherung, in: Manfred G. Schmidt (Hrsg.), Geschichte der Sozialpolitik in Deutschland seit 1945, Bd. 7: 1982–1989 – Bundesrepublik Deutschland, Baden-Baden 2005, S. 237–287, hier S. 263; Nicholas Barr/Fiona Coulter, Social Security: Solution or Problem?, in: John Hills (Hrsg.), The State of Welfare: The Welfare State in Britain since 1974, Oxford 1990, S. 274–337, hier S. 286 und S. 296.

systeme wegen der steigenden Arbeitslosigkeit stärker in Anspruch genommen wurden. Allein in der Dekade nach dem ersten Ölpreisschock stiegen die jährlichen Kosten für die bundesdeutsche Arbeitsmarktpolitik von 6,8 (1973) auf 39,1 Milliarden DM (1983). In Großbritannien, das früher und härter von der Wirtschaftskrise getroffen wurde, verfünffachten sich die Aufwendungen des Fiskus für die Arbeitslosigkeit sogar von 1,4 (1973/74) auf 6,9 Milliarden Pfund (1983/84)[13]. Da sowohl die Bundesrepublik als auch Großbritannien ihre sozialen Sicherungssysteme in den Boomjahren großzügig ausgebaut hatten, ging die Schere zwischen wachsendem Finanzbedarf und sinkenden Einnahmen immer weiter auseinander. Spätestens mit der weltweiten Rezession der frühen 1980er Jahre wurde die finanzielle Konsolidierung der sozialen Sicherungssysteme daher zu einem zentralen Politikziel. Kurzfristig ging es darum, die staatlichen Zuwendungen zu reduzieren, mittelfristig sollte der Anteil der Sozialausgaben am Sozialprodukt zurückgeführt oder zumindest in seinem Wachstum begrenzt werden.

Beide Länder beschritten dabei unterschiedliche Wege. Trotz eines breiten Konsenses über den Reformbedarf, der von der Sozialbürokratie über die christlich-liberalen Parteien bis in Teile der SPD reichte, ging es in Westdeutschland weniger um einen Rückbau des Wohlfahrtsstaats als um den Erhalt von Sozialstaatlichkeit durch die behutsame „Umschichtung vom Konsum auf Investitionen" und eine „Atempause" sozialstaatlichen Wachstums[14]. Finanzielle Konsolidierung und soziale Gerechtigkeit sollten in eine neue Balance gebracht werden. In Großbritannien wurde die Schieflage der sozialen Sicherungssysteme nicht nur als Finanzkrise, sondern als Teil einer fundamentalen Krise der Nachkriegsordnung wahrgenommen. Durch die enge Verkopplung mit den Debatten um

---

[13] Vgl. Günther Schmid/Frank Oschmiansky, Arbeitsmarktpolitik und Arbeitslosenversicherung, in: Hans Günter Hockerts (Hrsg.), Geschichte der Sozialpolitik in Deutschland seit 1945, Bd. 5: 1966–1974 – Bundesrepublik Deutschland, Baden-Baden 2007, S. 333–379, hier S. 368; Schmid/Oschmiansky, Arbeitsmarktpolitik, in: Schmidt (Hrsg.), Geschichte der Sozialpolitik, Bd. 7, S. 276; Barr/Coulter, Social Security, in: Hills (Hrsg.), State of Welfare, S. 288.
[14] Zit. nach Martin H. Geyer, Sozialpolitische Denk- und Handlungsfelder: Der Umgang mit Sicherheit und Unsicherheit, in: ders. (Hrsg.), Geschichte der Sozialpolitik in Deutschland seit 1945, Bd. 6: 1974–1982 – Bundesrepublik Deutschland, Baden-Baden 2008, S. 111–231, hier S. 173 (Helmut Schmidt), und Manfred G. Schmidt, Sozialpolitische Denk- und Handlungsfelder, in: ders. (Hrsg.), Geschichte der Sozialpolitik, Bd. 7, S. 61–154, hier S. 65 (Norbert Blüm).

die strukturellen Schwächen der britischen Industrie, die Erosion traditioneller Familienformen, Effizienzprobleme der Bürokratie und nicht zuletzt einer Krise des politischen Systems, die im *winter of discontent* 1978/79 ihren deutlichsten Ausdruck fand, stand der *welfare state* auch als Institution in Frage. In den Augen seiner Kritiker war dieser „not just politically but morally bankrupt"[15].

Vor diesem Hintergrund ließe sich erwarten, dass der Effekt der Sparpolitik in der Bundesrepublik eher begrenzt, in Großbritannien dagegen durchschlagend gewesen ist, vor allem, wenn man in Rechnung stellt, dass im zentralisierten britischen Wohlfahrtsstaat Kurswechsel leichter durchzusetzen sind als in der bundesdeutschen Sozialpolitik, deren Entscheidungsspielräume durch Politikverflechtungen, mächtige Vetospieler und rechtlich stark abgesicherte Leistungsansprüche der Sozialstaatsklienten eingeschränkt sind. Das Gegenteil war indes der Fall: In der Bundesrepublik gelang den sozialliberalen und bürgerlichen Regierungskoalitionen auch ohne prinzipielle Kehrtwende eine „bemerkenswert erfolgreiche Politik der Konsolidierung der Staats- und Sozialfinanzen"[16], die den Anstieg der Sozialausgaben seit der Mitte der 1970er Jahre spürbar begrenzte. Während die Sozialleistungsquote im EG-Durchschnitt stieg, sank sie in der Bundesrepublik zwischen 1975 und 1989 leicht. Der Wachstumstrend der Sozialausgaben wurde damit zwar nicht gebrochen, aber doch wieder enger an die Entwicklung der Wirtschaftskraft gebunden. Möglich wurde dies durch eine Vielzahl kleinteiliger, oft kaum miteinander verknüpfter Sparmaßnahmen, die selten auf Strukturreformen zielten, sondern zumeist einer fiskalpolitischen Logik folgten.

Für Großbritannien sind die Ergebnisse widersprüchlich. Die Bewertung der konservativen Reformen wird daher stark vom gewählten Indikator bestimmt und kontrovers diskutiert[17]. Einerseits war die Regierung Margaret Thatchers mit dem erklärten Ziel angetreten, öffentliche Ausgaben zu senken und Sozialleistungen zu beschneiden. Aus der Perspektive der Betroffenen geschah dies

---

[15] Rodney Lowe, The Welfare State in Britain since 1945, Basingstoke ³2005, S. 319.
[16] Nico A. Siegel, Jenseits der Expansion? Sozialpolitik in westlichen Demokratien 1975–1995, in: Manfred G. Schmidt (Hrsg.), Wohlfahrtsstaatliche Politik. Institutionen, Prozess und Leistungsprofil, Opladen 2000, S. 54–89, hier S. 56f.
[17] Die Zäsurwirkung betont etwa David Vincent, Poor Citizens: The State and the Poor in Twentieth-Century Britain, London u. a. ²1996; für die Gegenposition steht Paul Pierson, Dismantling the Welfare State? Reagan, Thatcher, and the Politics of Retrenchment, Cambridge u. a. 1997.

mit brutaler Wirkung. Verantwortlich dafür waren Veränderungen im Steuersystem und die sinkende Kaufkraft der Sozialtransfers unter den Bedingungen steigender Arbeitslosigkeit. Besonders Arbeitslose und Sozialhilfeempfänger waren davon betroffen. 1977 betrug der durchschnittliche Wert des *supplementary benefit* noch etwa 17 Prozent des Durchschnittsverdiensts erwachsener Arbeiter, zehn Jahre später weniger als 14 Prozent. Zwischen 1975 und 1985 nahm die Anzahl der Familien (ohne Rentner) mit einem Einkommen unterhalb des Sozialhilfeniveaus von 9,6 auf 17,3 Prozent zu[18]. Andererseits wuchs die britische Sozialleistungsquote zwischen 1975 und 1989 um rund ein Zwölftel; Mitte der 1980er Jahre lag sie sogar rund ein Fünftel über dem Referenzwert von 1975. Dieser Befund lässt sich zum Teil durch Probleme bei der Umsetzung der Sparpolitik erklären, die nicht selten von Labour-regierten Kommunen unterlaufen wurde. Vor allem aber bewirkte die marktradikale Wende in der britischen Wirtschafts- und Sozialpolitik infolge der drastisch steigenden Arbeitslosigkeit keine Entlastung, sondern eine gravierende Belastung der sozialen Sicherungssysteme, die Einschnitte im Sozialleistungsniveau kaum kompensieren konnten.

Der Vergleich auf der Ebene von hoch aggregierten Daten ist daher nur von begrenztem Aussagewert, zumal er wesentliche Ziele der „Thatcher Revolution" nicht erfasst, die auch auf die Reform der wohlfahrtsstaatlichen Institutionenordnung – in unserem Fall etwa auf die Zerschlagung korporatistischer Strukturen in der Arbeitsmarktpolitik und in den Arbeitsbeziehungen – zielte. Weiterführend kann dagegen die Frage nach den Folgen sein, die sich aus der Einbettung der Armutspolitik in unterschiedliche institutionelle und kulturelle Kontexte ergaben. Insbesondere geht es um die Frage, wie solche Kontexte den Verlauf der Reformen beeinflussten. Gerade hier sind die Beziehungen zwischen Arbeitsmarktpolitik und Armutspolitik aufschlussreich. Die Bundesrepublik und Großbritannien standen Anfang der 1980er Jahre vor dem gleichen Problem: Infolge der steigenden Arbeitslosigkeit musste der Fiskus zunehmend Mittel für die defizitäre Arbeitslosenversicherung bereitstellen. Die Verantwortlichen in beiden Ländern reagierten darauf zunächst ähnlich, indem sie Sozialleistungen für Arbeitslose reduzierten und diese aus den Versicherungssystemen in die billigere Sozialhilfe abschoben. Besonders betroffen war dabei die rasch wachsende Gruppe der Langzeitarbeitslosen.

---

[18] Vgl. Barr/Coulter, Social Security, in: Hills (Hrsg.), State of Welfare, S. 295f. und S. 307f.

Der konservativen Regierung Großbritanniens galten die Unterstützungszahlungen für Arbeitslose als „prime target"[19] möglicher Kürzungen. Ein erstes Maßnahmenbündel stand ganz im Zeichen der Ausgabenkontrolle. 1982 wurden die einkommensbezogenen Leistungen bei Arbeitslosigkeit abgeschafft und die Unterstützungsbeträge steuerpflichtig gemacht. Zudem löste man deren Bindung an die Einkommensentwicklung auf und koppelte Zahlungen vermehrt an unpopuläre Bedarfsprüfungen, so dass der Anteil der *means tested benefits* am Gesamtaufkommen der Sozialleistungen zwischen 1973/74 und 1988/89 auf rund 18 Prozent anwuchs und sich damit nahezu verdreifachte. Weitere Maßnahmen schränkten den Kreis der Unterstützungsberechtigten ein und richteten sich besonders gegen jüngere Arbeitnehmer. Gleichzeitig wurde der Diskurs über Arbeitslosigkeit und Armut zunehmend moralisch aufgeladen, indem man den Betroffenen die Verantwortung für ihre Situation zuschob und dem Wohlfahrtsstaat unterstellte, seine Klienten zu passiven, am Erwerbsleben nur wenig interessierten Empfängern sozialer Transferleistungen zu degradieren. Ein zweiter Strang der Reformen sollte daher die Motivation zur Arbeitsaufnahme stärken, etwa durch Befragungen, um die Motivation von Langzeitarbeitslosen zu überprüfen[20].

Solche Einschnitte wurden nicht durch aktive Strukturpolitik zur Beseitigung der Arbeitslosigkeit oder armutsvermeidende Programme ausbalanciert. Im Gegenteil: „The way to reduce unemployment", so ein prominenter Unterstützer Thatchers, liege nicht in der Abfederung des Strukturwandels, sondern „in reforming both the tax and social security systems to encourage the enterprise society"[21]. Klagen der Opposition über die massiv zunehmende Armut als Folge dieser Politik begegnete die Premierministerin mit dem Verweis auf die Relativität von Armutsdefinitionen[22]. Einzelne Mitglieder der Regierungspartei verkündeten gar „the end of the line for poverty"[23] und vertraten damit eine empirisch wenig ge-

---

[19] Lowe, Welfare State, S. 343.
[20] Vgl. Barr/Coulter, Social Security, in: Hills (Hrsg.), State of Welfare, S. 280f. und S. 285; Jochen Clasen, Unemployment Insurance in two Countries: A comparative Analysis of Great Britain and West Germany in the 1980s, in: Journal of European Social Policy 2 (1992), S. 279–300, hier S. 283–287 und S. 291ff.
[21] Edward Leigh, Hansard, House of Commons, 12.11.1986, Bd. 105, Sp. 62.
[22] Vgl. Margaret Thatcher, Hansard, House of Commons, 14.7.1983, Bd. 45, Sp. 1009.
[23] John Moore, Rede am 11.5.1989 im Londoner St. Stephen's Club, The End of the Line for Poverty, London 1989.

stützte These, nach der sichtbare Armut nichts anderes sei als ein Synonym für die in freiheitlichen Gesellschaften unvermeidliche soziale Ungleichheit. Diese Sicht kehrte das Verhältnis von Individuum und Gesellschaft in einem entscheidenden Punkt um: Jenseits aller politischen Differenzen hatte das Ziel, Arbeitslosigkeit und Armut zu vermeiden, die Agenda aller britischen Regierungen der Nachkriegszeit bestimmt. Die Thatcher-Regierung erkannte eine staatliche Verantwortung für die wachsende soziale Ungleichheit indes nicht mehr an. Nicht mehr die Gesellschaft und ihre Institutionen sollten für das Wohl ihrer Bürger verantwortlich sein, sondern diese „schuldeten" der Gesellschaft jede nur erdenkliche eigene Anstrengung zur Überwindung von Arbeitslosigkeit und Armut. Hier verschob sich die von den Beveridge-Reformen etablierte Grenzziehung zwischen der staatlichen Verantwortung zur Sicherung eines auskömmlichen Lebensstandards und der Verantwortung des Einzelnen tiefgreifend zu Lasten der Sozialstaatsklienten[24].

Auch in der Bundesrepublik prägten Einschnitte in die soziale Sicherung die frühen 1980er Jahre. Leistungsbeschränkungen richteten sich hier ebenfalls überproportional gegen die rasch wachsende Zahl der Arbeitslosen und Sozialhilfeempfänger, deren Regelsätze nur verzögert an die Inflation angepasst wurden. Neben direkten Absenkungen der Leistungssätze (1982 und 1984) standen fiskalpolitisch motivierte, oft weniger sichtbare Einschnitte zum Beispiel durch die Heraufsetzung der anspruchsbegründenden Beitragszeit für das Arbeitslosengeld und die anspruchsvermindernde Veränderung seiner Bemessungsgrundlage (1981 und 1983). Verschärfte Bezugsbedingungen für Arbeitslosengeld und Arbeitslosenhilfe erhöhten den Anteil nicht leistungsberechtigter Arbeitsloser von 24,8 (1981) auf 30,1 Prozent (1984)[25]. Während Rentner ihre Einkommensposition sogar leicht verbessern konnten, sahen sich Arbeitslose und Sozialhilfeempfänger, deren Einkommen aus Sozialtransfers im Vergleich zum durchschnittlichen Arbeitnehmereinkommen deutlich sanken, durch diese Maßnahmen einer zunehmenden relativen Verarmung ausgesetzt[26].

[24] Vgl. Janet Fink, Welfare, Poverty and Social Inequalities, in: Paul Addison/ Harriet Jones (Hrsg.), A Companion to Contemporary Britain 1939–2000, Oxford 2005, S. 262–279, hier S. 276.
[25] Vgl. Christoph F. Büchtemann, Soziale Sicherung bei Arbeitslosigkeit und Sozialhilfebedürftigkeit. Datenlage und neue Befunde, in: MIAB 18 (1985), S. 450–466, hier S. 453.
[26] Vgl. Jens Alber, Der Sozialstaat in der Bundesrepublik 1950–1983, Frankfurt a.M. 1989, S. 299–304.

Inwiefern hier tatsächlich „Neue Armut" durch Arbeitslosigkeit bei vermindertem Sozialschutz entstand und die Sozialhilfe vom Auffangnetz für besondere Lebenssituationen zum Notanker für Erwerbslose wurde, darüber ließ sich trefflich streiten. Vor allem der DGB verfocht diese These, die Helmut Kohl für eine „Erfindung des sozialistischen Jet-Sets" hielt[27]. Für die gewerkschaftliche Sichtweise sprachen die rückläufige Kaufkraft der Sozialtransfers und die deutliche Zunahme der Zahl derer, die aus der am Lebensstandard orientierten Arbeitslosenversicherung in die Arbeitslosen- und Sozialhilfe verwiesen wurden. Während solche Verweisungen im Vereinigten Königreich einen Großteil der Arbeitslosen trafen und damit die bereits überwunden geglaubte Erfahrung der Prekarität zurück in den erwerbsfähigen Kern der Arbeitsgesellschaft trugen, war in der Bundesrepublik nur eine Minderheit von etwa sieben Prozent der Arbeitslosen (1983) direkt von Armut im Sinne des Sozialhilfebezugs bedroht, darunter überproportional viele Jugendliche und ungelernte Arbeitslose mit geringen Anwartschaften und hohem Arbeitslosigkeitsrisiko[28].

Anders als die britische Regierung, die die Grenzen zwischen beitragsfinanzierter Arbeitslosenversicherung und steuerfinanzierter Sozialhilfe zunehmend verwischte, stärkte die Bundesregierung das System der Arbeitslosenversicherung seit der Mitte der 1980er Jahre wieder, damit weniger Arbeitslose vom untersten Netz der sozialen Sicherung aufgefangen werden mussten. Im Endeffekt reichte daher der Schutzkreis von Arbeitslosengeld und Arbeitslosenhilfe 1989 etwas weiter als noch 1979[29]. In Verbindung mit großzügig ausgebauten Vorruhestandsregelungen bewahrte die Verlängerung der Bezugszeiten für das Arbeitslosengeld gerade ältere Arbeitslose vor dem Abdriften in die Armut. Zudem bildeten Sonderprogramme für schwer vermittelbare Problemgruppen des Arbeitsmarkts und für strukturschwache Regionen sowie Initiativen zur Wiedereingliederung von Langzeitarbeitslosen und das Instrument der Arbeitsbeschaffungsmaßnahmen ein gewisses Gegengewicht zur Politik der Leistungskürzungen, auch wenn die Wirkungen bescheiden blieben und sie gerade Langzeitarbeitslose „nur unterproportional" erreichten[30].

---

[27] „Neue Armut. ‚Eine Erfindung des sozialistischen Jet-Sets'", in: Stern vom 25.5.1988, S. 240; vgl. dagegen Wilhelm Adamy/Johannes Steffen, Sozialer Abstieg durch Arbeitslosigkeit. Vom Arbeitnehmer zum Sozialhilfeempfänger, in: Die Neue Gesellschaft 31 (1984), S. 151–156.
[28] Vgl. Büchtemann, Soziale Sicherung, S. 464f.
[29] Vgl. Clasen, Unemployment Insurance, S. 284.
[30] Günther Schmid/Frank Oschmiansky, Arbeitsmarktpolitik und Arbeits-

4. Zwei Wege in der Krise – Konturen einer Erklärung

Als Erklärung für die differierende Entwicklung in beiden Ländern bietet sich zuerst die unterschiedliche Verteilung der sozialpolitischen Regulierungskompetenz an. Im zentralisierten britischen *welfare state* gab es wenige Widerlager gegenüber politischen Kurswechseln. Im dezentralisierten sozialpolitischen Entscheidungssystem der Bundesrepublik machten die Kommunen als Träger der Sozialhilfe gegen die fiskalpolitisch motivierte Auszehrung der Sozialversicherung mobil und konnten dabei auch die Kanäle innerparteilicher Willensbildung im Regierungslager nutzen. Mit unterschiedlichen wohlfahrtsstaatlichen Traditionen lässt sich ebenfalls argumentieren[31]. Beide Länder akzentuierten in der Krise ihr wohlfahrtsstaatliches Leitprinzip: Großbritannien, wo die Arbeitslosenversicherung nur schwache Verteidiger fand, stärkte das Modell bedarfsgeprüfter existenzminimaler Sicherung, während Regierungsparteien und Gewerkschaften im westdeutschen Sozialversicherungsstaat einmütig die Äquivalenz von Beitrag und Leistung betonten. Dies kam besonders älteren Arbeitnehmern mit kontinuierlichen Berufsbiographien zugute. Eine dritte, womöglich entscheidende Differenz bildete die unterschiedliche Wertschätzung des Wohlfahrtsstaats als Institution. In der Bundesrepublik waren Sozialstaat und Demokratie eng aufeinander bezogen. Krisen der sozialen Sicherung bedrohten daher potentiell die Legitimität des politischen Ordnungsmodells, zumal die bundesdeutsche Öffentlichkeit sensibel auf die Zunahme sozialer Ungleichheit reagierte. Gleichzeitig unterschied sich die Problemwahrnehmung in beiden Ländern deutlich. In Großbritannien wurde Armut primär als persistentes, selbstverschuldetes Phänomen angesehen, in der Bundesrepublik dagegen als sozialer Abstieg, für den weniger individuelle Verhaltensweisen verantwortlich waren als vielmehr schwierige Lebensumstände und fehlende gesellschaftliche Unterstützung. Trotz signifikant niedrigerer Armutsindikatoren reagierten Bundesbürger sensibler als die britische Bevölkerung auf Armut im öffentlichen Raum und erwarteten von ihrer Regierung, dagegen vorzugehen[32].

Wie sehr ein intakter Sozialstaat zum Selbstverständnis der Bundesrepublik gehörte, zeigte Mitte der 1980er Jahre die empfindliche

---

losenversicherung, in: Geyer (Hrsg.), Geschichte der Sozialpolitik, Bd. 6, S. 311–363, hier S. 355.
[31] Vgl. Clasen, Unemployment Insurance, S. 296f.
[32] Vgl. The Perception of Poverty in Europe, hrsg. von der Kommission der Europäischen Gemeinschaften, Brüssel 1977, S. 66–70 und S. 77.

Reaktion der Bundesregierung auf die Kampagne des Deutschen Gewerkschaftsbunds gegen die „Neue Armut". Der DGB erinnerte dabei „an die letzten Jahre vor 1933", als Präsidialkabinette „die Arbeitslosenversicherung zum Selbstbedienungsladen des Reiches" gemacht hätten[33]. Diesen historischen Vergleich empfand der christliche Gewerkschafter und Arbeitsminister Norbert Blüm als zutiefst provozierend, „maßlos und unzulässig"[34]. Nach wie vor, so hieß es aus seinem Ministerium, seien „die großen Lebensrisiken sozialstaatlich abgesichert"; der westdeutsche Sozialstaat, einer „der leistungsfähigsten in der Welt", schütze seine Bürger „vor Massenelend"[35].

Die Empörung des Regierungslagers verweist auf einen weiteren Unterschied zu Großbritannien: Der Sozialstaat als Ordnungsmodell stand in der Bundesrepublik auch in der Krise nicht zur Debatte. Man kann das zum Teil mit den spezifischen Diktaturerfahrungen der Deutschen im 20. Jahrhundert erklären, die soziale Sicherheit und sozialen Ausgleich zu einem hohen Wert werden ließen[36]. Nicht zuletzt deshalb gab es in einem Parteiensystem, wo die großen Parteien auf Arbeitnehmerstimmen angewiesen waren und Eingriffe in die aus Arbeitseinkommen generierten Anwartschaften sorgsam rechtfertigen mussten, für einen „Manchester-Liberalismus"[37] in der Manier Margaret Thatchers nur wenig Raum.

---

[33] BAK, B 149/62371, Gerhard Muhr: Pressekonferenz zum Thema „Neue Armut" am 10.7.1984.
[34] BAK, B 149/76707, Norbert Blüm an Gerhard Muhr vom 2.4.1985.
[35] BAK, B 149/62327, Vermerk des Bundesarbeitsministeriums, Abteilung I/Ia 5, betr. Sozialhilfe und „Neue Armut" vom 12.5.1985.
[36] Vgl. Winfried Süß, Die sozialdemokratische Sehnsucht nach Sicherheit. Ernst Schellenberg und die Sozialpolitik der Bonner Republik, in: Theresia Bauer u.a. (Hrsg.), Gesichter der Zeitgeschichte. Deutsche Lebensläufe im 20. Jahrhundert, München 2008, S. 309–328.
[37] So Helmut Kohl 1988 in der CDU/CSU-Fraktion; zit. nach Andreas Wirsching, Abschied vom Provisorium. 1982–1990, München 2006, S. 338.

Thomas Raithel
Jugendarbeitslosigkeit in der Bundesrepublik Deutschland und in Frankreich in den 1970er und 1980er Jahren

1. Einleitung

Seit Wiederkehr der Massenarbeitslosigkeit Mitte der 1970er Jahre stellt Jugendarbeitslosigkeit in den meisten OECD-Staaten ein dauerhaftes Phänomen und einen besonders beunruhigenden Aspekt der Krisenwahrnehmung dar. Allerdings war und ist dieses Problem von Land zu Land unterschiedlich ausgeprägt. Mein Beitrag wird sich in erster Linie mit der Bundesrepublik Deutschland beschäftigen, wo die Entwicklung in den 1970er und 1980er Jahren im internationalen Vergleich noch einen relativ günstigen Verlauf nahm. Um eine komparatistische Perspektive zu gewinnen, richtet sich der Blick teilweise auch nach Frankreich und somit auf ein Land, in dem die Quoten der Jugendarbeitslosigkeit überdurchschnittlich hoch waren.

Jugendarbeitslosigkeit und die vielfältigen Versuche ihrer Eindämmung bilden eine komplexe Materie, mit der sich die verschiedensten politischen und gesellschaftlichen Institutionen befassen. Betrachtet man die Fachliteratur, dann zeigen sich arbeitsmarktpolitische, wirtschaftswissenschaftliche, politikwissenschaftliche, soziologische und sozialpsychologische Zugänge. Für den Historiker ergibt dies ein unübersichtliches Bild, zumal die geschichtswissenschaftliche Analyse der 1970er und 1980er Jahre immer noch in den Anfängen steckt. Angesichts dieser Situation zielt mein Forschungsprojekt, in dessen Kontext dieser Aufsatz steht, zum einen auf eine synthetisierende Bestandsaufnahme der Entwicklungen und Ursachen von Jugendarbeitslosigkeit. Zum anderen wird versucht, wesentliche politische Wahrnehmungs- und Reaktionsmuster zu erkennen. Im Folgenden sollen in thesenhafter Form erste inhaltliche Linien gezogen werden.

2. Entwicklung der Jugendarbeitslosigkeit

Zunächst sei der Blick auf einen groben Indikator der generellen Krisenentwicklung auf dem Arbeitsmarkt gerichtet: die standardisierten Arbeitslosenquoten der OECD[1]. Abbildung 1 zeigt die Entwicklung der allgemeinen Arbeitslosenquote in der Bundesrepublik und in Frankreich. Auf den ersten Blick ist ein relativ ähnlicher Verlauf erkennbar: Seit der Krise von 1974/75 erfolgte ein allmähliches Anschwellen der Massenarbeitslosigkeit. Es gibt freilich auch deutliche Unterschiede: So begann die signifikante Erhöhung der Arbeitslosenquote in Frankreich bereits etwas früher, und während die bundesdeutsche Kurve seit 1974 stufenweise anstieg, erfolgte in Frankreich ein gleichmäßigerer Zuwachs auf höherem Niveau.

Abb. 1: Arbeitslosenquote, Bundesrepublik Deutschland und Frankreich 1960 bis 1989

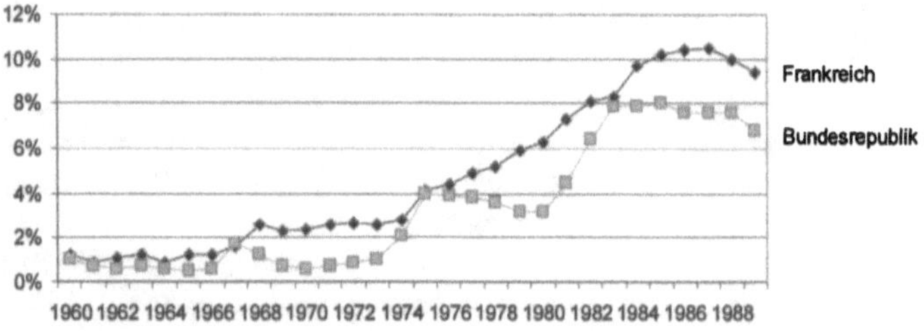

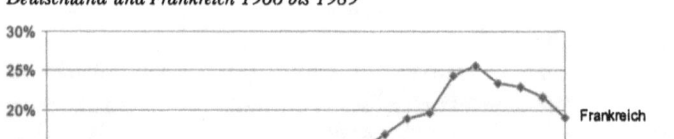

Quelle: OECD, Labour Force Statistics.

Abb. 2: Quote der Jugendarbeitslosigkeit (Altersgrenze 15 bis 24 Jahre), Bundesrepublik Deutschland und Frankreich 1966 bis 1989

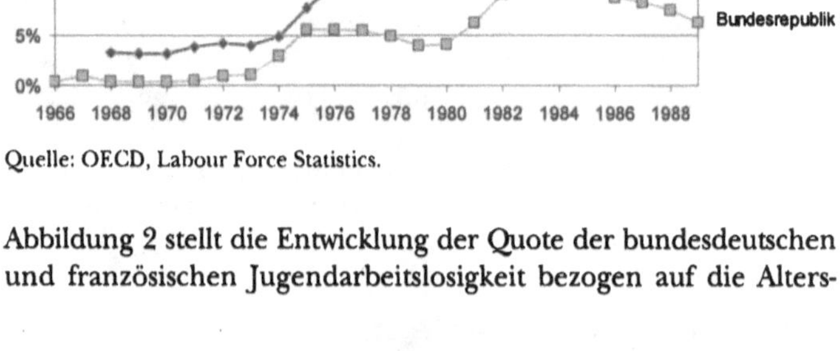

Quelle: OECD, Labour Force Statistics.

Abbildung 2 stellt die Entwicklung der Quote der bundesdeutschen und französischen Jugendarbeitslosigkeit bezogen auf die Alters-

---

[1] Vgl. OECD, Labour force statistics – Statistiques de la population active, 1964–1984, Paris 1986, S. 478–481; OECD, Labour force statistics – Statistiques de la population active, 1970–1990, Paris 1992, S. 490–493.

gruppe der 15- bis 24-Jährigen dar. Hier lassen sich weit größere Unterschiede erkennen als bei der allgemeinen Arbeitslosigkeit. In den späten 1960er und frühen 1970er Jahren war Jugendarbeitslosigkeit in der Bundesrepublik kaum ein Problem. Zu einem ersten Anstieg bis über fünf Prozent kam es 1974/75, danach folgte ein leichter Rückgang und Anfang der 1980er Jahre eine Erhöhung auf bis zu 11 Prozent. Im Laufe der 1980er Jahre fiel die Quote dann wieder auf gut sechs Prozent. Somit ergab sich ein ähnlicher Stufenverlauf wie bei der allgemeinen Arbeitslosenquote, die von der Jugendarbeitslosigkeit nur während der Spitze Anfang der 1980er Jahre deutlich übertroffen wurde, als sich die Konjunkturkrise bei der jugendlichen Erwerbsbevölkerung besonders bemerkbar machte. Der Entwicklung in Frankreich bietet ein abweichendes Bild. Zunächst fällt auf, dass ein Sockel an registrierter Jugendarbeitslosigkeit bereits vor 1974 vorhanden war. Bis 1985 stieg die Kurve relativ kontinuierlich auf über 25 Prozent; 1989 waren immer noch gut 19 Prozent zu verzeichnen. Die Quoten der Jugendarbeitslosigkeit lagen in Frankreich während der gesamten 1970er und 1980er Jahre weit über der allgemeinen Arbeitslosigkeit.

Dass die eben präsentierten Zahlen nur grobe Hinweise geben, wurde bereits angedeutet. Bei genauerer Betrachtung sind Differenzierungen nötig, vor allem nach Alter (15 bis 19 und 20 bis 24 Jahre), Geschlecht, Bildungsgrad, Migrationshintergrund, regionaler Ausprägung und Dauer der Arbeitslosigkeit. Quellenkritisch lässt sich zudem die Einschränkung machen, dass die berechnete Quote nur die registrierte Jugendarbeitslosigkeit erfasst und dass sie daher nur *ein* Indikator eines für Jugendliche unzulänglichen Arbeitsmarkts ist. Diese Vorbehalte ändern freilich nichts am Gesamturteil: Jugendarbeitslosigkeit war in den 1970er und 1980er Jahren in der Bundesrepublik deutlich schwächer ausgeprägt als in Frankreich.

3. Ursachen für die unterschiedlichen Ausmaße der Jugendarbeitslosigkeit

In aller Kürze sollen hier fünf strukturelle Faktoren angeführt werden, die insgesamt wesentlich zu einer Erklärung der unterschiedlichen Dimension der Jugendarbeitslosigkeit in der Bundesrepublik und in Frankreich beitragen; ihr jeweiliges Gewicht ist nach dem derzeitigen Forschungsstand freilich nur sehr allgemein abzuschätzen.

a) Grundlegenden Einfluss haben zweifellos die demographischen Entwicklungen[2]. Der Babyboom der Nachkriegszeit war in Frankreich besonders stark ausgeprägt, er setzte im Vergleich zur Bundesrepublik früher ein, während des Booms lagen die Geburtenraten höher, und in den späten 1960er Jahren blieb ihr Rückgang schwächer. Relativ zur Bevölkerungsgröße gab es daher in Frankreich während des betrachteten Zeitraums eine höhere Zahl von Jugendlichen, die in das erwerbsfähige Alter kamen. So lag 1975 der Anteil der 15- bis 24-Jährigen in Frankreich bei 16,1 Prozent der Gesamtbevölkerung, während er in der Bundesrepublik 13,8 Prozent ausmachte[3].

b) Eine gewisse Rolle spielen möglicherweise auch Unterschiede in den arbeitsrechtlichen Strukturen. Zu erwähnen ist hier in erster Linie der in Frankreich etwas stärker ausgebaute und mit weniger Ausnahmeregelungen versehene Kündigungsschutz[4], dem teilweise eine Minderung der Bereitschaft zugeschrieben wird, Jugendliche einzustellen. Vermutlich irrelevant für die Unterschiede sind hingegen verschiedene Maßnahmen, die darauf zielen, ältere Menschen aus dem Arbeitsmarkt zu nehmen und damit Platz für Junge zu schaffen. In beiden Staaten gab es diesbezüglich vor allem in der ersten Hälfte der 1980er Jahre weitgehende Regelungen[5]. Die Erwerbsquote älterer Bevölkerungsgruppen sank in Frankreich deutlicher als in der Bundesrepublik[6], so dass entsprechende Bemühungen kaum als Erklärungsfaktor für die unterschiedliche Größenordnung der Jugendarbeitslosigkeit gesehen werden können.

---

[2] Vgl. Daniel Noin/Yvan Chauviré, La population de la France, Paris ⁷2004, S. 8ff. und S. 111–120; Josef Ehmer, Bevölkerungsgeschichte und historische Demographie 1800–2000, München 2004, S. 16ff.

[3] Berechnung nach United Nations, Demographic Yearbook 27 (1975), S. 212.

[4] Vgl. Heinz-Dieter Hardes, Allgemeiner Kündigungsschutz in ausgewählten europäischen Ländern. Ein internationaler Vergleich aus theoretischer und empirischer Sicht, in: Jahrbuch für Sozialwissenschaft 44 (1993), S. 78–103, hier S. 87–94.

[5] In der Bundesrepublik trat 1983 das Vorruhestandsgesetz in Kraft, in dem ein freiwilliges Ausscheiden aus dem Erwerbsleben ab dem 58. Lebensjahr geregelt wurde; 1988 wurde es durch das Altersteilzeitgesetz ersetzt. In Frankreich wurde 1982 die reguläre Verrentung mit dem 60. Lebensjahr eingeführt.

[6] So betrug die Erwerbsquote der 55- bis 64-jährigen Männer in der Bundesrepublik 1976 68,1 Prozent, 1989 53,3 Prozent. In Frankreich sank der analoge Wert von 68,2 auf 47,0 Prozent. Vgl. OECD, Labour Force Statistics 1974–1994, Paris 1996, S. 550–553.

c) Es ist davon auszugehen, dass in Frankreich auch die massiven Probleme bei der gesellschaftlichen Integration von Migranten zur Verstärkung der Jugendarbeitslosigkeit beigetragen haben. Obgleich in der Bundesrepublik die Arbeitslosigkeit unter jungen „Ausländern" und insbesondere unter Türken in den 1970er und 1980er Jahren ein deutlich höheres Maß erreichte als unter deutschen Staatsbürgern, lagen die Dimensionen des Problems hier unter dem französischen Vergleichsfall[7]. Die Gettobildung nordafrikanischer Einwanderer in den Banlieues der großen Städte und die damit verbundene Segregation urbaner Bevölkerung führten in Frankreich zu einer räumlichen Problemkonzentration, die für zahlreiche Jugendliche eine extrem schlechte Ausgangsposition auf dem Arbeitsmarkt mit sich brachte.

d) Bereits in der zeitgenössischen Diskussion wurde häufig ein wesentlicher Erklärungsfaktor angeführt, der sich auf die unterschiedlichen Strukturen der Berufsbildung bezieht. Das in einer korporatistischen Tradition stehende duale System der beruflichen Bildung in Betrieb und Berufsschule[8] sorgt in der Bundesrepublik für einen relativ flüssigen Übergang von der Schule in das Arbeitsleben. Erhebliche Bedeutung besitzt der Umstand, dass es jedes Jahr eine stark beachtete Phase der Lehrstellenbesetzung gibt, die gerade in konjunkturell schwierigen Zeiten einen gewissen rituellen Druck auf die Ausbildungsbereitschaft der Wirtschaft erzeugt. Die praxisnahe Ausbildung sichert, so lässt sich ein zweiter Vorzug zusammenfassen, eine angemessene berufliche Qualifizierung und gibt ihren Absolventen relativ gute Chancen auf dem Arbeitsmarkt. In Frankreich hingegen erfolgt die Berufsausbildung gemäß einer etatistisch-bürokratischen Tradition meist innerhalb eines rein schulischen Rahmens; im Anschluss daran zeigen Unternehmen oftmals wenig Bereitschaft, beruflich unerfahrene Jugendliche einzustellen. Versuche, dieses System zugunsten einer verstärkten „alternance" zwischen schulischer und betrieblicher Ausbildung zu reformieren, zeigten bis in die 1980er Jahre wenig Wirkung[9].

---

[7] Vgl. Klaus Manfrass, Türken in der Bundesrepublik, Nordafrikaner in Frankreich. Ausländerproblematik im deutsch-französischen Vergleich, Bonn/Berlin 1991, insbesondere S. 62–67.
[8] Zu den unterschiedlichen Typen beruflicher Bildung in Deutschland und Frankreich vgl. Wolf-Dietrich Greinert, Berufsqualifizierung und dritte Industrielle Revolution. Eine historisch-vergleichende Studie zur Entwicklung der klassischen Ausbildungssysteme, Baden-Baden 1999, insbesondere S. 33–45.
[9] Vgl. Alain Lattard, Das Prinzip Alternanz. Zum Versuch der Modernisierung des bürokratischen Ausbildungsmodells, in: Greinert, Berufsqualifizierung, S. 120–131.

e) In Verbindung mit den eben angedeuteten Unterschieden steht schließlich die These, dass die Probleme der Jugend in der bundesdeutschen Gesellschaft generell einen höheren Stellenwert besaßen als in Frankreich. Die Unterscheidung einer spezifisch jugendlichen Lebensphase, das Bemühen um soziale Kontrolle und Fürsorge, aber auch die positive Mythisierung von Jugend hatten in Deutschland bereits im späten 19. Jahrhundert Breitenwirkung gewonnen[10]. In Frankreich hingegen weckten die Besonderheiten der „jeunesse" erst seit Mitte des 20. Jahrhunderts größeres öffentliches Interesse[11]. Obgleich komparatistische Untersuchungen immer noch fehlen, spricht doch einiges dafür, dass die Intensität des Diskurses über die Jugend auch in der Bundesrepublik stärker blieb als in Frankreich. So gewann die Befindlichkeit der Jugend im Westen Deutschlands zunächst auch deshalb eine hohe gesellschaftliche Aufmerksamkeit, weil sie nach der Erfahrung der NS-Zeit als Indikator für die Stabilität der jungen Demokratie galt[12] – erinnert sei hier nur an Helmut Schelskys Studie über die „skeptische Generation"[13]. In den späten 1970er und frühen 1980er Jahren sorgte dann die besonders von Jugendlichen geprägte und in der Bundesrepublik stark entwickelte Protest- und Alternativbewegung für erhebliches Aufsehen und auch für eine intensive parlamentarische Diskussion. Die Probleme von Jugendlichen auf dem Arbeitsmarkt stießen so auf einen breiten Resonanzraum.

4. Politische Auseinandersetzung

Trotz der geringeren Ausmaße der Jugendarbeitslosigkeit war das Thema in der Bundesrepublik politisch keineswegs weniger brisant als in Frankreich. Blickt man etwa auf die Zahl der diesbezüglichen Publikationen, so ist vielmehr das Gegenteil festzustellen. Während die Deutsche Nationalbibliothek in den Jahren 1975 bis 1990 über 180 Bücher und Druckschriften verzeichnet, die den Begriff „Jugendarbeitslosigkeit" im Titel tragen, finden sich im Katalog der Bibliothèque Nationale für den gleichen Zeitraum lediglich

---

[10] Vgl. zusammenfassend Dieter Baacke, Jugend und Jugendkulturen. Darstellung und Deutung, Weinheim u. a. 1987, S. 160–164.
[11] Vgl. Jean-François Sirinelli, Les jeunes, in: Jean-Pierre Rioux/Jean-François Sirinelli (Hrsg.), La France d'un siècle à l'autre 1914–2000. Dictionnaire critique, [Paris] 1999, S. 435–442.
[12] Vgl. Friedhelm Boll, Jugend im Umbruch vom Nationalsozialismus zur Nachkriegsdemokratie, in: AfS 37 (1997), S. 482–520, hier S. 496.
[13] Helmut Schelsky, Die skeptische Generation. Eine Soziologie der deutschen Jugend, Düsseldorf 1957.

16 Einträge, deren Titel auf „chômage des jeunes" verweist[14]. Allerdings, dies mindert ein wenig die Vergleichbarkeit, wird die Thematik in Frankreich zu einem gewissen Teil unter Schlüsselbegriffen wie „insertion" [Eingliederung] oder „emploi [Beschäftigung] des jeunes" behandelt. Jugendarbeitslosigkeit erscheint dabei als ein spezifisches Stadium in einem insgesamt krisenhaften Prozess der Eingliederung in das Erwerbsleben. Doch selbst wenn man für Frankreich eine um die genannten Begriffe erweiterte Titelerfassung durchführt, liegt die Zahl der Treffer (rund 30) weit unter dem bundesdeutschen Ergebnis. Offenbar gab es in Frankreich eine deutlich höhere Toleranzschwelle gegenüber den Arbeitsmarktproblemen von Jugendlichen als in der Bundesrepublik – eine Beobachtung, die auf die angedeutete These von den Unterschieden in der gesellschaftlichen Wertigkeit von Jugend verweist.

Im Hinblick auf die politische Auseinandersetzung mit dem Problem der Jugendarbeitslosigkeit in der Bundesrepublik werden im Folgenden vier Fragenkomplexe unterschieden: a) die generelle Krisenwahrnehmung, b) politische Handlungsansätze, c) der Arbeitsbegriff und d) das Bild der (arbeitslosen) Jugend. Der deutsch-französische Vergleich kann hier nach dem aktuellen Forschungsstand nur punktuell und perspektivisch durchgeführt werden; seine Aufgabe besteht auch darin, nach Ähnlichkeiten zu suchen, die sich trotz der unterschiedlichen Dimensionen von Jugendarbeitslosigkeit erkennen lassen.

a) Im Laufe des untersuchten Zeitraums bildete sich in der Bundesrepublik ein zunehmendes Bewusstsein von der Relevanz und Komplexität der Jugendarbeitslosigkeit aus. Allerdings dauerte es einige Jahre, bis eine gewisse Selbstzufriedenheit abgeschwächt war und überhaupt eine Krise erkannt wurde. Auf ministerieller Ebene herrschte bis 1973 unverkennbarer Stolz über die im Vergleich zu anderen Staaten günstige Situation, und noch im Mai 1975 stellte ein Bericht aus dem Arbeitsministerium hoffnungsvoll fest: „Die derzeitige Jugendarbeitslosigkeit darf im Hinblick auf die Beschäftigungslage insgesamt nicht überbewertet werden."[15] Seit 1975 wuchs jedoch auf breiter Front ein politisches Krisenbewusstsein, wenngleich gelegentlich Diskrepanzen zwischen einer relativ gelassenen ministeriellen Wahrnehmung und einer stärker dramatisierenden öffentlichen Diskussion auftraten. In einem

---

[14] Darunter diverse Publikationen der Europäischen Gemeinschaft, die nicht speziell auf Frankreich bezogen sind.
[15] BAK, B 149/103113, Aufzeichnung über Fragen der Jugendarbeitslosigkeit (Mai 1975).

zähen Erkenntnisprozess gewann die Wahrnehmung an Tiefenschärfe: Jugendarbeitslosigkeit, so wurde deutlich, war nicht nur ein konjunkturelles Phänomen, das bald wieder von Vollbeschäftigung abgelöst sein würde, sondern sie besaß auch tiefergehende strukturelle Ursachen. Und schließlich zeigte sich, dass Jugendarbeitslosigkeit eine vielschichtige Erscheinung war, die unterschiedliche Gruppen betraf und die weit über das Problem des Lehrstellenmangels hinausging, wenngleich diese spezielle Frage stets besondere Aufmerksamkeit auf sich zog. Seit Mitte der 1980er Jahre, als sich bei jugendlichen Arbeitslosen im Vergleich zu anderen Gruppen eine relativ günstige Entwicklung vollzog, wuchs im Regierungslager wieder die Selbstzufriedenheit, und das Thema rückte aus dem Zentrum der arbeitsmarktpolitischen Debatten, während die Probleme von älteren und Langzeitarbeitslosen an Bedeutung gewannen.

b) Politisches Handeln gegen Jugendarbeitslosigkeit erfolgte seit Mitte der 1970er Jahre in einem sich erweiternden Maßnahmespektrum auf den Ebenen des Bundes, der Länder und der Kommunen[16]. Hinzu kommen die marginalen Ansätze zur eigenständigen politischen Interessenvertretung jugendlicher Arbeitsloser. Im Mittelpunkt des Projektinteresses stehen nicht die Details, sondern die grundsätzlichen Handlungsstrategien und das damit verbundene Selbstverständnis von Politik; die Konzentration gilt vor allem der bundespolitischen Sphäre.

Die Analyse der Handlungsstrategien gegen Jugendarbeitslosigkeit umfasst eine ganze Reihe von Aspekten. Vor allem zwei Teilfragen können hier abgegrenzt werden: Grundlegend ist zunächst die Frage nach dem politischen Aktionsfeld, wobei sich sozial-, bildungs-, wirtschafts- und arbeitsmarktpolitische Ansätze unterscheiden lassen. Eine bundesdeutsche Besonderheit lag in der engen Verbindung von Bildungs- und Arbeitsmarktpolitik innerhalb des dualen Systems. Das Bemühen um eine hinreichende Bereitstellung von Lehrstellen sowie der differenzierte Einsatz von Bildungsmaßnahmen im Rahmen oder nach dem Vorbild des Arbeitsförderungsgesetzes von 1969 sind charakteristische Kontinuitäten eines pfad-

---

[16] Vgl. zu Details Peter Auer u.a. (Hrsg.), Chronik zur Arbeitsmarktpolitik. National 1978–1986. International 1980–1986, Nürnberg 1987, sowie die Aufstellungen in den MIAB 20–22 (1987–1989). Zusammenfassend zur Anfangsphase der neueren Jugendarbeitslosigkeit vgl. Karen Schober/Gerhard Hochgürtel, Bewältigung der Krise oder Verwaltung des Mangels? Die staatlichen Maßnahmen zur Bekämpfung der Jugendarbeitslosigkeit 1974–1979, Bonn 1980.

abhängigen deutschen Umgangs mit dem Problem der Jugendarbeitslosigkeit. Ähnlich hingegen waren in der Bundesrepublik und in Frankreich die erwähnten arbeitsmarktpolitischen Bemühungen, ältere Arbeitnehmer zum Ausscheiden aus dem Erwerbsleben zu bewegen.

Die zweite zentrale Teilfrage betrifft das Verhältnis keynesianischer Ansätze und Strategien einer aktiven Arbeitsmarktpolitik auf der einen Seite und wirtschaftsliberaler auf der anderen. In der Bundesrepublik gab es diesbezüglich zweifellos eine gewisse Entwicklung. So kam es nach einer Phase, in der das Paradigma aktiver Arbeitsmarktpolitik dominierte, mit dem Machtwechsel von 1982 zu einer Betonung der freien Kräfte des Markts, was unter anderem intensive Appelle an die Ausbildungsbereitschaft der Wirtschaft oder auch den Rückbau restriktiver Vorschriften des Jugendarbeitsschutzgesetzes zur Folge hatte. Vor einer schematischen Betrachtung sei allerdings gewarnt. Die Zeit der großen Konjunkturprogramme ging infolge der klammen Haushaltslage bereits in der Spätphase der sozialliberalen Regierungszeit zu Ende. Und auch während der CDU/CSU-FDP-Koalition wurde die aktive Arbeitsmarktpolitik en detail weiter ausgedehnt, was insbesondere jugendlichen Problemgruppen zugute kam.

Vergleichend sei angemerkt, dass sich auch in Frankreich, wo es 1981 einen parteipolitischen Wechsel von der bürgerlichen Mitte zu einem Linkskabinett gab, der Umgang mit dem Problem der Jugendarbeitslosigkeit nur bedingt mit einzelnen Regierungsphasen korrelieren lässt. Ähnlich wie für die Bundesrepublik ist auch für Frankreich eine Kontinuität der Strategien erkennbar, insbesondere im Hinblick auf die Subventionierung von Arbeitsplätzen für Jugendliche und die Schaffung eines komplexen Systems befristeter Beschäftigungsmaßnahmen[17].

Eng verbunden mit der Krisenwahrnehmung und den unterschiedlichen Handlungsansätzen ist das Selbstverständnis der führenden Akteure. Meine These lautet hier, dass sich in der Bundesrepublik ein pragmatischer Umgang mit dem Thema verbreitet hat, während gleichzeitig der Glaube an die kurzfristige Lösbarkeit des Problems, aber auch an die langfristige Wirksamkeit großer Konzepte abnahm. Wie bereits angedeutet, wuchs im Laufe der 1980er Jahre auch wieder eine gewisse Selbstzufriedenheit. Hinter

---

[17] Vgl. z.B. zusammenfassend Hans-Christian Harten, Jugendarbeitslosigkeit in der EG, Frankfurt a.M./New York 1983, S. 85–108, und G. Cornilleau/P. Marioni/B. Roguet, Quinze ans de politique de l'emploi, in: Travail et emploi 44 (1990), S. 64–68.

der allmählichen Pragmatisierung[18], der man bei kritischer Sicht punktuell auch resignative Züge bescheinigen muss, standen unterschiedliche Triebkräfte, so vor allem die Haushaltsprobleme, aber auch die deutlicher werdende Komplexität der Jugendarbeitslosigkeit einschließlich der wachsenden Dissonanz von Expertenmeinungen sowie ein generelles Erschlaffen einer vorausschauenden Planungs- und Reformbereitschaft, wie sie Ende der 1960er und Anfang der 1970er Jahre dominiert hatte. Dem nachlassenden Elan – sowie den legislativen Friktionen zwischen Bundestag und Bundesrat – fielen insbesondere auch systemimmanente Reformmaßnahmen im Bereich der beruflichen Bildung zum Opfer[19].

c) Der dritte Fragenkomplex zielt auf eine grundsätzlichere Ebene: Inwieweit lassen sich in der politischen Diskussion um Jugendarbeitslosigkeit Veränderungen des Arbeitsbegriffs feststellen? Inwieweit verlor dabei das traditionelle Bild der beruflichen Erwerbsarbeit an normativer Kraft?

Erste Indizien liefert die Begrifflichkeit zur Bezeichnung des Problemfelds. So war in der Bundesrepublik Mitte der 1970er Jahre noch die alte, auf die Vorstellung einer einmaligen festen Berufswahl abgestimmte Bezeichnung „Berufsnot der Jugend" oder auch „Jugendberufsnot" verbreitet. Nach und nach wurde diese Wendung meist durch die Begriffe „Jugendarbeitslosigkeit" oder „Jugenderwerbslosigkeit" ersetzt.

Mit dem Zurückdrängen des Berufsbegriffs korrespondierte eine gewisse Ausweitung des Arbeitsbegriffs, wobei die Anfang der 1980er Jahre geführte Diskussion um gesellschaftliche „Aussteiger" eine Brückenfunktion besaß: Während im gesellschaftlichen „Aussteigen" zunächst vor allem ein Schreckgespenst gesehen wurde, zogen die zahlreichen alternativwirtschaftlichen Projekte, die den traditionellen Formen „entfremdeter" Erwerbsarbeit meist kritisch gegenüberstanden[20], bald auch arbeitsmarktpolitisches Interesse auf sich. Dies zeigte sich nicht nur bei der neuen parteipolitischen Kraft der Grünen, die vielfach als Sprachrohr der Alternativbewegung auftrat, sondern auch bei der CDU, die derartigen Ansätzen aufgeschlossener gegenüberstand als die Sozialdemokratie. So erarbeitete die „Zukunftskommission Jugend" der CDU 1983/84 ein Programm

---

[18] Vgl. auch Tim Schanetzky, Die große Ernüchterung. Wirtschaftspolitik, Expertise und Gesellschaft in der Bundesrepublik 1966 bis 1982, Berlin 2007, S. 272–275, der im Hinblick auf das Verhältnis von Wirtschaftspolitik und Expertise von einer „Pragmatisierung" spricht.
[19] Vgl. die Kritik in Greinert, Berufsqualifizierung, S. 132–139.
[20] Vgl. z.B. Volker Teichert (Hrsg.), Alternativen zur Erwerbsarbeit? Entwicklungstendenzen informeller und alternativer Ökonomie, Opladen 1988.

gegen Jugendarbeitslosigkeit, in dem sich auch ein Kapitel zu „Möglichkeiten außerhalb des herkömmlichen Arbeitsmarktes" findet[21]. 1986 nahm dann auch das Bundesministerium für Arbeit und Soziales einen (bescheidenen) Haushaltstitel in seinen Etat auf, der alternativen Modellprojekten Fördermittel für die „Erprobung neuer Wege in der Arbeitsmarktpolitik" zukommen ließ[22]. Viel mehr als eine pragmatische Erweiterung des arbeitsmarktpolitischen Instrumentariums darf allerdings in derartigen Ansätzen wohl nicht gesehen werden, zumal die Arbeitsmarkteffekte minimal blieben und sich das alternative Arbeitsverständnis auf die Dauer meist den traditionellen Werten annähern musste.

Vergleichend sei angemerkt, dass die eben skizzierten Tendenzen auch in Frankreich zutage traten. So fand hier eine analoge Verdrängung des Berufsbegriffs statt. Während die Eingliederung der Jugendlichen ins Arbeitsleben zunächst meist als „insertion professionnelle" bezeichnet wurde, kam später die Wendung „insertion sur le marché du travail" in Umlauf. Die Diskussion um alternative – und oft von Jugendlichen erprobte – Arbeitsformen stand in Frankreich meist unter dem Schlagwort der „Economie sociale", ein Begriff, der allerdings breiter verstanden wird als die deutsche „Alternativwirtschaft" und insbesondere auch an französische Traditionen des Genossenschaftswesens anknüpft[23]. Eine intensive Förderung erfuhren entsprechende Projekte durch die 1981 an die Macht gekommene Linksregierung aus Sozialisten und Kommunisten. Die Bedeutung derartiger Ansätze für den Arbeitsmarkt war auch in Frankreich gering, als „Erprobungsstätte für neue Formen und Bedingungen der Erwerbsarbeit" besaßen sie aber durchaus innovativen Charakter[24].

d) In Verbindung mit der angedeuteten Ausweitung des Arbeitsbegriffs steht der vierte Fragenkomplex, der das Bild von der arbeitslosen Jugend betrifft. Unverkennbar ist, dass es im Lauf der Zeit im politischen Diskurs der Bundesrepublik in mehrfacher Hin-

---

[21] Programm zur Bekämpfung der Jugendarbeitslosigkeit, beschlossen vom Bundesausschuß der CDU am 20. Februar 1984, Bonn 1984.
[22] BAK, B 149/93192, Stellungnahme zum Programmentwurf der SPD „Die Wirtschaft ökologisch und sozial erneuern" vom 22.11.1985.
[23] Vgl. Henrik Uterwedde, Economie sociale – ökonomische und politische Perspektiven der Alternativwirtschaft in Frankreich, in: Teichert (Hrsg.), Alternativen zur Erwerbsarbeit?, S. 295–309.
[24] Armin Höhland, Neue Formen und Bedingungen der Erwerbsarbeit in Frankreich. Rechtliche und soziologische Beobachtungen, Berlin 1993, S. 167, im Hinblick auf die „alternative Wirtschaft in Frankreich, wie in der Bundesrepublik".

sicht eine semantische Ausdehnung des Jugendbegriffs gegeben hat. So stieg die obere Altersabgrenzung der Jugendarbeitslosigkeit, die vorher bei 19 Jahren gelegen hatte, in den 1980er Jahren meist auf 24 Jahre. Diese Veränderung passte sich nicht nur an die internationale übliche Definition an, sie war auch Ausdruck verlängerter Schulzeiten und der damit einhergehenden Verschiebung des Übergangs in das Erwerbsleben. Bemerkenswert ist, dass dieser Prozess gegenläufig zur Herabsetzung des Volljährigkeitsalters von 21 auf 18 verlief, die in der Bundesrepublik im Jahr 1975 stattfand. Hier spiegelte sich demnach eine ambivalente Entwicklung: die staatsbürgerliche Aufwertung bei gleichzeitiger Verwischung der oberen Altersgrenze von Jugend.

Da im Laufe der Zeit die Unterscheidung besonderer Problemgruppen an Bedeutung gewann, ist auch eine Differenzierung des Bildes der arbeitslosen Jugend festzustellen. Zu nennen sind hier vor allem Mädchen und junge Frauen, die in den 1980er Jahren besonders stark von Arbeitslosigkeit betroffen waren, sowie Jugendliche mit Migrationshintergrund und Jugendliche mit unzureichender Bildung. Seit dem Ende der 1970er Jahre kam, parallel zur allmählichen zeitlichen Erweiterung der Semantik von Jugend, noch die Sondergruppe junger arbeitsloser Akademiker hinzu.

Eine weitere grundlegende Frage zielt auf die Rolle der arbeitslosen Jugend im Problemfeld der Arbeitslosigkeit: Wurden arbeitslose Jugendliche primär als Opfer wahrgenommen oder als mitverantwortlich für ihre Situation? Letzteres war besonders in den ersten Jahren in der publizistischen Diskussion nicht unpopulär. Meist aber wurden arbeitslose Jugendliche mit einigem Pathos als Opfer gesehen, deren „Zukunftschancen"[25] bedroht seien und denen die Politik Hilfe zu leisten habe. Diese Forderung erhielt umso mehr Nachdruck, als in der Jugendarbeitslosigkeit auch ein gesellschaftliches und politisches Gefahrenpotential erkannt wurde. Im Vergleich zu Frankreich entwickelte sich diese Diskussion in der Bundesrepublik besonders intensiv.

Die Befürchtungen gingen dabei über klassische Themen wie das Abgleiten von arbeitslosen Jugendlichen in Alkoholismus und Kriminalität hinaus. Wie bereits angedeutet, entwickelte sich Anfang der 1980er Jahre die Schreckvorstellung des jugendlichen „Aussteigers". So formulierte beispielsweise eine Referentenvorlage aus dem Jahr 1983 für Bundesarbeitsminister Norbert Blüm:

---

[25] Vgl. z.B. Deutscher Bundestag, Drucksache 10/1716: Bericht der Bundesregierung zur Sicherung der Zukunftschancen der Jugend in Ausbildung und Beruf vom 3.7.1984.

„Eine Jugend ohne Arbeit ist eine Gesellschaft der Hoffnungslosigkeit. Wer wollte die junge Generation in Hoffnungslosigkeit versinken lassen. Wir müssen ihnen den Einstieg in das Erwerbsleben ermöglichen. Wir müssen sie vor dem Ausstieg bewahren. Niemand in diesem hohen Hause will eine Aussteigergesellschaft."[26]

Derartige Befürchtungen standen im Kontext einer intensiven Debatte über „Jugendprotest", in der auch die Sorge vor einer Jugendrevolte mitschwang. Angeführt sei hier nur die 1981 unter dem Eindruck von Jugendunruhen in Großbritannien und der Schweiz, aber auch infolge des Erstarkens der bundesdeutschen Protest- und Alternativbewegung eingesetzte Enquete-Kommission des Bundestags „Jugendprotest im demokratischen Staat". Der 1983 vorgelegte Schlussbericht[27] zeigte durchaus eine gewisse Offenheit gegenüber jugendlicher Kritik an Staat und Gesellschaft.

Diese zumindest vorübergehend erkennbare Haltung sowie die erwähnten Ansätze, alternative Beschäftigungsformen als arbeitsmarktpolitische Chance zu bewerten, aber auch die Integration der jugendlich geprägten Grünen in das politische System der Bundesrepublik spiegeln eine Öffnung der traditionellen Dialektik von Furcht und Fürsorge im politisch-gesellschaftlichen Umgang mit „der" Jugend. Inwieweit diese vergrößerte Akzeptanz jugendlicher Eigenständigkeit die Krisensituation der frühen 1980er Jahre überstand, bedarf freilich noch der Klärung.

5. Resümee

Im deutsch-französischen Vergleich sind für die 1970er und 1980er Jahre massive Unterschiede in den Dimensionen der Jugendarbeitslosigkeit erkennbar. Bei der Erklärung der abweichenden Befunde wurden fünf Faktoren unterschieden: demographische Entwicklung, arbeitsrechtliche Strukturen, Integration von Migranten, Berufsbildungssystem und gesellschaftlicher Stellenwert von Jugend.

Auffallend ist, dass es trotz der im Vergleich zu Frankreich relativ beschränkten Ausmaße der Jugendarbeitslosigkeit in der Bundesrepublik zu einer intensiveren Auseinandersetzung mit dem Problem kam. Thesenhaft wurden im Hinblick hierauf vier Entwicklungen unterschieden: Erstens gewann die Wahrnehmung der Jugend-

---

[26] BAK, B 149/13949, Entwurf eines Statements des Herrn Ministers zum Sofortprogramm der SPD zur Bekämpfung der Jugendarbeitslosigkeit vom 13.9.1983.
[27] Jugendprotest im demokratischen Staat. Schlußbericht 1983 der Enquete-Kommission des 9. Deutschen Bundestages, [Bonn] 1983.

arbeitslosigkeit an Komplexität. Zweitens wurden die Handlungsansätze insgesamt pragmatischer, was freilich auch den Verzicht auf eine vorausschauende Reformpolitik mit sich brachte. Drittens büßte die Vorstellung der beruflichen Erwerbsarbeit ein wenig von ihrer normativen Kraft ein. Und viertens wurde das Bild von der arbeitslosen Jugend weiter und differenzierter; gleichzeitig zeigten sich Ansätze zum Abbau einer traditionellen Fürsorgementalität. Insgesamt erfolgte somit in der Bundesrepublik ein gewisser Lernprozess, der sich – ähnlich wie bei anderen großen Themen dieser Jahre – auch als Desillusionierung und Pragmatisierung beschreiben lässt.

Inwieweit für Frankreich ähnliche Feststellungen möglich sind, wird noch näher zu untersuchen sein. Wie oben angedeutet, sind in der französischen Auseinandersetzung mit dem Problem der Jugendarbeitslosigkeit durchaus einzelne Analogien erkennbar, die insbesondere auf eine ähnliche Weiterung im Begriff der Erwerbsarbeit schließen lassen. Die schwach ausgeprägte öffentliche Diskussion und andersartige Schwerpunkte in den Handlungsstrategien deuten aber darauf hin, dass im Vergleich zur Bundesrepublik die Unterschiede überwiegen.

Thomas Schlemmer
Abseits der Arbeitsgesellschaft
Langzeitarbeitslosigkeit in der Bundesrepublik Deutschland und in Italien

1. Die unterschätzte Herausforderung

Im Mai 1986 schlug die von der Generaldirektion für Beschäftigung der Europäischen Kommission herausgegebene Zeitschrift „Soziales Europa" Alarm: In der EG seien immer mehr Menschen länger als zwölf Monate arbeitslos. „Die Schwierigkeiten, mit denen sie konfrontiert" seien, wirkten „sich sowohl auf ihr persönliches, wie auf ihr Familienleben sowie auf ihre Beschäftigungsaussichten aus", und es sei „die Hauptbefürchtung einer wachsenden Zahl" von Langzeitarbeitslosen, „für immer arbeitslos zu bleiben"[1]. Diese pessimistische Feststellung kam nicht von ungefähr, denn die Langzeitarbeitslosigkeit hatte in den EG-Staaten tatsächlich besorgniserregende Ausmaße angenommen. Die Öffentlichkeit hatte vom Schicksal der Langzeitarbeitslosen zunächst ebensowenig Notiz genommen wie die Wissenschaft. Dies zeigte sich etwa 1982 während des Bamberger Soziologentags, als Sozialwissenschaftler aus verschiedenen Ländern die Frage erörterten, ob man es neben der derzeitigen Wirtschaftskrise nicht auch mit einer „Krise der Arbeitsgesellschaft" zu tun habe[2]. Dabei ging es vor allem um den Zusammenhang zwischen dem Wertewandel in postindustriellen Gesellschaften und einer sich verändernden Arbeitswelt oder um neue Formen von Arbeit jenseits kapitalistisch-sozialstaatlich verfasster Ordnungsmodelle. Die Massenarbeitslosigkeit als politisches, soziales und ökonomisches Problem blieb allerdings erstaunlich unprofiliert; die Arbeitslosen als eigenständige Subjekte kamen in den Referaten praktisch nicht vor, auch die Langzeitarbeitslosen nicht.

Dies sollte sich jedoch mit steigendem Problemdruck ändern, so dass die Arbeitslosenforschung immer mehr an Fahrt gewann

---

[1] Tim Mawson, Ausbildung von Langzeitarbeitslosen, in: Soziales Europa Nr. 2/86, S. 86ff., hier S. 86.
[2] Vgl. Joachim Mattes (Hrsg.), Krise der Arbeitsgesellschaft? Verhandlungen des 21. Deutschen Soziologentages in Bamberg 1982, Frankfurt a.M./New York 1983.

und die Langzeitarbeitslosigkeit schließlich sogar zu einem bevorzugten Studienobjekt avancierte[3]. Als politikintensiver Umstand bot sich die Langzeitarbeitslosigkeit an, um das Handeln der Akteure in Staat, Wirtschaft und Gesellschaft zu untersuchen. Zudem eignete sich das Phänomen besonders gut, um mehr über die individuellen Folgen der Massenarbeitslosigkeit zu erfahren. Diese Konjunktur wurde nicht zuletzt durch Forschungsaufträge aus Ministerien und Arbeitsverwaltung befeuert, die an neuen Lösungswegen und an einer Evaluierung arbeitsmarktpolitischer Programme interessiert waren. Dies galt vor allem in den Jahren, als sich die Wirtschaft zwar erholte, aber die Sockelarbeitslosigkeit kaum abnahm – sehr zum Unverständnis der Politik.

Der vorliegende Beitrag befasst sich mit dem Themenfeld Langzeitarbeitslosigkeit in der „alten" Bundesrepublik und in Italien, wobei drei Dimensionen dieses Problemkomplexes aufgegriffen werden: die quantitative Entwicklung, die politischen Interventionen und die Folgen für die Betroffenen. Die Apennin-Halbinsel als Referenzpunkt mag überraschen, aber Italien gehört wie die Bundesrepublik zu den Gründungsmitgliedern der EU und zur Gruppe der wichtigsten Industriestaaten. Beide Länder sind traditionell durch enge Wirtschaftsbeziehungen verbunden, was lange Zeit auch auf die beiden Arbeitsmärkte durchschlug. Und in beiden Staaten stellten ökonomische Strukturkrisen zusammen mit einer bedenklichen finanziellen Schieflage der sozialen Sicherungssysteme und dem verstärkten Anpassungsdruck, der in den 1990er Jahren von der beschleunigten europäischen Integration ausging, das lange gewachsene institutionelle Gefüge des Wohlfahrtsstaats in Frage. Bei genauerem Hinsehen fallen weitere Ähnlichkeiten auf, von denen eine besonders wichtig ist: Die italienische Sozialgesetzgebung orientierte sich zunächst stark am Vorbild der Bismarckschen Sozialversicherung. Daher ist es nicht unbedingt verwunderlich, wenn Gösta Esping-Andersen in seiner breit rezipierten Typologie des modernen Wohlfahrtsstaats Deutschland wie Italien dem konservativen Typus zuordnete, der als stark lohnarbeits- und sozialversicherungszentriert gilt und für den die Förderung von Ehe und Familie als subsidiäre soziale Institutionen eine besondere Rolle spielt[4]. Allerdings sind neben diesen Gemeinsamkeiten auch

---

[3] Vgl. Gerd Vonderach (Hrsg.), Arbeitslose im Blick der Sozialforschung. Ausgewählte Studien aus der Geschichte der empirischen Arbeitslosenforschung im deutschsprachigen Raum, Münster 2002.
[4] Vgl. Gösta Esping-Andersen, The Three Worlds of Welfare Capitalism, Princeton 1990.

gravierende Unterschiede zu konstatieren, repräsentierte Italien doch auch das südeuropäische Modell sozio-ökonomischer Entwicklung mit seinen spezifischen Problemen und Verwerfungen. Damit bietet Italien eine interessante Mischung aus Unterschieden und Gemeinsamkeiten, die den Vergleich mit der Bundesrepublik reizvoll macht.

2. Bundesrepublik Deutschland: die vergessenen Opfer des Strukturwandels

Die quantitative Entwicklung der Langzeitarbeitslosigkeit in der Bundesrepublik folgte mit der ihr eigenen Verzögerung den Aufstiegslinien der allgemeinen Arbeitslosigkeit, die mit den ökonomisch besonders schwierigen Jahren 1966/67, 1973/74 und 1981/82 konnotiert sind. Ende September 1980 waren rund 823.000 Menschen arbeitslos gemeldet – das entsprach einer Arbeitslosenquote von 3,5 Prozent –, von denen genau 106.145 oder 12,9 Prozent länger als ein Jahr keinen Job mehr hatten[5]. In den folgenden Jahren nahmen sowohl die Zahl als auch der Anteil der Langzeitarbeitslosen ständig zu, um 1988 ihren Höhepunkt zu erreichen: Bei insgesamt 2,1 Millionen (oder 8,1 Prozent) registrierten Arbeitslosen lag die Zahl der Langzeitarbeitslosen bei etwa 685.000, was einem Anteil von 32,6 Prozent an allen Arbeitslosen entsprach. Eine leichte Entspannung zeichnete sich erst seit 1989 ab, als die Quote auf 31,4 Prozent (rund 591.000 Langzeitarbeitslose) fiel. Der positive Trend hielt über die Vereinigung der beiden deutschen Staaten hinaus bis 1992 an, als man für das alte Bundesgebiet einen Anteil von 26,6 Prozent (rund 474.000) Langzeitarbeitslosen errechnete.

Diese Entwicklung bot freilich nur wenig Grund zur Freude. Denn zum einen verbirgt der positive statistische Trend, dass durch Veränderungen der Erfassungsgrundlagen zahlreiche Langzeitarbeitslose nicht mehr gezählt wurden. Seit Anfang 1986 fielen etwa Personen aus der Statistik, die das 58. Lebensjahr vollendet hatten und erklärten, dem Arbeitsmarkt nicht mehr zur Verfügung zu stehen, obwohl sie Lohnersatzleistungen bezogen; angesichts des hohen Anteils an Ältern unter den Langzeitarbeitslosen ergab sich ein statistischer Entlastungseffekt von nicht un-

---

[5] Zahlen nach Hermann Strasser, Langzeitarbeitslose zwischen diskontinuierlichen Erwerbsverläufen und sozialer Selektion, in: Gabriele Klein/Hermann Strasser (Hrsg.), Schwer vermittelbar. Zur Theorie und Empirie der Langzeitarbeitslosigkeit, Opladen 1997, S. 9–39, hier S. 18.

erheblicher Bedeutung⁶. Zum anderen hatte man angesichts der guten Konjunktur dieser Jahre und arbeitsmarktpolitischer Initiativen speziell zur Bekämpfung der Langzeitarbeitslosigkeit einen deutlicheren Rückgang erwartet. Stattdessen zeigte sich aber eine gewisse Verhärtung der Langzeitarbeitslosigkeit, da diejenigen, die zwei, drei oder sogar vier Jahre und länger arbeitslos waren, nur wenig von den konjunkturellen oder politischen Impulsen profitieren konnten.

Im europäischen Vergleich – gemessen an den standardisierten Angaben von OECD und Eurostat, die mit den auf nationaler Ebene erhobenen Daten nur bedingt kompatibel sind – zeigt sich ein klares Nord-Süd-Gefälle, wobei Staaten wie Norwegen oder Schweden das Problem Langzeitarbeitslosigkeit weitaus besser in den Griff zu bekommen schienen als etwa Spanien und Italien. Verglichen mit den anderen großen Volkswirtschaften der EG startete die Bundesrepublik mit dem niedrigsten Anteil von Langzeitarbeitslosen an allen Arbeitslosen in die 1980er Jahre: 1981 betrug dieser Wert in der Bundesrepublik 22,4 Prozent, während für Italien 50,3 Prozent, für Frankreich 33,4 Prozent und für Großbritannien 29,3 Prozent errechnet wurden. Italien war mit 70,4 Prozent auch 1989 der Spitzenreiter dieser Gruppe, jetzt allerdings schon gefolgt von der Bundesrepublik (49 Prozent), die einen stärkeren Anstieg der Langzeitarbeitslosigkeit zu verzeichnen hatte als Großbritannien (40,8 Prozent) und Frankreich (43,9 Prozent)⁷.

Dass die Langzeitarbeitslosigkeit seit der zweiten Hälfte der 1970er Jahren zu einem Problem wurde, mit dem die meisten europäischen Staaten diesseits des Eisernen Vorhangs kämpften, hatte mehrere Gründe. Die Folgen länger anhaltender internationaler Wirtschaftskrisen sind hier ebenso zu nennen wie der Strukturwandel, der die industriell geprägten Gesellschaften der westlichen Welt zunehmend zu technologisierten Dienstleistungsgesellschaften werden ließ. Damit wurden aber neue Fähigkeiten gefragt und alte obsolet; insbesondere die Nachfrage nach anspruchslosen manuellen Tätigkeiten, für die nur geringe Qualifikationen nötig waren, ging zurück. Die dadurch entstandenen strukturellen Verwerfungen schlugen sich auf dem Arbeitsmarkt unter anderem in der

---

⁶ Vgl. Günther Schmid/Frank Oschmiansky, Arbeitsmarktpolitik und Arbeitslosenversicherung, in: Manfred G. Schmidt (Hrsg.), Geschichte der Sozialpolitik in Deutschland seit 1945, Bd. 7: 1982–1989 – Bundesrepublik Deutschland, Baden-Baden 2005, S. 237–287, hier S. 259.
⁷ Zahlen nach Statistical Appendix to Introduction, in: Odile Benoit-Guilbot/Duncan Gallie (Hrsg.), Long-Term Unemployment, London/New York 1994, S. 28.

immer größeren Zahl langzeitarbeitsloser Menschen nieder. Verschärft wurde diese Entwicklung durch eine negative Auslese auf dem Arbeitsmarkt, die bei einem beständigen Angebotsüberhang und zunehmend anspruchsvolleren Anforderungsprofilen der Arbeitgeber ein sperriges Substrat an schwer vermittelbaren Menschen entstehen ließ. Institutionelle Hürden taten ein Übriges, um eine Trennlinie zwischen diesem ebenso heterogenen wie problembehafteten Arbeitsmarktsegment und den dynamischen Teilbereichen von Wirtschaft und Gesellschaft zu ziehen. Wer länger als ein Jahr arbeitslos war, musste zudem mit der Gefahr der Entwertung seiner Kenntnisse oder beruflichen Erfahrungen rechnen und hatte zugleich mit Vorurteilen und sozialen Stigmata zu kämpfen, die eine berufliche Reintegration zusätzlich erschwerten. Langzeitarbeitslosigkeit avancierte so zu einem Vermittlungshemmnis eigenen Gewichts.

Wie setzte sich nun in der Bundesrepublik die Gruppe der Langzeitarbeitslosen zusammen, oder besser: welche Risikomerkmale wies sie auf, die sie für dauerhafte Arbeitslosigkeit anfällig machte? Im Kern erfolgte die Strukturierung der Arbeitslosen nach den Faktoren Alter, Gesundheit und Qualifikation, mit Abstrichen spielten auch Geschlecht und Herkunft eine Rolle. Für sich genommen gewann vor allem der Faktor Alter eine außergewöhnliche Bedeutung als Selektionskriterium am Arbeitsmarkt. Zwischen 1984 und 1992 stieg die Zahl älterer Langzeitarbeitsloser kontinuierlich, so dass der Anteil der über 50-Jährigen an allen Langzeitarbeitslosen schließlich 58 Prozent betrug[8]. Besonders schwer, einen neuen Job zu finden, war es für Menschen, die mit mehreren Handicaps zu kämpfen hatten. Die Kumulation mehrerer belastender Faktoren konnte bei der Jobsuche fast schon als Ausschlusskriterium gelten und war das gemeinsame Merkmal der Gruppe von Langzeitarbeitslosen, die man bald als schwerstvermittelbar bezeichnete[9]. Ende der 1980er Jahre war ein idealtypischer Vertreter dieser Gruppe älter als 50, gesundheitlich beeinträchtigt, wenig qualifiziert, früher im verarbeitenden Gewerbe tätig gewesen und bereits länger als zwei Jahre arbeitslos.

Wie die Langzeitarbeitslosigkeit mit einer gewissen Verzögerung der Massenarbeitslosigkeit folgte, so verzögerte sich auch die

---

[8] Vgl. Ulrike Kress/Christian Brinkmann/Eberhard Wiedemann, Entwicklung und Struktur der Langzeitarbeitslosigkeit, in: WSI-Mitteilungen 48 (1995), S. 741–748, hier S. 745.
[9] Vgl. Christian Brinkmann, Neue arbeitsmarktpolitische Hilfen für den „harten Kern" von Langzeitarbeitslosen, Paderborn 1989, S. 4–8.

politisch-öffentliche Wahrnehmung dieses Problems, das zunächst hinter die allgemeine Krise am Arbeitsmarkt zurücktrat. Erst als sich dieser nach 1983 auf dem hohen Niveau von mehr als zwei Millionen Arbeitslosen stabilisierte, eine Phase wirtschaftlichen Aufschwungs einsetzte, neue Arbeitsplätze entstanden – und die Zahl der Langzeitarbeitslosen dennoch weiter stieg, gewann das Themenfeld Langzeitarbeitslosigkeit an Bedeutung und Brisanz. Die christlich-liberale Regierung von Bundeskanzler Helmut Kohl, die im Oktober 1982 angetreten war, die Bundesrepublik auf den Erfolgsweg von Wachstum und Beschäftigung zurückzuführen, musste sich an diesem Anspruch messen lassen. Proteste der Arbeitslosen brauchte die Regierung dabei weniger zu fürchten als die Verunsicherung der um den eigenen Arbeitsplatz bangenden Wähler und die Angriffe der Opposition. Dabei hinterließ insbesondere die Kampagne der Gewerkschaften gegen die Neue Armut Spuren, in deren Zentrum nicht zuletzt die Langzeitarbeitslosigkeit stand. Dass Kirchen und kirchennahe caritative Organisationen diese Debatte aufgriffen, erhöhte insbesondere den Druck auf die CDU, der es einige Jahre zuvor unter der Regie Heiner Geißlers selbst gelungen war, die damalige Regierung Schmidt mit der Neuen Sozialen Frage in die Bredouille zu bringen[10].

Das Hauptaugenmerk der Regierung Kohl lag auf einer wachstumsinduzierenden Wirtschafts- und Finanzpolitik, von der man sich nachhaltige Beschäftigungseffekte erhoffte. Auf einer ähnlichen Linie lagen Bemühungen, durch eine Flexibilisierung des Arbeitsmarkts angebliche oder tatsächliche institutionelle Hürden für mehr Beschäftigung abzubauen. Die Langzeitarbeitslosen – und hier vor allem diejenigen mit besonderen Vermittlungshemmnissen – konnten davon freilich kaum profitieren, so dass man bald nach neuen Wegen suchte, um an den harten Kern der Arbeitslosen heranzukommen. Dabei wurden sowohl Instrumente der passiven als auch der aktiven Arbeitsmarktpolitik eingesetzt. Erstere zielten vor allem darauf, den Arbeitsmarkt durch Regelungen für einen vorzeitigen Übergang in den Ruhestand von älteren (Langzeit-)Arbeitslosen zu entlasten, letztere gemäß den Prämissen des Arbeitsförderungsgesetzes auf die möglichst rasche Wiedereingliederung des verbleibenden Teils in den ersten Arbeitsmarkt. Dabei verschränkten sich angebots- und nachfrageorientierte Elemente wie Qualifizierungsmaßnahmen und Lohnsubventionen miteinander, die mit einer Verschärfung von Sanktionsmechanismen für

---

[10] Vgl. Andreas Wirsching, Abschied vom Provisorium 1982–1990, München 2006, S. 222–288 und S. 314–334.

scheinbar unwillige Langzeitarbeitslose einhergingen. Dieses Konzept war in sich durchaus widersprüchlich, stellte man doch einerseits die Leistungsbereitschaft vieler Langzeitarbeitsloser in Frage, um andererseits durch den Ausbau von Vorruhestandsregelungen oder durch die längere Gewährung von Unterstützungsleistungen für Ältere implizit einzugestehen, dass der Arbeitsmarkt für einen bestimmten Teil der Erwerbslosen verschlossen war[11].

Es dauerte überraschend lange, bis sich die Bundesregierung dazu entschließen konnte, Sonderprogramme zur Bekämpfung der Langzeitarbeitslosigkeit aufzulegen, um den Maßnahmenkatalog des Arbeitsförderungsgesetzes zielgruppenspezifisch zu ergänzen. Im April 1989 kündigte Bundeskanzler Kohl an, die Bundesregierung werde bis 1991 1,5 Milliarden DM für befristete Lohnkostenzuschüsse bereitstellen, um die Einstellung Langzeitarbeitsloser zu erleichtern. Dieses mehrfach verlängerte Programm blieb nicht ohne Erfolg, doch die Erwartungen wurden nicht erfüllt. Dies lag neben nur schwer überwindbaren sozialen Blockaden und Mitnahmeeffekten vor allem an der Tatsache, dass es bei vielen Langzeitarbeitslosen nicht mit Subventionen für den Arbeitgeber getan war. Psychosoziale, gesundheitliche oder ökonomische Schwierigkeiten, die durch die anhaltende Arbeitslosigkeit hervorgerufen beziehungsweise verstärkt worden waren, verhinderten es nur allzu oft, dass die Betroffenen wieder beruflich Fuß fassen konnten. Sozialwissenschaftler und erfahrene Praktiker hatten schon länger auf dieses Problem hingewiesen und forderten eine Abkehr von der schematischen, vergleichsweise kurzfristigen Individualförderung. Sie propagierten dagegen die dauerhafte Finanzierung von Projekten, „um für Arbeitslose, die wegen ihres Alters, ihrer schulischen und beruflichen Qualifikation, besonderer gesundheitlicher und sozialer Belastungen nur sehr geringe Aussichten auf eine Wiedereingliederung in den Arbeitsmarkt haben, langfristige Beschäftigungsmöglichkeiten mit angemessener Entlohnung und Sozialversicherungsschutz zur Erfüllung besonderer Gemeinwohlbedürfnisse zu schaffen"[12]. Von diesem Punkt zur Forderung nach einem öffentlich finanzierten zweiten Arbeitsmarkt für ansonsten chancenlose Bewerber war es kein großer Schritt mehr. Die christlich-liberale

---

[11] Vgl. Alexandra Wagner, Langzeitarbeitslosigkeit: Vielfalt der Formen und differenzierte soziale Lage, in: WSI-Mitteilungen 48 (1995), S. 749–760, hier S. 759.
[12] BAK, B 149/76708, Evangelische Kirche im Rheinland – Ausschuss für Sozialethik: Wachsende Armut durch zunehmende Dauerarbeitslosigkeit, undatiert.

Bundesregierung hatte an diesen Gedankenspielen nur wenig Freude, konnte ihre Augen jedoch nicht vor der Tatsache verschließen, dass die bisherigen Förderungsmechanismen nicht so griffen wie gewünscht[13]. Daher ließ man sich wenigstens auf ein Experiment ein und stellte im Sommer 1989 zugleich mit den Lohnkostenzuschüssen auch 250 Millionen DM für schwer- und schwerstvermittelbare Langzeitarbeitslose zur Verfügung, die auch der Finanzierung von Modellprojekten dienen sollten mit dem Ziel, „durch eine Kombination von Arbeit und Lernen sowie die Integration von Sozialbetreuung [...] die Wettbewerbsfähigkeit von Langzeitarbeitslosen am Arbeitsmarkt zu stärken"[14].

Für die Betroffenen bedeutete die dauerhafte Exklusion aus dem Erwerbsleben in jedem Fall einen tiefen Einschnitt. Wie tief diese lebensgeschichtliche Zäsur ging und welche Folgen sie für den einzelnen hatte, hing freilich von verschiedenen Faktoren ab. Anders gesagt: Langzeitarbeitslosigkeit wirkte zumeist als Katalysator, der Dispositionen verstärkte und Prozesse beschleunigte, die bereits im Gange waren. Gefestigte Persönlichkeiten, die über Alternativen in der Lebensgestaltung verfügten, auf ökonomische Ressourcen zurückgreifen konnten, in stabilen Familienverhältnissen lebten und in gefestigte soziale Netze eingebunden waren, hatten die Chance, ihrer Situation auch positive Seiten abzugewinnen. Wer aber nicht das Glück hatte, zu diesem privilegierten Personenkreis zu gehören, musste damit rechnen, durch die Verringerung des Haushaltseinkommens und den Wegfall von Transferleistungen, durch die Verschärfung von psychosomatischen Leiden und Suchtproblemen sowie den Zerfall familialer Beziehungen und Freundeskreise in Armut, Krankheit und Isolation abzurutschen. Die Bandbreite zwischen diesen Polen war groß. Doch in jedem Fall spielte die Dauer der Arbeitslosigkeit eine Rolle: Je länger sie anhielt, desto mehr wuchs die Gefahr, in den Abwärtssog hineinzugeraten.

Die drohende oder manifeste soziale Isolation der Langzeitarbeitslosen sowie ihre ökonomische Probleme waren auch dazu angetan, einen Keil zwischen die Langzeitarbeitslosen und den demokratischen Staat zu treiben. Doch lautstarker Protest blieb

---

[13] Ein Überblick über die Maßnahmen zur Bekämpfung der Langzeitarbeitslosigkeit findet sich bei Gerald Gaß u. a., Strategien gegen Langzeitarbeitslosigkeit. Strukturen, Ursachen und Maßnahmen, Berlin 1997, S. 73–121; zu den individuellen Auswirkungen vgl. ebenda, S. 30–40.
[14] Gerald Gaß/Silvia Krömmelbein/Alfons Schmid, Internationale Maßnahmen zur Bekämpfung der Langzeitarbeitslosigkeit, in: WSI-Mitteilungen 48 (1995), S. 792–800, hier S. 795.

zumeist aus. Als Gruppe waren sie zu heterogen und zu wenig konfliktfähig, um Druck ausüben zu können. Zugleich fehlten den Langzeitarbeitslosen die Rezeptoren in Parteien und Gewerkschaften, um sich gleichsam von innen heraus Gehör zu verschaffen. Auch Arbeitsloseninitiativen oder Arbeitslosenzentren zielten vor allem auf Stabilisierung und Selbsthilfe und erst in zweiter Linie – wenn überhaupt – auf politische Bewusstseinsbildung.

3. Italien: Privileg und Exklusion

Ähnlich wie in einigen Teilen Westdeutschlands vollzog sich in Italien nach 1945 ein Prozess beschleunigter nachholender Industrialisierung, der von einem dramatischen Bedeutungsverlust des landwirtschaftlichen Sektors begleitet war. Da die Kristallisationskerne der Modernisierung im Norden des Landes lagen, verschärften sich die regionalen Disparitäten, wobei der *Mezzogiorno* gleichermaßen unter wirtschaftlicher Unterentwicklung und demographischem Druck litt. Dass sich die registrierte Arbeitslosigkeit dennoch vor allem in den 1960er und frühen 1970er Jahren in Grenzen hielt, war sowohl der italienischen Variante des „Wirtschaftswunders" als auch der Migration geschuldet, die traditionell als wirksame, wenn auch bittere Medizin gegen Überbevölkerung und Unterbeschäftigung galt. Migration konnte dabei dauerhafte Auswanderung nach Übersee ebenso bedeuten wie langjährige Auslandsaufenthalte mit Rückkehroption oder Bevölkerungsverschiebungen innerhalb Italiens von Süd nach Nord. Die weltweite Strukturkrise der 1970er Jahre verbaute diesen Ausweg weitgehend und führte sogar zu einer Rückwanderungswelle, die auf einen durch geburtenstarke Jahrgänge von Berufseinsteigern und immer mehr Frauen bereits angespannten Arbeitsmarkt traf[15].

In der Konsequenz stiegen die Arbeitslosenzahlen seit 1974, und vor allem stieg die Zahl derer, die sich mehr als zwölf Monate vergeblich um eine neue Stelle bemühten. Nach statistischen Berechnungen der OECD betrug der Anteil der Langzeitarbeitslosen 1975 33,8 Prozent; 1983 machten die Langzeitarbeitslosen bereits 56,3 Prozent aller arbeitslosen Italiener aus und 1989 sogar 70,4 Prozent. Damit hatte die Langzeitarbeitslosigkeit südlich der Alpen ein Niveau erreicht, das in Europa – von Ausnahmen wie Belgien

---

[15] Vgl. Vera Zamagni, Dalla periferia al centro. La seconda rinascita economica dell'Italia (1861–1990), Bologna ²1993, S. 429–448; Enrico Pugliese/Enrico Rebeggiani, Occupazione e disoccupazione in Italia. Dal dopoguerra ai nostri giorni, Rom 2004, S. 7–24.

(1989: 76,3 Prozent) und Irland (1989: 67,3 Prozent) abgesehen – seinesgleichen suchte[16]. Doch nicht nur die quantitative Entwicklung der Langzeitarbeitslosigkeit, sondern auch die strukturelle Zusammensetzung der Langzeitarbeitslosen war bemerkenswert. Die zahlenmäßig größte und am schnellsten wachsende Gruppe stellten junge Arbeitsuchende, denen der Übergang von Schule und Ausbildung ins Berufsleben nicht gelang. Dahinter rangierte ein Personenkreis, der ebenfalls eine Erwerbsarbeit suchte, ohne zuvor berufstätig gewesen zu sein; hierbei handelte es sich in erster Linie um Hausfrauen, die das Familieneinkommen, und Rentner, die ihre Altersbezüge aufbessern wollten. Erst dann folgten diejenigen, die ihren Arbeitsplatz verloren hatten und nun einen neuen Job suchten. In Italien waren, mit anderen Worten, erfahrene Arbeiter aus von der Strukturkrise besonders betroffenen Industriebranchen, die anderswo den harten Kern der Langzeitarbeitslosen ausmachten, vergleichsweise selten länger als zwölf Monate arbeitslos[17].

Diese strukturellen Verzerrungen hatten viel mit der kulturell tief verwurzelten Überzeugung zu tun, verheiratete Familienväter hätten gleichsam ein Recht auf einen Arbeitsplatz und müssten bevorzugt behandelt werden. Die rigide institutionelle Ordnung des italienischen Arbeitsmarkts war nicht zuletzt Ausdruck dieses Grundsatzes. Arbeitsvermittlung oder Kündigungsschutz funktionierten in der Regel vor allem zugunsten der *Strong Male Breadwinners*. Besonders gut gegen Arbeitslosigkeit und sozialen Abstieg waren die von kampfstarken Gewerkschaften vertretenen Arbeiter in großen Industriebetrieben geschützt. Für sie galt nicht die reguläre Arbeitslosenversicherung mit ihren unzureichenden Leistungen, sondern – für wenigstens sechs Monate – ein statussichernder Spezialtarif.

Neben der Arbeitslosenversicherung bestand eine weitere institutionelle Auffanglinie, die für den italienischen Arbeitsmarkt von kaum zu überschätzender Bedeutung war: die *Cassa Integrazione Guadagni*[18]. Ursprünglich diente die Lohnausgleichskasse vor allem dazu, kurzfristige Konjunkturkrisen zu überbrücken, indem Arbeitskräfte in Großbetrieben bei Fortzahlung von bis zu 80 Prozent des Bruttolohns vorübergehend freigestellt wurden. Für an-

---

[16] Zahlen nach Statistical Appendix to Introduction, in: Benoit-Guilbot/Gallie (Hrsg.), Long-Term Unemployment, S. 28.
[17] Vgl. Emilio Reyneri, Italy. A long Wait in the Shelter of the Family and Safeguards from the State, in: ebenda, S. 97–110.
[18] Vgl. Michele Miscione, La Cassa Integrazione – come funziona, come si utilizza, Rom ²1983, S. 27–171.

haltende strukturbedingte Krisen wurde 1968 die *Cassa Integrazione Guadagni Straordinaria* geschaffen. Diese außerordentliche Lohnausgleichskasse wurde überwiegend von der öffentlichen Hand finanziert, und da Massenentlassungen seit den Erfolgen der Gewerkschaften Ende der 1960er/Anfang 1970er Jahre kaum durchzusetzen waren, degenerierte dieses arbeitsmarktpolitische Instrument für die Unternehmer zu einem probaten Mittel, die Belegschaften auf Staatskosten umzubauen. Die Gewerkschaften liefen zwar immer wieder dagegen Sturm, da sie in der *Cassa Integrazione Guadagni Straordinaria* nichts anderes sahen als das Vorzimmer der Arbeitslosigkeit, entschieden sich jedoch letztlich für die Politik des kleineren Übels. Wer in die Obhut der außerordentlichen Lohnausgleichskasse entlassen wurde, behielt de jure seinen Arbeitsplatz, so dass die Arbeitslosenstatistik nicht belastet wurde, und sollte zu einem bestimmten Zeitpunkt wieder eingestellt werden. Da die Betriebe diese Zusage jedoch nur allzu oft nicht einhielten und die Leistungen aus der *Cassa Integrazione Guadagni Straordinaria* Jahr um Jahr nach entsprechenden politischen Entscheidungen verlängert wurden, entstand de facto eine neue Schicht von – allerdings vergleichsweise gut versorgten – Langzeitarbeitslosen: die *Cassaintegrati*, von denen man 1983 mehr als 461.000 zählte[19].

So sehr das Instrument der *Cassa Integrazione Guadagni* die Staatskasse belastete, so sehr verringerte es den Druck auf die Politik, das Übel Langzeitarbeitslosigkeit an der Wurzel anzupacken. Der konfliktfähigste Teil der von Erwerbslosigkeit bedrohten Arbeiterschaft, dessen Ansprüche gleichermaßen von den Gewerkschaften gedeckt und gesellschaftlich anerkannt wurden, war gleichsam neutralisiert. Die Masse der Langzeitarbeitslosen hatte dagegen keine echte Lobby, so dass sich deutschen Beobachtern noch 1995 der Eindruck aufdrängte, der „Arbeitsmarktpolitik speziell für Langzeitarbeitslose" werde „in Italien praktisch keine Bedeutung zugemessen"[20].

Ganz so verhielt es sich freilich nicht. Was die passive Arbeitsmarktpolitik angeht, so gewährte man – vor allem im Süden des Landes – großzügig vorgezogene Alters- sowie Invalidenrenten, wobei letztere „in den konjunkturschwachen Regionen zunehmend die Funktion einer Arbeitslosen- und Sozialhilfe" übernah-

---

[19] Vgl. Gabriella Benedetti/Benedetto Gui/Fabio Neri, La Cassa integrazione guadagni nel mercato del lavoro italiano: caratteristiche e costi degli interventi ordinari e straordinari, in: Rivista di Politica Economica 75 (1985), S. 67–80, hier S. 72.

[20] Gaß/Krömmelbein/Schmid, Maßnahmen, S. 797.

men[21]. So entlastete man zwar den Arbeitsmarkt, riss aber zugleich bedenkliche Löcher in den Staatshaushalt. Auf dem Feld der aktiven Arbeitsmarktpolitik bemühte man sich überwiegend um langzeitarbeitslose Jugendliche, denen über Lohnkostenzuschüsse und Qualifizierungsmaßnahmen geholfen werden sollte. Fachleute schätzten die Reichweite und Wirksamkeit der entsprechenden Programme jedoch als gering ein. Überdies bemühten sich die italienischen Regierungen insbesondere in der zweiten Hälfte der 1980er Jahre um eine auf Aktivierung und Flexibilisierung zielende Reform des Arbeitsmarkts. Aufgrund der schwierigen Mehrheits- und Machtverhältnisse verlief jedoch vieles im Sande oder wurde nur langsam umgesetzt, so dass man auch von einer „schleichenden Deregulierung" sprach[22]. Erst eine Kombination aus politischer und ökonomischer Krise Anfang der 1990er Jahre schuf die Voraussetzung für eine Neuorientierung der italienischen Arbeitsmarktpolitik.

Die besondere soziale Struktur der italienischen Langzeitarbeitslosen prägte auch den Umgang der Betroffenen mit dem Phänomen dauerhafter Erwerbslosigkeit. Auffallend ist dabei eine Entkoppelung von Langzeitarbeitslosigkeit und Armut, die allerdings nur im Falle bestimmter, gut abgesicherter Gruppen durch den Sozialstaat induziert war. Dies traf vor allem auf die *Cassaintegrati* zu, die gleichwohl mit zunehmender Dauer des Zustands erkaufter Nichtbeschäftigung mit ähnlichen negativen psychosozialen Folgen zu kämpfen hatten, die man bei Langzeitarbeitslosen in der Bundesrepublik beobachten konnte[23]. Am anderen Ende der Skala standen die Langzeitarbeitslosen im eigentlichen Sinne des Wortes. Sofern es sich hier um Familienväter handelte, die nach dem Verlust ihres letzten Arbeitsplatzes auf der Suche nach einem regulären Job waren und die keine oder nur geringfügige Ansprüche auf Leistungen aus der Arbeitslosenversicherung hatten, konnte die ökonomische Situation rasch kritisch werden – mit nachhaltigen Folgen für Lebensstandard, soziale Beziehungen und Gesundheit. Die Masse der erwerbslosen Berufseinsteiger und der arbeitsuchenden

---

[21] Antonia Gohr, Der italienische Wohlfahrtsstaat: Entwicklungen, Probleme und die europäische Herausforderung, in: Katrin Kraus/Thomas Geisen (Hrsg.), Sozialstaat in Europa. Geschichte, Entwicklung, Perspektiven, Opladen 2001, S. 143–169, hier S. 149.

[22] Emilio Reyneri, Occupati e disoccupati in Italia, Bologna 1997, S. 113.

[23] Vgl. M. Depolo u. a., Senza lavoro. Un'analisi socio-psichologica dell'esperienza di Cassa Integrazione Guadagni, in: Studi di Sociologia 25 (1987), S. 153–169, und Giuseppe Bonazzi, Italian „Cassa Integrazione" and post redundancy, in: Work, Employment and Society 4 (1990), S. 577–593.

Hausfrauen mussten dagegen keinen sozialen Abstieg fürchten, auch wenn ihnen keinerlei Leistungen zustanden. Sie waren durch familiale Netze abgesichert, die es ihnen ermöglichten, auch mitunter mehrjährige Wartezeiten auf einen regulären Arbeitsplatz zu überbrücken. Die negativen Folgen der *lunga attesa* lagen in diesen Fällen weniger im ökonomischen, als im sozialen und sozialpsychologischen Bereich: fehlende Autonomie und Selbstbestimmung sowie unfreiwillige Abhängigkeit gingen nicht selten Hand in Hand mit Resignation, vom Abgleiten in die Schattenwirtschaft gar nicht zu reden[24].

Die Langzeitarbeitslosen selbst taten sich auch in Italien schwer damit, Gehör zu finden. Immerhin gab es in der zweiten Hälfte der 1970er Jahre Versuche der Organisation und Selbstorganisation der Betroffenen, die in eine Phase ebenso angespannter wie politisierter industrieller Beziehungen fielen. Am meisten Beachtung fanden dabei die *disoccupati organizzati* in Neapel, die lautstark, kampfbereit und nicht ohne Erfolg eine bevorzugte Behandlung bei der Arbeitsvermittlung forderten[25]. Aufs Ganze gesehen blieben die Bewegung der organisierten Arbeitslosen und die Arbeitslosenligen jedoch eine weitgehend folgenlose Randerscheinung.

4. Zusammenfassung und Ergebnisse

Die Ergebnisse dieses Beitrags lassen sich in fünf Thesen zusammenfassen: In der Bundesrepublik wie in Italien wuchs, erstens, die Zahl der Langzeitarbeitslosen seit der zweiten Hälfte der 1970er Jahre kontinuierlich, wobei Italien erheblich stärker betroffen war. Die Ursachen für diese Entwicklung differierten: In der Bundesrepublik schlugen die Folgen des ökonomischen Strukturwandels stärker zu Buche, während in Italien endogene Krisenfaktoren eine größere Rolle spielten. Dementsprechend trug die Langzeitarbeitslosigkeit, zweitens, in der Bundesrepublik eine andere Signatur als in Italien. Wenn nördlich der Alpen vor allem ältere Arbeiter in Fertigungsberufen Gefahr liefen, dauerhaft arbeitslos zu werden, traf die Langzeitarbeitslosigkeit auf der Apennin-Halbinsel hauptsächlich junge Berufseinsteiger und sonstige Erwerbssuchende ohne vorhergehende Beschäftigung; die eigentlichen

---

[24] Vgl. Francesco P. Cerase u. a., Disoccupati e disoccupate a Napoli. Rapporto di ricerca su „Occupazione, disoccupazione e metamorfosi del lavoro nell'area napoletana", Neapel 1991, S. 155–160.
[25] Vgl. Pietro Basso, Disoccupati e stato. Il movimento dei disoccupati organizzati di Napoli (1975–1981), Mailand 1981.

Opfer der Strukturkrise wurden von der *Cassa Integrazione* aufgefangen. Langzeitarbeitslosigkeit war zwar, drittens, in beiden Ländern ein Motor sozialer Ungleichheit und sozialer Auslese, aber zumindest in Italien nicht unbedingt ein Motor der Armut. Daran änderte auch das Fragmentierung und Desintegration fördernde System sozialer Sicherung nichts, das bestimmte Gruppen privilegierte, andere jedoch marginalisierte und auf Netzwerke jenseits des Staates verwies. Die bevorzugte Behandlung verheirateter männlicher (Industrie-)Arbeiter auf der einen und die Privatisierung des Risikos Langzeitarbeitslosigkeit für junge Berufseinsteiger und verheiratete Frauen nahm, viertens, viel Druck von der italienischen Politik, wo man überdies vor allem im Süden an Unterbeschäftigung und Mangel an Arbeitsplätzen gewöhnt war. In Westdeutschland stand die Bundesregierung dagegen stärker in der Pflicht, hatte sie doch den Kampf gegen die Arbeitslosigkeit zu einem Maßstab für den Erfolg ihrer Arbeit erhoben. Die Flexibilisierung des Arbeitsmarkts erschien dabei in der Bundesrepublik wie in Italien in den 1980er Jahren als ein Weg zum Abbau der Langzeitarbeitslosigkeit, in Italien ließen die politischen Strukturen bis zum Ende des Jahrzehnts jedoch nur zaghafte Schritte auf diesem Weg zu. Die Langzeitarbeitslosen selbst konnten, fünftens, die Entscheidungen in beiden Ländern kaum beeinflussen. Proteste verebbten zumeist rasch, und wo es zu organisatorischen Zusammenschlüssen kam, so standen diese in der Regel auf tönernen Füßen. Der Diskurs über die Langzeitarbeitslosigkeit fand weitgehend ohne die Betroffenen statt.

Wilfried Rudloff
Behinderte und Behindertenpolitik in der „Krise der Arbeitsgesellschaft"

1. Zwischen Aufbruch und Bewährung

Die Arbeitsmarktkrise der 1970er und 1980er Jahre war auch für die bundesdeutsche Behindertenpolitik eine Bewährungs- und Belastungsprobe. Menschen mit Behinderung gehörten wie ältere Arbeitnehmer oder Migranten zu jenen Gruppen, die unter den wachsenden Problemen am Arbeitsmarkt besonders zu leiden hatten. Die speziellen Arbeitsmarktinstrumente, die für Behinderte geschaffen worden waren, mussten ihre Tauglichkeit nun unter erschwerten Bedingungen unter Beweis stellen.

Seit den späteren 1950er Jahren war es ein wichtiges Ziel bundesdeutscher Behindertenpolitik gewesen, die ungenutzten Arbeitskraftreserven von Menschen mit Behinderung zu mobilisieren. Programmatisch auf die Formel „Rehabilitation vor Rente" gebracht, war viel für die berufliche Rehabilitation getan worden. Das Eingliederungs- und Teilhabeverständnis der bundesdeutschen Behindertenpolitik hatte sich aber, wie heute eher kritisch angemerkt wird, stark auf die Erwerbssphäre konzentriert[1]. Vor allem in den frühen Jahren der sozialliberalen Ära erweiterte sich der Gesichtskreis der Behindertenpolitik dann erheblich. Die Bundesregierung legte ein umfassendes Programm für die Rehabilitations- und Behindertenpolitik vor, und 1974 wurden gleich mehrere einschlägige Gesetze verabschiedet[2]. Arbeitsmarktpolitisch war dabei besonders die Reform des Schwerbeschädigtengesetzes von Bedeutung. Ursprünglich primär auf die Arbeitsmarktintegration der Kriegsbeschädigten zugeschnitten, wurde das Gesetz 1974 auf alle Schwerbehinderte ausgeweitet[3]. Unter diesen Personenkreis fiel,

---
[1] Vgl. Elsbeth Bösl, Integration durch Arbeit? Westdeutsche Behindertenpolitik unter dem Primat der Erwerbsarbeit 1949–1974, in: traverse 2006 H.3, S. 113–124.
[2] Vgl. Wilfried Rudloff, Rehabilitation und Hilfen für Behinderte, in: Hans Günter Hockerts (Hrsg.), Geschichte der Sozialpolitik in Deutschland seit 1945, Bd. 5: 1966–1974 – Bundesrepublik Deutschland, Baden-Baden 2007, S. 559–591.
[3] Das Gesetz galt auch für die Opfer von Arbeitsunfällen; vgl. Wilfried Rudloff, Rehabilitation und Hilfen für Behinderte, in: Günther Schulz (Hrsg.),

wem eine Minderung der Erwerbsfähigkeit von mindestens 50 Prozent attestiert worden war. Im Zentrum der gesetzlichen Regelungen stand die Beschäftigungspflicht; Betriebe ab einer bestimmten Mindestgröße hatten seither eine Schwerbehindertenquote von sechs Prozent der Belegschaft zu erfüllen oder für jeden nicht besetzten Pflichtplatz eine monatliche Ausgleichsabgabe von zunächst 100 DM zu entrichten. Die Schwerbehinderten, deren innerbetriebliche Interessen durch einen eigenen Vertrauensmann vertreten werden sollten, genossen einen verstärkten Kündigungsschutz und erhielten zusätzlichen Urlaub.

Bis Mitte der 1970er Jahre begünstigte der expandierende Arbeitsmarkt die Eingliederung der Behinderten, so dass die Zahl der unbesetzten Pflichtplätze ungleich höher war als die der arbeitslosen Schwerbehinderten. Auch Arbeitgebern, die guten Willens waren, musste es unter diesen Bedingungen oft schwer fallen, ihrer gesetzlichen Beschäftigungspflicht nachzukommen. Mit der ersten Ölkrise änderte sich jedoch die Lage, und den unbesetzten Pflichtplätzen stand nun eine wachsende Zahl arbeitsloser Schwerbehinderter gegenüber. 1982 zählte man bei 236.518 unbesetzten Plätzen 921.439 beschäftigte, aber bereits 117.256 arbeitslose Schwerbehinderte[4]. Dabei muss bedacht werden, dass sich mit der Gesetzesnovelle von 1974 der Kreis der anerkannten Schwerbehinderten beträchtlich erweitert hatte – auch wenn dieser Faktor allein nicht genügt, um den Anstieg der Arbeitslosigkeit unter den Schwerbehinderten zu erklären[5].

Näheres über die Schwerbehinderten als soziale Gruppe ist dem Mikrozensus von 1976 zu entnehmen[6]. Soweit die Minderung der Erwerbsfähigkeit als Kriterium für die Schwere der Behinderung amtlich festgestellt worden war – dies war bei nicht ganz der Hälfte der erfassten Behinderten der Fall –, galt rund ein Drittel

---

Geschichte der Sozialpolitik in Deutschland seit 1945, Bd. 3: 1949–1957 – Bundesrepublik Deutschland, Baden-Baden 2005, S. 515–557.

[4] Vgl. Franz Brandt, Behinderte auf dem allgemeinen Arbeitsmarkt. Eine empirische Studie über Beschäftigungschancen und -barrieren für Schwerbehinderte auf dem allgemeinen Arbeitsmarkt, Saarbrücken 1984, S. 44 und S. 69.

[5] Vgl. Ronald Schettkat/Klaus Semlinger, Die Beschäftigungssituation Behinderter. Eine mathematisch-statistische Darstellung und Analyse der Beschäftigungsproblematik Behinderter, Berlin 1982, S. 22ff., und Christian Brinkmann, Zur Arbeitsmarktlage von Behinderten und Leistungsgeminderten: Arbeitslosigkeit, berufliche Rehabilitation, arbeitsmarktpolitische Perspektiven, in: MIAB 14 (1981), S. 301–314.

[6] Vgl. Strukturdaten über Behinderte. Ergebnisse des Mikrozensus Mai 1976, in: Wirtschaft und Statistik 1979 H. 3, S. 224–228.

als leicht- (unter 50 Prozent erwerbsgemindert), ein Drittel als schwer- (zwischen 50 und 80 Prozent erwerbsgemindert) und ein Drittel als besonders schwer behindert (zwischen 80 und 100 Prozent erwerbsgemindert). Zugleich zeigt sich, dass nur 28 Prozent der Behinderten erwerbstätig waren – 40 Prozent der Männer und 15 Prozent der Frauen –, weit weniger, als es der durchschnittlichen Erwerbstätigenquote in der Gesamtbevölkerung entsprochen hätte, die bei 43 Prozent lag. Was die Arbeitslosenzahlen für Behinderte und Nichtbehinderte in den 1970er Jahren betrifft, fällt zunächst auf, dass erstere auch dann noch verstärkt unter Arbeitslosigkeit litten, als nach 1975 neue Wachstumsimpulse den Arbeitsmarkt stimulierten. Es schien, als würden Arbeitskräfte mit Behinderungen in dieser Phase wirtschaftlicher Erholung weiter ausgesiebt. Tatsächlich ging diese Entwicklung aber vor allem darauf zurück, dass Behinderte nach dem Verlust ihres Jobs unter schlechteren Wiedereingliederungschancen zu leiden hatten als die Gesamtheit der Arbeitslosen. Ende der 1970er Jahre wuchs zudem die Zahl arbeitsloser Schwerbehinderter um die 60 Jahre sichtlich an, die ihre Arbeit aufgrund von Abfindungsangeboten der Arbeitgeber aufgegeben hatten; Freiwilligkeit und Zwang standen hier oft in einem sehr ambivalenten Mischungsverhältnis[7].

Einen weiteren Schub erfuhr die Arbeitslosigkeit behinderter Menschen nach 1979 im Zuge der zweiten Ölkrise. Ihren vorläufigen Höhepunkt erreichte sie 1984, als knapp 140.000 arbeitsuchende Schwerbehinderte gezählt wurden. Bis zum Ende der 1980er Jahre sollte diese Zahl nur geringfügig sinken; im September 1988 lag sie bei 122.379[8]. Die Arbeitslosenquote der Schwerbehinderten, die bis 1976 noch unter der Quote für alle Erwerbstätigen gelegen hatte[9], wurde für 1985 mit 13,9 Prozent berechnet und überstieg damit die allgemeine Arbeitslosenquote um fünf Prozent[10]. Diese Entwicklung resultierte nicht aus einem erhöhten Zugangsrisiko, denn Schwerbehinderte wurden aufgrund des im Schwerbehinder-

---

[7] Vgl. Hessischer Landtag, Drucksache 9/3921: Antwort der Landesregierung auf eine große Anfrage der CDU-Fraktion vom 2.12.1980, S. 9.
[8] Vgl. Renate Oyen, Berufsbildung, Arbeitsmarktchancen und betriebliche Integration Behinderter, in: MIAB 22 (1989), S. 507–522, hier S. 514f.
[9] Vgl. Hans Leppin/Hans-Günther Ritz, Behinderte und Leistungsgeminderte als Problemgruppe des Arbeitsmarktes, in: Claus Offe (Hrsg.), Opfer des Arbeitsmarktes. Zur Theorie der strukturierten Arbeitslosigkeit, Neuwied/Darmstadt 1977, S. 141.
[10] Bis 1989/90 war nur ein geringfügiger Rückgang zu verzeichnen. Vgl. die leicht differierenden Zahlenreihen bei Horst Sanmann, Etappen der Arbeitsmarktpolitik für Schwerbehinderte in Deutschland, in: Eckhard Knappe/Bernd Frick (Hrsg.), Schwerbehinderte und Arbeitswelt, Frank-

tengesetz festgeschriebenen besonderen Kündigungsschutzes seltener arbeitslos als andere Personen[11]. Hatten Behinderte aber einmal ihren Job verloren, waren ihre Wiederbeschäftigungschancen schlecht; entsprechend lag die durchschnittliche Dauer der Arbeitslosigkeit 1988 bei 12,5 Monaten und damit fast doppelt so hoch wie bei der Gesamtheit der Arbeitslosen[12]. Häufiger als gewöhnlich bedeutete das Ende der Arbeitslosigkeit für Menschen mit Behinderung auch nicht Rückkehr in die Arbeitswelt, sondern Frühverrentung[13].

Ihre schwierige Situation war jedoch nicht allein der Behinderung geschuldet, sondern vielfach auch der Tatsache, dass auf sie mehrere Risikofaktoren zutrafen, die eine Wiedereingliederung in den Arbeitsmarkt erschwerten. So waren Ende September 1987 57 Prozent der arbeitslosen Schwerbehinderten 50 Jahre und älter, während dies bei der Gesamtheit der Arbeitslosen nur für 23 Prozent galt. Fast ein Drittel der Schwerbehinderten war zwei Jahre und länger arbeitslos – ein deutlich höherer Wert als für die Gesamtheit der Arbeitslosen (16 Prozent)[14]. Besonders nachteilig wirkte sich die Kombination Behinderung und fortgeschrittenes Alter aus, während die Kombination Behinderung und fehlende Ausbildung weniger negative Folgen mit sich brachte[15]. Alles in allem gehörten arbeitslose Menschen mit Behinderungen zu jenen „Arbeitsmarktopfern", für die zeitgenössische Beobachter eine zunehmende „Strukturalisierung" oder Verfestigung der Arbeitslosigkeit diagnostizierten und einen besonderen politischen Handlungsbedarf postulierten.

---

furt a.M./New York 1988, S. 17–36, hier S. 34f., und Oyen, Berufsbildung, S. 515.
[11] Vgl. Hans-Günther Ritz, Betriebliche und staatliche Arbeitspolitik – am Beispiel der beruflichen Integration Schwerbehinderter, in: Ulrich Jürgens/Frieder Naschold (Hrsg.), Arbeitspolitik. Materialien zum Zusammenhang von politischer Macht, Kontrolle und betrieblicher Organisation der Arbeit, Opladen 1984, S. 343–363, hier S. 346.
[12] Vgl. Oyen, Berufsbildung, S. 514.
[13] Während zwischen 1982 und 1988 im Schnitt rund 70 Prozent der Abgänger aus Arbeitslosigkeit eine neue Beschäftigung aufnahmen, lag dieser Anteil für die Schwerbehinderten mit 49 Prozent weit niedriger; vgl. Dieter Sadowski u.a., Die Wirkungsweise des Schwerbehindertengesetzes. Vollzugsdefizite und Verbesserungsvorschläge, Trier 1992, S. 104f.
[14] Vgl. Deutscher Bundestag, Drucksache 11/4455: Zweiter Bericht der Bundesregierung über die Lage der Behinderten und die Entwicklung der Rehabilitation vom 2.5.1989, S. 24.
[15] Vgl. Werner Karr, Zur Strukturalisierung der Arbeitslosigkeit. Umfang der Zielgruppen am Arbeitsmarkt unter Berücksichtigung von Mehrfachbeeinträchtigungen und Doppelzählungen, in: MIAB 12 (1979), S. 152–165.

2. Möglichkeiten und Grenzen des Schwerbehindertengesetzes[16]

Im Oktober 1987 hatten von rund 123.000 beschäftigungspflichtigen Arbeitgebern nur etwa 20 Prozent die vom Schwerbehindertengesetz vorgeschriebene Quote erfüllt. Hingegen waren 70 Prozent ihrer Beschäftigungspflicht nicht oder nicht im vollen Umfang nachgekommen. 30 Prozent – vornehmlich kleinere Betriebe – beschäftigten überhaupt keine Schwerbehinderten[17]. Zahlen wie diese zeigten die Grenzen des Schwerbehindertengesetzes auf. Da zur gleichen Zeit auch nur drei Länderverwaltungen die Sechs-Prozent-Marke überschritten und die Ist-Quote der auf Länderebene beschäftigten Schwerbehinderten (4,7 Prozent) noch unter der des privaten Sektors lag (fünf Prozent), war evident, dass im öffentlichen Dienst ebenfalls vieles im Argen lag, obwohl der Ist-Wert in der Bundesverwaltung immerhin 6,4 Prozent betrug.

Von der Ausgleichsabgabe gingen keine nachhaltigen Impulse aus, da sie vornehmlich die Funktion eines Vorteilsausgleichs zulasten solcher Betriebe besaß, die sich der Beschäftigungspflicht entzogen. Überdies war ein Großteil der beschäftigten Schwerbehinderten gar nicht als Schwerbehinderte eingestellt worden. Es handelte sich vielmehr um Belegschaftsmitglieder, die diesen Status erst im Lauf des Arbeitsverhältnisses erworben hatten. So waren nach einer repräsentativen Befragung von 1982/83 77 Prozent der beschäftigten Schwerbehinderten „intern rekrutiert" worden, nur 23 Prozent hingegen „extern"[18]. Die überwiegende interne Rekrutierung ließ erkennen[19], dass das Schwerbehindertengesetz eher Entlassungen verhinderte als Neueinstellungen zu fördern.

Es war keine Seltenheit, dass Beschäftigte mit gesundheitlichen Einschränkungen von den Betrieben selbst ermuntert wurden, einen Schwerbehindertenausweis zu beantragen, da dies den Unternehmen half, die Pflichtquote zu erreichen und Ausgleichszah-

---

[16] Für eine umfassendere Analyse der arbeitsmarktpolitischen Instrumente zugunsten Behinderter vgl. Klaus Semlinger/Günter Schmid, Arbeitsmarktpolitik für Behinderte. Betriebliche Barrieren und Ansätze zu ihrer Überwindung, Basel u. a. 1985.
[17] Vgl. Deutscher Bundestag, Drucksache 11/4455: Zweiter Bericht der Bundesregierung über die Lage der Behinderten und die Entwicklung der Rehabilitation vom 2.5.1989, S. 24.
[18] Brandt, Behinderte, S. 84ff.
[19] Vgl. Hans-Günther Ritz, Betriebliche Integration Schwerbehinderter und Beteiligung der Schwerbehindertenvertrauensleute, in: Rolf G. Heinze/Peter Runde (Hrsg.), Lebensbedingungen Behinderter im Sozialstaat, Opladen 1982, S. 200–222.

lungen zu vermeiden. Der Personalleiter eines metallverarbeitenden Betriebs erklärte in den frühen 1980er Jahren: „Den Stand von 6% konnten wir nur dadurch halten, dass aus unserer Belegschaft Behinderte nachgewachsen sind."[20] Wurden allerdings längerfristige Rehabilitationsmaßnahmen erforderlich, waren die Betriebe selten bereit, das Beschäftigungsverhältnis lediglich ruhen zu lassen, statt auf Entlassungen zurückzugreifen. Einer Befragung zufolge hatten nur sechs Prozent der erfassten Betriebe und Dienststellen Arbeitsplätze technisch umgerüstet oder durch Arbeitshilfen ergänzt.

Die Notwendigkeit, geeignete Arbeitsplätze für langjährige Mitarbeiter mit gesundheitlichen Einschränkungen freizuhalten, war aus Sicht der Betriebe einer der wichtigsten Faktoren, die einer Einstellung betriebsfremder Schwerbehinderter im Weg standen. Als weitere Hürden wurden die Arbeitsanforderungen und Arbeitsplatzbedingungen sowie erwartete Belastungen aufgrund höherer Fehlzeiten, zusätzlicher Urlaubsansprüche und des besonderen Kündigungsschutzes für Schwerbehinderte genannt[21]. Wie Befragungen weiter ergaben, stellten die Betriebe zwar mehrheitlich fest, dass bei den beschäftigten Schwerbehinderten keine gravierende Einschränkung ihrer Leistungsfähigkeit beobachtet werden konnte. Sie erklärten aber dennoch, vor der Neueinstellung Schwerbehinderter zurückzuschrecken, da sie von einer betriebswirtschaftlich relevanten Minderung der Leistungsfähigkeit ausgingen[22]. Für diese ambivalente Haltung dürfte nicht zuletzt der Umstand verantwortlich gewesen sein, dass der gesetzliche Terminus „Minderung der Erwerbsfähigkeit" durchaus irreführend war. Denn was dadurch ausgedrückt wurde, war gerade nicht der tatsächliche Schwund an Leistungsfähigkeit am Arbeitsplatz. Es handelte sich vielmehr um eine dem Versorgungsrecht entlehnte Messgröße ohne direkten Bezug zu den jeweiligen konkreten Anforderungen. Seit der Reform des Schwerbehindertengesetzes im Jahr 1986 sprach man allgemeiner vom „Grad der Behinderung", ohne dass sich damit viel geändert hätte.

1986 wurde auch die Ausgleichsabgabe auf 150 DM erhöht. Kritische Stimmen hatten eine weitaus stärkere Anhebung gefordert – der DGB etwa hatte einen Betrag von 500 DM ins Spiel gebracht –,

---

[20] Klaus Semlinger, Behindertenbeschäftigung. Betriebliche Barrieren und öffentliche Förderung. Discussion Paper IIM/LMP 84-8, Berlin 1984, S. 10.
[21] Vgl. Brandt, Behinderte, S. 107 und S. 179.
[22] Vgl. Peter Runde, Zukunft der Rehabilitation. Bilanz und Perspektiven unter veränderten Arbeitsmarktbedingungen, Hamburg 1986, S. 94.

um eine effektive Steuerungswirkung zu erzielen[23]. Tatsächlich hätte sich die Ausgleichsabgabe schon 1984 auf mindestens 300 DM pro Monat und unbesetztem Pflichtplatz belaufen müssen, um angesichts der zusätzlichen Lohn- und Gehaltskosten für Schwerbehinderte jene Betriebe, die gegen die Beschäftigungspflicht verstießen, angemessen sanktionieren zu können[24]. Für einen solchen Schritt fanden sich indes keine politischen Mehrheiten.

3. Sonderprogramme und „Werkstätten für Behinderte"

Da angesichts der rapide steigenden Arbeitslosigkeit Behinderter rasch der Eindruck entstanden war, das Schwerbehindertengesetz würde nicht ausreichen, um hier gegenzusteuern, entwarf man im Bundesarbeitsministerium 1976 ein besonderes Förderprogramm. Arbeitgeber, die arbeitslose Schwerbehinderte einstellten, konnten danach, abgestuft nach der Schwere der Behinderung und der Eingliederungsproblematik, einen einmaligen Zuschuss erhalten. Finanziert wurde das Programm aus den Mitteln der Ausgleichsabgabe[25]. Die Bundesanstalt für Arbeit zog eine erfolgreiche Bilanz des Sonderprogramms und meldete 1977, dass sich die Zahl der in Arbeit vermittelten Behinderten gegenüber dem Vorjahr um 78 Prozent erhöht habe[26]. Diese Steigerung wurde maßgeblich auf die neuen finanziellen Anreize zurückgeführt:

„Die Eindrücke aus der Vermittlungspraxis zeigen, dass die weitaus überwiegende Anzahl der geförderten Arbeits- bzw. Ausbildungsverhältnisse – die Annahmen der Landesarbeitsämter belaufen sich auf ca. 70 v.H. – ohne die gewährten Förderbeiträge nach dem Sonderprogramm nicht zustandegekommen wären."

Auch wenn die Zahl der arbeitslosen Schwerbehinderten nicht zurückgegangen war und die Neuzugänge die Vermittlungserfolge überstiegen hatten, hielt es die Bundesanstalt für erwiesen, dass

---

[23] Vgl. Ferdinand Schliehe, Rehabilitation und Hilfen für Behinderte, in: Manfred G. Schmidt (Hrsg.), Geschichte der Sozialpolitik in Deutschland seit 1945, Bd. 7: 1982–1989 – Bundesrepublik Deutschland, Baden-Baden 2005, S. 459–478, hier S. 473ff.
[24] Vgl. Dieter Sadowski/Bernd Frick, Die Beschäftigung Schwerbehinderter. Betriebswirtschaftliche Analysen und politische Empfehlungen, Idstein 1992, S. 169.
[25] Vgl. Hans-Otto Thiele, Abbau der Arbeitslosigkeit Schwerbehinderter durch Sonderprogramm, in: Behindertenrecht 15 (1976), S. 73ff.
[26] Hierzu und zum Folgenden BAK, B 149/33248, Bericht des Präsidenten der Bundesanstalt für Arbeit an das Bundesministerium für Arbeit und Sozialordnung vom 16.9.1977.

die Arbeitslosigkeit Behinderter ohne das Sonderprogramm noch empfindlich höher gelegen hätte.

Dieses positive Fazit wurde jedoch dadurch getrübt, dass sich die Ausbildungschancen schwerbehinderter Jugendlicher nicht durchgreifend verbessert hatten. Als Gründe nannte die Bundesanstalt unter anderem das Überangebot an nichtbehinderten Bewerbern, stellte aber auch fest, dass viele in Frage kommende Kandidaten aus Sorge, auf Dauer als Behinderte abgestempelt zu werden, nicht bereit waren, einen Schwerbehindertenausweis zu beantragen. Dennoch war die Zahl der besonders schwer vermittelbaren Behinderten – darunter Blinde, Querschnittgelähmte oder Hirnverletzte –, die untergebracht werden konnten, beachtlich. Der Anteil der Personen, die auf eine Hilfskraft angewiesen waren oder eine Minderung der Erwerbsfähigkeit von 80 Prozent und mehr vorzuweisen hatten, lag bei 26 Prozent, der Anteil der über 55 Jahre alten Schwerbehinderten bei 17,6 Prozent, der Anteil der langzeitarbeitslosen Schwerbehinderten bei 44,7 Prozent. Unterm Strich ergab sich damit ein Anteil der „Problemfälle" an allen Geförderten von 88,2 Prozent, wobei sich vorwiegend Klein- und Mittelbetriebe für die Leistungen des Sonderprogramms interessierten. In Großbetrieben, so die Bundesanstalt für Arbeit, hätten sich „vielfach anhaltende Personalreduzierung, Kurzarbeit u.ä. auf die Einstellungsbereitschaft von Schwerbehinderten" ausgewirkt, und es sei zu beobachten gewesen, „dass mitunter gestiegene Leistungsanforderungen an die einzelnen Betriebsabteilungen [...] die Aufnahmebereitschaft für Schwerbehinderte mäßigte".

Trotz der positiven Bilanz der Bundesanstalt für Arbeit war das Sonderprogramm nicht unumstritten. Dem Landschaftsverband Rheinland etwa leuchtete es nicht ein, „dass für Schwerbehinderte, die eine volle Arbeitsleistung erbringen – das dürfte die weit überwiegende Zahl sein – Prämien an Arbeitgeber gezahlt werden". Dadurch werde nur „das Vorurteil, Schwerbehinderte seien immer leistungsgemindert, [...] unnötig verstärkt". Der Anstieg der Vermittlungszahlen sei im Wesentlichen eine statistische Begleiterscheinung des allgemeinen Anstiegs der Zahl als schwerbehindert anerkannter Personen[27]. Auch ließen sich die „Mitnahmeeffekte" nicht quantifizieren, so dass man nicht sagen konnte, wie viele Neueinstellungen auch ohne das Sonderprogramm erfolgt wären.

---

[27] Martin H. Geyer (Hrsg.), Geschichte der Sozialpolitik in Deutschland seit 1945, Bd. 6: 1974–1982 – Bundesrepublik Deutschland, Baden-Baden 2008, Dok. 65; vgl. auch Erich Stork, Arbeitslosigkeit Schwerbehinderter – Verbesserung der Eingliederungsmöglichkeiten, in: Behindertenrecht 18 (1979), S. 73–77.

Die kritischen Stimmen blieben indes in der Minderheit, und dem ersten Sonderprogramm folgten drei weitere, ehe deren Förderinstrumente mit der Novellierung des Schwerbehindertengesetzes 1986 auf Dauer gestellt wurden. Seit Mitte der 1980er Jahre war die Inanspruchnahme der Sonderprogramme allerdings rückläufig, wozu auch die Eintrübung der Konjunktur beigetragen hatte[28]. Die Fördermodalitäten waren seit dem dritten Sonderprogramm dahingehend verändert worden, dass die Bundesanstalt für die Einstellung besonderer „Problemfälle" monatliche Lohnkostenzuschüsse bewilligen konnte. Seit der Neuregelung von 1986 konnten diese maximal bei 80 Prozent des Arbeitslohns liegen[29]. Durch die vier Sonderprogramme war bis dahin die Beschäftigung von 56.500 Personen subventioniert worden – statistisch immerhin jede vierte Arbeitsvermittlung von Schwerbehinderten[30].

Neben dem ersten Arbeitsmarkt mit seinen wachsenden Integrationsproblemen entwickelte sich ein zweiter, behindertenspezifischer Arbeitsmarkt, für den die wettbewerbsgeschützten „Werkstätten für Behinderte" von zentraler Bedeutung waren. In den frühen 1970er Jahren arbeiteten hier ungefähr 10.000 bis 15.000 Personen, Ende 1987 rund 95.000. Schätzungen zufolge gab es jedoch Bedarf für 120.000 Plätze. Der Großteil der Beschäftigten in den Werkstätten (etwa 70 bis 80 Prozent) war geistig behindert; hinzu kamen schwer Körperbehinderte, Mehrfachbehinderte und zunehmend auch seelisch Behinderte. Seit Anfang der 1970er Jahre über eine einheitliche Konzeption für die Werkstätten beraten wurde, standen sich zwei Modelle gegenüber, von denen das eine mehr arbeits- und produktionsorientiert, das andere stärker sozialpädagogisch-therapeutisch ausgerichtet war. Ersteres wurde von der Arbeitsverwaltung befürwortet, letzteres von der Mehrzahl der Träger. Der arbeits- und produktionsorientierte Ansatz zielte insbesondere auf die „grenzproduktiven" Behinderten, während der sozialpädagogisch-therapeutische einen größeren Kreis zu erreichen suchte, darunter auch solche Behinderte, die – gemessen an der durchschnittlichen Produktivität eines „Normalarbeiters" – nur über eine geringe Leistungskraft verfügten[31].

---

[28] Vgl. Klaus Semlinger, Betriebliche Integration Schwerbehinderter. Die Wirkungslücke der Vermittlungsförderung, in: Soziale Sicherheit 33 (1984), S. 375–381, hier S. 380.
[29] Vgl. Deutscher Bundestag, Drucksache 11/4455: Zweiter Bericht der Bundesregierung über die Lage der Behinderten und die Entwicklung der Rehabilitation vom 2.5.1989, S. 25.
[30] Vgl. Sadowski u. a., Wirkungsweise, S. 120f.
[31] Vgl. Albert Haaser, Zielkonflikte und Interessengegensätze in der Werkstatt

Unter den krisenhaften Bedingungen der 1970er und 1980er Jahre kam immer wieder der Verdacht auf, die Werkstätten sollten zunehmend als Auffangbecken für Behindertengruppen fungieren, die man bisher für vermittelbar gehalten hatte. Nicht zu übersehen war jedenfalls, dass die erhofften Übergangsmöglichkeiten aus den Werkstätten in Betriebe und Behörden blockiert waren; die Behinderten konnten praktisch nirgends an den ersten Arbeitsmarkt herangeführt werden[32].

4. Der europäische Kontext

Da die Verschlechterung der Arbeitsmarktlage nicht nur die Bundesrepublik traf, stellte sich auch in den anderen Ländern Westeuropas die Frage, was gegen die Behindertenarbeitslosigkeit getan werden konnte. In Frankreich etwa war 1980 rund ein Drittel der behinderten Erwachsenen arbeitslos[33], in Großbritannien lag die Arbeitslosenquote der registrierten Behinderten im April 1981 bei 16 Prozent, gegenüber einer allgemeinen Arbeitslosenquote von 10,3 Prozent; dazu kam noch eine fast doppelt so hohe Zahl nichtregistrierter behinderter Arbeitsloser[34].

Fast alle Mitgliedstaaten der EG verfügten ähnlich wie die Bundesrepublik über ein Quotensystem zugunsten behinderter Arbeitnehmer, wobei die vorgeschriebenen Beschäftigungsquoten erheblich differierten. In Italien lag die Pflichtquote für Privatunternehmen bei 15 Prozent, in Großbritannien bei drei Prozent; in den Niederlanden wurde sie 1986 von zwei auf fünf Prozent angehoben[35] und in Frankreich 1987 neu auf sechs Prozent festgelegt[36]. Wie die Pflichtquote variierte auch die Mindestgröße der

---

für Behinderte, in: NDV 53 (1973), S. 122–127; Karl Rother, Die Werkstatt für Behinderte aus sozialpolitischer, pädagogischer und ökonomischer Sicht, in: NDV 56 (1976), S. 272–276.

[32] Vgl. Udo Sierck, Arbeit und Therapie – die allseits begrüßte Aussonderung, in: Die Randschau 1 (1986) H. 4, S. 6–9.

[33] Vgl. Guy Mangin, The handicapped and their employment. Statistical study of the situation in the Member States of the European Communities, Luxemburg 1983, S. 113.

[34] Vgl. Joan C. Brown, Victims or Villains? Social Security Benefits in Unemployment, York 1990, S. 144 ff.

[35] Vgl. Eelco Tasma, START in Holland, in: Mathilde Niehaus/Leo Montada (Hrsg.), Behinderte auf dem Arbeitsmarkt. Wege aus dem Abseits, Frankfurt a.M./New York 1997, S. 75–85.

[36] Vgl. Patricia Thornton, Employment quotas, levies and national rehabilitation funds for persons with disabilities: pointers for policy and practice, Gladnet Collection (Cornell ILR School) 1998; Patricia Thornton/Neil Lunt,

Betriebe, für die sie galt. In Frankreich waren bis 1987 alle Betriebe mit einer Mindestgröße von zehn Beschäftigten betroffen (danach ab 20), in Italien lag die Mindestgröße dagegen bei 35 Beschäftigten[37]. Das bundesdeutsche Instrument der Ausgleichsabgabe hatte keineswegs überall Nachahmer gefunden; immerhin wurden ähnliche Regelungen in der zweiten Hälfte der 1980er Jahre auch in Frankreich und den Niederlanden eingeführt.

Das Quotensystem galt als das wichtigste arbeitsmarktpolitische Instrument der Behindertenpolitik, auch wenn die Meinungen über den Erfolg auseinander gingen. Ein für die Europäische Kommission verfasster Bericht sprach 1984 gar von einer „quota crisis", einem Umsetzungsdefizit, das sich in Belgien ebenso wie Frankreich oder Italien bemerkbar gemacht habe. Selbst die niedrige Quote in Großbritannien wurde nicht eingehalten (1986 nur von 27 Prozent der Arbeitgeber), stattdessen gab es großzügige Pauschalbefreiungen. Die im britischen Gesetz vorgesehene Möglichkeit, Arbeitgeber strafrechtlich zu verfolgen, die ihre Beschäftigungspflicht nicht erfüllten, kam in nicht mehr als zehn Fällen zum Tragen, ein letztes Mal 1975[38]. Das mehr und mehr in die Kritik geratene Quotensystem wurde auf der Insel in den 1990er Jahren abgeschafft[39]. Wenn die Bundesrepublik in vergleichender Betrachtung als positives Beispiel angeführt wurde, weil hier die gesetzliche Quote von sechs Prozent 1982/83 fast erreicht wurde, lag dies vor allem am günstigen Zeitpunkt dieser Momentaufnahme. Ähnlich nahe an die Erfüllung der Pflichtquote gelangte die Bundesrepublik weder vorher noch nachher.

Große Unterschiede bestanden in den EG-Staaten auch beim Kündigungsschutz für behinderte Arbeitnehmer. Der Bundesrepublik, wo Kündigungen je nach Entlassungsgrund an eine behördliche Zustimmung gebunden waren, standen Länder ohne

---

Employment Policies for Disabled People in Eighteen Countries: A Review, York 1997.
[37] Vgl. The economic integration of the disabled: An analysis of measures and trends in member states. Research conducted by the Centre de Sociologie du Droit Social directed by Professor Eliane Vogel-Polsky, Luxemburg 1984, S. 25–33.
[38] Vgl. Colin Barnes, Disabled People in Britain and Discrimination. A Case for Anti-Discrimination Legislation, London 1991, S. 86.
[39] Vgl. David Goss/Fiona Goss/Derek Adam-Smith, Disability and employment: a comparative critique of UK Legislation, in: The International Journal of Human Resource Management 11 (2000), S. 807–821, und Wolfgang Schäfers, Berufliche Eingliederung und Sicherheit des Arbeitsplatzes behinderter Arbeitnehmer in Großbritannien und Frankreich, in: Behindertenrecht 21 (1982), S. 56ff. und S. 80–83.

Sonderregelungen gegenüber. In Frankreich gab es für Behinderte verlängerte Kündigungsfristen, in Großbritannien waren Kündigungen dann unzulässig, wenn dadurch die betriebliche Beschäftigtenquote nicht mehr erreicht wurde[40]. Aus bundesdeutscher Sicht drängten sich beim Blick über den nationalen Tellerrand insgesamt wenig Alternativen auf. Die Reservierung bestimmter Tätigkeiten für Behinderte wie in Großbritannien (Aufzugführer und Parkplatzwächter) erwies sich zunehmend als anachronistisch. Das zukunftsträchtigere Konzept der Selbsthilfefirmen und Integrationsbetriebe gewann in der Bundesrepublik im Untersuchungszeitraum kaum Terrain; Ende der 1980er Jahre gab es deren 80[41]. Von einigen Experten wurde die Idee ins Spiel gebracht, wie in Schweden dezentrale „Anpassungsgruppen" aus Arbeitsverwaltung, Arbeitgebern und Arbeitnehmern zu schaffen, deren Aufgabe es sein sollte, neue Arbeitsplätze ausfindig zu machen oder bestehende gemäß den Bedürfnissen der Behinderten zu modifizieren. Aber solche Anregungen blieben ohne größere Konsequenzen für die westdeutsche Behindertenpolitik, die nach wie vor um das Schwerbehindertengesetz mit seinen Wirkungslücken und -defiziten kreiste.

---

[40] Vgl. Maximilian Fuchs, Das Schwerbehindertenrecht in der Europäischen Gemeinschaft, in: Knappe/Frick (Hrsg.), Schwerbehinderte, S. 157–169, hier S. 166; Economic integration of the disabled, S. 40.
[41] Vgl. Erwin Seyfried, Neue Wege zur beruflichen Integration Behinderter. Europäische Modelle teilgeschützter Beschäftigung und ihre Bedeutung für die Rehabilitationspsychologie, Heidelberg 1990.

Kim Christian Priemel
Gewerkschaftsmacht?
Britische und westdeutsche Gewerkschaften im Strukturwandel

1. Zwischen Krise und Tendenzwende

In der Geschichte der industriellen Arbeitsbeziehungen nach 1945 gelten die ersten drei Nachkriegsjahrzehnte als Phase kontinuierlichen Bedeutungszuwachses der westeuropäischen Gewerkschaften, der seinen Höhepunkt in den 1970er Jahren erreicht habe. Erstmals auf breiter Front als legitime Interessenvertreter der Arbeitnehmer anerkannt, konnten sie nachdrücklich politische und soziale Mitsprache beanspruchen. Ihre Attraktivität drückte sich in rasch steigenden Mitgliederzahlen aus und wurde durch die Erwartung vergrößert, dank ihrer Organisationsmacht höhere Lebensstandards für die Mehrheit der Bevölkerung durchsetzen zu können. Entsprechend verstanden sich die Gewerkschaften nicht nur als Teil der Parteienstruktur von Kapital und Arbeit, sondern ebenso als verantwortungsbewusste Solidar- und Sinndeutungsgemeinschaften, die mehr waren als bloße Lobbyisten ihrer zahlenden Mitglieder. Dieser Anspruch manifestierte sich nicht zuletzt in einem öffentlichen Bild gewerkschaftlichen Handelns, das nicht auf Arbeitskämpfe beschränkt blieb; politische Mitarbeit in korporatistischen Gremien sowie Bildungs-, Kultur- und Sozialangebote dienten ebenfalls als sichtbare Arbeitsnachweise[1].

Mit dem Ende des *golden age* waren die guten Jahre für die organisierte Arbeiterbewegung vorbei, und es bestehen wenig Zweifel, dass sie zu den Verlierern der multiplen Wandlungsprozesse im letzten Viertel des 20. Jahrhunderts zählen. Schon ein flüchtiger Blick in die Statistik untermauert diesen Eindruck. In den anderthalb Dekaden nach 1979 büßten die im britischen Dachverband TUC affiliierten Gewerkschaften rund 40 Prozent ihrer Mitglieder

---

[1] Vgl. Alan Campbell/Nina Fishman/John McIlroy (Hrsg.), British trade unions and industrial politics, Bd. 2: The high tide of trade unionism, 1964–79, Aldershot 1999; Gerhard A. Ritter, Arbeiter, Arbeiterbewegung und soziale Ideen in Deutschland. Beiträge zur Geschichte des 19. und 20. Jahrhunderts, München 1996.

ein. Der DGB konnte zwar bis 1990 in absoluten Zahlen noch neue Kollegen werben, verlor jedoch an Schlagkraft, da der Organisationsgrad – also der Anteil der Gewerkschaftsmitglieder an allen abhängig Beschäftigten – von 33 (1980) über 31,2 (1990) bis auf 26,1 Prozent (1998) sank. Im gleichen Zeitraum ging der britische Organisationsgrad von 53 (1979) auf 30 Prozent (1998) zurück[2].

Der Verfall gewerkschaftlicher Organisationsmacht wird zumeist auf drei Ursachen zurückgeführt: die Konjunkturkrise in Verbindung mit dem inter- und intrasektoralen Strukturwandel, die Wende hin zu einem neoliberal überformten, gleichwohl heterogenen Konservatismus; sowie die von Josef Mooser bereits 1983 diagnostizierte Auflösung des traditionellen sozialmoralischen Arbeitermilieus[3]. Der weithin rezipierte Topos vom Ende der Proletarität fügte sich nicht nur gut in zeitgenössische Transformationsdiagnosen[4], sondern ließ sich auch empirisch anreichern, indem der neuartige Typus des *affluent worker* und der vielzitierte Wertewandel als Auflösungserscheinungen klassenbezogener Identifikations- und Konfliktlinien aufeinander bezogen wurden.

Die jüngere historische Forschung sieht in den 1970er Jahren eine „Umbruchzeit"[5], ja die eigentliche „Periode fundamentalen Wandels"[6] und verweist dabei auf Rezession und Ölpreiskrise, den Zusammenbruch des internationalen Währungssystems, das Aufkommen der Neuen Sozialen Bewegungen, die Schwächung tradi-

---

[2] Vgl. Chris Wrigley, British Trade Unions Since 1933, Cambridge 2002, S. 18–27; Walther Müller-Jentsch/Peter Ittermann, Industrielle Beziehungen. Daten, Zeitreihen, Trends 1950–1999, Frankfurt a.M./New York 2000, S. 83 und S. 91.

[3] Vgl. Josef Mooser, Auflösung des Proletarischen Milieus. Klassenbildung und Individualisierung in der Arbeiterschaft vom Kaiserreich bis in die Bundesrepublik Deutschland, in: Soziale Welt 34 (1983), S. 270–306; zum Gesamtzusammenhang vgl. auch das Standardwerk von Josef Mooser, Arbeiterleben in Deutschland 1900–1970. Klassenlagen, Kultur und Politik, Frankfurt a.M. 1984.

[4] Vgl. Jürgen Habermas, Die Neue Unübersichtlichkeit, Frankfurt a.M. 1985; Ulrich Beck, Risikogesellschaft. Auf dem Weg in eine andere Moderne, Frankfurt a.M. 1986, S. 121–160.

[5] ZF 3 (2006) H. 3: Die 1970er-Jahre – Inventur einer Umbruchzeit.

[6] Winfried Süß, Der bedrängte Wohlfahrtsstaat. Deutsche und europäische Perspektiven auf die Sozialpolitik der 1970er-Jahre, in: AfS 47 (2007), S. 95–126, hier S. 97; vgl. auch Winfried Süß, Der keynesianische Traum und sein langes Ende. Sozioökonomischer Wandel und Sozialpolitik in den siebziger Jahren, in: Konrad H. Jarausch (Hrsg.), Das Ende der Zuversicht? Die siebziger Jahre als Geschichte, Göttingen 2008, S. 120–137, und Anselm Doering-Manteuffel/Lutz Raphael, Nach dem Boom. Perspektiven auf die Zeitgeschichte seit 1970, Göttingen 2008.

tioneller Großgruppen wie Kirchen und Gewerkschaften sowie die Wiederkehr der Massenarbeitslosigkeit. Indes hat man schon früh bemerkt, dass die krisenhaft wahrgenommenen Veränderungen bereits im vorausgegangenen Boom angelegt waren[7]. Für eine solche Sichtweise, in der die „Siebziger" eher als Chiffre für komplexe Wandlungsprozesse denn als präziser Dekadenbegriff erscheinen, spricht auch die Entwicklung der Gewerkschaften. Wichtige Neuerungen hatten bereits früher eingesetzt, ihr bedrohliches Potential war jedoch lange latent geblieben. Die 1970er Jahre markieren daher den Übergang von der Inkubationszeit zum voll entwickelten Krisenbild, mithin weniger eine Phase des Um- denn des Ausbruchs.

Mit Blick auf den industriellen Strukturwandel kam diesen Jahren insofern eine katalytische Rolle zu, als sich ältere Trends – Internationalisierung der Märkte, Diversifizierung der Nachfrage, Automatisierung und Tertiarisierung der Produktion – nun beschleunigten, zunehmend sichtbarer und somit handlungsleitend wurden. Im Folgenden geht es um die Frage, in welcher Weise die Gewerkschaften von diesen Herausforderungen betroffen waren, wie sie sich diesen stellten und welche Bedeutung dem Verlust von Milieukohärenz und Klassenbewusstsein einerseits sowie der politischen „Tendenzwende"[8] am Ende des Jahrzehnts andererseits zukam. Als Beispiele dienen zwei gewerkschaftlich stark organisierte, von Facharbeitern geprägte sowie von technologischer und Markttransformation nachhaltig betroffene Branchen: Auto- und Druckindustrie.

Während sich der sozioökonomische Rahmen und das weit gefasste Verständnis gewerkschaftlicher Aufgaben und Zuständigkeiten glichen – ohne freilich deckungsgleich zu sein –, unterschieden sich organisatorische Traditionen, rechtliche Konstellationen und politische Praxis in den beiden Ländern erheblich. Stand das britische System der industriellen Beziehungen paradigmatisch für den bar jeder Regulierung geführten Konflikt, so galt das westdeutsche Gegenstück als Musterbeispiel für die Institutionalisierung widerstreitender Interessen mit dem Ziel von Konsens und Koope-

---

[7] Vgl. Gerald Ambrosius/Hartmut Kaelble, Gesellschaftliche und wirtschaftliche Folgen des Booms der 1950er und 1960er Jahre, in: Hartmut Kaelble (Hrsg.), Der Boom 1948–1973. Gesellschaftliche und wirtschaftliche Folgen in der Bundesrepublik Deutschland und in Europa, Opladen 1992, S. 7–30, hier S. 13f.
[8] Zum Begriff Andreas Rödder, Die Bundesrepublik Deutschland 1969–1990, München 2003, S. 50.

ration. War der britische *voluntarism* durch weitgehende Anomie und das gewerkschaftliche Monopol zur Arbeitnehmervertretung geprägt, steckten in der BRD gesetzliche Bestimmungen den doppelten Handlungsrahmen in Gewerkschaften und Mitbestimmungsorganen ab[9]. Aber war diese idealtypische Dichotomie auch ausschlaggebend für die Entwicklung der nationalen Gewerkschaftspolitiken?

2. Tempoverschärfung: technologischer und ökonomischer Wandel

Der verbreitete Eindruck großer, wenn nicht gar übermäßiger gewerkschaftlicher Stärke, der Mitte der 1970er Jahre vorherrschte, beruhte auf einem Missverständnis. In Westdeutschland galt die Verabschiedung der Betriebsverfassungs- und Mitbestimmungsgesetze durch den Bundestag 1972 und 1976 als Ausdruck des Schulterschlusses der Gewerkschaften mit der regierenden Sozialdemokratie, dessen komplementäre Seite die lohn- und arbeitsmarktpolitische Kooperation im Rahmen der Konzertierten Aktion darstellte. Vergleichbar schien im Vereinigten Königreich der *Social Contract* zwischen TUC und Labour-Regierung, der die Inflation durch tripartistisch ausgehandelte Lohn- und Preisbeschränkungen bekämpfen sollte und im Gegenzug den Arbeitnehmervertretern statuarische Anerkennung sowie wirtschaftspolitische Mitsprache einräumte. Ungeachtet der Prestigegewinne, die mit diesen institutionellen Arrangements einhergingen, war der tatsächliche Einfluss, der den Gewerkschaften erwuchs, weit geringer. Die einkommenspolitische Zurückhaltung, die der TUC seinen Mitgliedern gegen heftige Widerstände abringen konnte, wurde nur sehr begrenzt mit Preisregulierung und Konjunkturprogrammen vergolten. Weder das Kabinett James Callaghans noch das Helmut Schmidts stand derartigen Forderungen angesichts enger finanzpolitischer Spielräume aufgeschlossen gegenüber, was zur fortschreitenden Entfremdung der Arbeitnehmervertreter von den sozialdemokratisch geführten Regierungen beitrug[10].

---

[9] Vgl. Otto Jacobi/Hans Kastendiek (Hrsg.), Staat und industrielle Beziehungen in Großbritannien, Frankfurt a.M./New York 1985; Wolfgang Streeck/Norbert Kluge (Hrsg.), Mitbestimmung in Deutschland. Tradition und Effizienz, Frankfurt a.M./New York 1999.

[10] Vgl. William Hamish Fraser, A History of British Trade Unionism 1700–1998, Basingstoke 1999, S. 230–234, und Werner Abelshauser, Deutsche Wirtschaftsgeschichte seit 1945, München 2004, S. 413–419 und S. 440f.

Wichtiger noch war der Umstand, dass die vermeintlichen oder tatsächlichen Geländegewinne der Gewerkschaften weniger aktuelle denn vergangene Stärke widerspiegelten[11]. Nicht nur täuschte der *time lag* zwischen Erfolgen und deren fühlbaren Wirkungen über akute Probleme hinweg, der Fetisch Gewerkschaftsmacht versperrte auch den Blick auf die eigentliche Herausforderung: die Bewältigung des Strukturwandels. Rasch zeigte sich, dass der gewerkschaftliche Einfluss keineswegs ausreiche, um eine aktive, gestaltende Rolle zu spielen, sei es bei der Einführung neuer Technologien und Organisationsformen oder bei der Bekämpfung der Arbeitslosigkeit. Zudem offenbarte die Strukturanpassungskrise, dass die Gewerkschaften ihrerseits tiefliegende strukturelle Defizite aufwiesen. Auf Augenhöhe mit den Arbeitgebern befanden sich die Arbeitnehmervertreter schon auf dem scheinbaren Höhepunkt ihres Einflusses nicht mehr – doch wurde dies nur selten und dann meist unzureichend realisiert.

Die ungenügende Selbst- und Fremdverortung ging vor allem darauf zurück, dass die Umstrukturierungsprozesse allzu lange unterschätzt worden waren. So hatten die Internationalisierung von Produktion und Absatz durch liberalisierte Außenhandelsbeziehungen einerseits und die Expansion und fortschreitende Integration multinationaler Konzerne andererseits einen zwanzigjährigen Vorlauf. Dies führte sowohl zu wachsendem Wettbewerb zwischen den Unternehmen wie etwa im Automobilsektor als auch zur Homogenisierung von Produktion und Angebot sowie zu den Anfängen eines konzerninternen Standortwettbewerbs. Die engere Verflechtung barg zwar Risiken, wenn etwa der Arbeitskampf in einem Werk die Produktion in einem zweiten beeinträchtigte, sie erhöhte jedoch auch die unternehmerische Beweglichkeit: Bereits im britischen Druckerstreik von 1959 verlagerten der „Economist" und der „New Statesman" ihre Produktion zeitweilig nach Belgien und Westdeutschland[12]. Erheblich intensiviert wurde die internationale Marktintegration zwischen 1968 und 1973, als die durchschnittlichen GATT-Einfuhrzölle auf nur noch elf Prozent gesenkt wurden und der europäische Binnenmarkt mit dem Teilbeitritt der EFTA-Mitglieder, darunter Großbritannien, zur EWG massiv wuchs. Im britischen Fall, wo der sinkende Weltmarktanteil bei Automobilen lange durch den stabilen Inlandsabsatz kompensiert worden war,

---

[11] So im Fall des Industrial Relations Act von 1971, dessen Umsetzung am Widerstand des TUC gescheitert war; vgl. Wrigley, Trade Unions, S. 71f.
[12] Vgl. Die Zeit vom 26.6.1959: „Streik der Drucker".

führte dies zu einem Anstieg der Importzahlen von kaum sechs auf 27 Prozent[13].

Auch in der Bundesrepublik, deren ausfuhrstarke Autobranche von diesen Entwicklungen zunächst profitierte, zeigten sich Risiken und Gefahren der wachsenden Marktverflechtung. Der Preisdruck stieg, die dem freien Export zugänglichen Wirtschaftsräume verengten sich, und währungspolitische Faktoren beeinflussten zunehmend die Rentabilität[14]. Wachsende außereuropäische Konkurrenz – im Falle der Autobauer vor allem aus Japan – tat ein Übriges. Im Druckgewerbe verschärfte sich der Kampf um Marktanteile sowohl innerhalb als auch außerhalb Europas. Allein 1979/80 wanderte ein Viertel der britischen Taschenbuchproduktion nach Nordamerika ab[15]. Auch die Verbreitung elektronischer und digitaler Medien hatte eine distinkte internationale Dimension, bei den Formaten ebenso wie bei den Eigentümer- und Managementstrukturen[16].

Befördert wurde die Internationalisierung durch eine zweite Entwicklung: Technologischer Fortschritt von enormer Dynamik steigerte die Effizienz von Planung, Produktion und Absatz, verringerte Fertigungs- und Lieferzeiten und erlaubte es, mit Skaleneffekten zu kalkulieren, für die die Grenzen nationaler Absatzmärkte zu eng gezogen waren. Dies galt in größerem Maßstab für Autobauer wie General Motors und Volkswagen, die in der Bundesrepublik in den 1960er Jahren Milliarden investierten, um ihre Produktpaletten zu modernisieren, den Absatz zu steigern und zugleich die höheren Herstellungskosten ihrer diversifizierten Flotten durch Automatisierung zu kompensieren[17]. Im kleineren Maßstab galt dies aber auch für die mittelständische Druckindustrie, die starke Kontraktions- und Konzentrationstendenzen vor allem im Pressesektor[18] sowie wichtige technologische Neuerungen verzeichnete. Neue Fotosatz- und Offsetdruckverfahren legten Ende

---

[13] Vgl. Roy A. Church, The Rise and Decline of the British Motor Industry, Cambridge 1995, S. 50 und S. 62.
[14] Daimler-Benz AG, Geschäftsbericht und Jahresabschluß 1972, S. 12.
[15] Modern Records Centre, Warwick, MSS.39/NAT/1/2/65/2, Bl. 202f., NATSOPA Report of Governing Council Biennial Meeting, 17.6.–20.6.1980.
[16] Vgl. Hermann Richter, Pressekonzentration und neue Medien. Der Einfluß neuer Wettbewerbsimpulse auf die Konzentration bei Tageszeitungen, Göttingen 1989, S. 204–215.
[17] Vgl. Steven Tolliday, Enterprise and State in the West German Wirtschaftswunder: Volkswagen and the Automobile Industry, 1939–1962, in: BHR 69 (1995), S. 273–350, hier S. 338f. und S. 344.
[18] National Archives, Kew, PREM 16/1419, Memorandum by the Department of Prices and Consumer Protection, October 1975.

der 1950er Jahre die Grundlage für tiefgreifende Veränderungen in den Betriebsabläufen und Produktionsprozessen, die allerdings erst in den 1970ern und 1980ern vollständig zum Durchbruch gelangen sollten. Der Offsetdruck erhöhte die Ausbringung, verringerte den Zeitaufwand und – dies war zentral – erwies sich als technisch kompatibel mit dem Fotosatz. Dieser löste seinerseits den herkömmlichen Bleisatz sukzessive ab und ließ die Datenverarbeitungskapazitäten förmlich explodieren: Statt der rund 25.000 Zeichen pro Stunde, die Bleisatzmaschinen erzeugt hatten, stieg die Leistung nun auf 150.000 Zeichen und in weiteren Schritten bald bis in den Millionenbereich. Parallel erhöhte sich der Anteil der Flachdruckprodukte an allen Printerzeugnissen bis 1976 auf 34 Prozent; 1981 übertraf ihr Produktionswertanteil erstmals jenen des Hochdrucks[19].

Die Digitalisierung erweiterte diese Rationalisierungspotentiale zusätzlich. Die Einführung von komplexen, zugleich immer preiswerteren Datenverarbeitungssystemen seit den 1970er Jahren erhöhte nicht nur Arbeitstempo und Leistungskapazitäten, sondern machte auch eine Vielzahl von Berufsbildern obsolet. Wurde im Printgewerbe praktisch die komplette Druckvorstufe zusammengefasst, so kombinierte man im Autobau herkömmliche mechanische Maschinen mit Computern zu Industrierobotern. Zwischen 1969 und 1986 reduzierte sich die Zahl der Bleisatzmaschinen in der BRD drastisch, während der Verbreitungsgrad von Bildschirmterminals und Bildverarbeitungssystemen dramatisch zunahm[20]. Im selben Zeitraum vollzog sich der Durchbruch der Industrieroboter in der Automobilbranche. Befanden sich bei Volkswagen um 1975/76 vernachlässigenswerte fünf Apparate im Einsatz, so stieg ihre Anzahl binnen weniger Jahre auf rund 400 allein bei den deutschen Werken des Konzerns[21].

Dass diese keineswegs unerwartet hereinbrechenden, sondern vielmehr pfadabhängig voranschreitenden Entwicklungen Mitte der 1970er Jahre mit plötzlicher Dringlichkeit wahrgenommen

---

[19] Vgl. Projektgruppe Gewerkschaftsforschung, Rahmenbedingungen der Tarifpolitik, Bd. 2: Strukturdaten der Metallverarbeitenden, der Chemischen und der Druckindustrie, Frankfurt a.M./New York 1979, S. 454; Christian Kerst, Unter Druck – Organisatorischer Wandel und Organisationsdomänen. Der Fall der Druckindustrie, Opladen 1997, S. 106–113.
[20] Vgl. Walther Müller-Jentsch/Hans Joachim Spreng/Irmgard Weyrather, Neue Technologien in der Verhandlungsarena. Schweden, Großbritannien und Deutschland im Vergleich, München/Mering 1997, S. 95.
[21] Vgl. Fred Manske/Wolfgang Pelull, Industrieroboter: Die Eisernen Diener?, in: Kritisches Gewerkschaftsjahrbuch 1980/81, S. 16–24.

wurden, ging zuvorderst auf das Auslaufen des Nachkriegsbooms zurück. Wenngleich dem Comeback der Konjunkturzyklen im Grunde eher eine Rückkehr zu den säkularen Trends zugrunde lag, so erhielt diese ihr krisenhaftes Gepräge durch die Überschneidung mit der Wettbewerbsverschärfung und dem *take-off* neuer Technologien: Die Anpassung an diese Herausforderungen war nicht länger unter den benevolenten Rahmenbedingungen des *golden age* möglich, sondern stand im Zeichen sinkender Gewinnmargen und vielfältiger Abstiegsängste. Statt um die Frage, wie wachsender Wohlstand zu verteilen sei, ging es nun um die Zukunft von Betrieben und Beschäftigten, ja von ganzen Branchen und Regionen. Rationalisierungsdruck und Rationalisierungspotentiale fielen somit zeitlich wie kausal zusammen und bestimmten den Rahmen, in dem die industriellen Arbeitsbeziehungen verhandelt wurden. Für Arbeitgeber und Management ergaben sich aus den strategischen Herausforderungen opportune Lösungswege: Internationalisierung und technologischer Umbruch eröffneten Potentiale für Produkt-, Prozess- und organisatorische Innovationen, um Kosten zu senken und Marktanteile zu festigen oder gar auszubauen. Viele Unternehmen setzten daher auf Investitionen in neue Technologien ebenso wie auf Personalabbau. Arbeitsplatzprofile und -anforderungen wurden flexibilisiert, Ausstoß, Qualität und Entlohnung korreliert, Pausen und Überstunden gestrichen, zusätzliche Anreizsysteme geschaffen[22].

Arbeitnehmern und Gewerkschaften stellte sich die Situation ambivalent dar. Für sie bedeuteten neue Technologien, Regeln und Routinen ungewohnte, oft zusätzliche Anforderungen im Arbeitsalltag und eine Vielzahl schwer abzuschätzender Risiken. Anderseits boten sich Chancen auf mehr Beschäftigung, höhere Löhne und bessere Qualifikation. Daher verfielen die Gewerkschaften keineswegs auf rein ablehnende Reaktionsmuster, sondern zeigten sich bemüht, den Verdacht des Maschinenstürmertums von vornherein auszuräumen. Technische Neuerungen wurden frühzeitig und interessiert aufgenommen, nicht selten in der Hoffnung, sich schwerer und gesundheitsgefährdender Tätigkeiten zu entledigen sowie mehr Freiraum für individuelle Selbstentfaltung zu erhalten. Zudem hofften führende Gewerkschaftsvertreter, durch Investitionen die Produktivität ihrer Branchen zu steigern, wettbewerbsfähige Selbstkosten zu erreichen und so bestehende Arbeitsplätze zu erhalten oder verlorene zurückzugewinnen. In diesem

---

[22] Vgl. Ray Markey, New Technology, the Economy and the Unions in Britain, in: JIR 24 (1982), S. 557–577, hier S. 558.

Sinne führten Vertreter der britischen Automobilarbeiter die nicht kompetetiven Kostenstrukturen anders als die Arbeitgeber nicht auf die Streikintensität zurück, sondern auf zu geringe Kapitalinvestitionen[23].

Entsprechend forderte der TUC in seiner *Campaign for Economic and Social Advance* Ende der 1970er Jahre ähnlich wie der DGB, gemeinsame Anstrengungen von Arbeitnehmern, Arbeitgebern und Staat. Öffentliche Investitionen, Regierungsunterstützung und langfristige, tripartistisch verhandelte Planung sollten kombiniert werden, um moderne Technologien so einzusetzen, dass sie notleidende Industrien konsolidierten und neue Beschäftigungsfelder erschlossen. Zugleich sollten Rationalisierungsgewinne allen Beteiligten gleichermaßen zugute kommen, etwa in Gestalt von Beschäftigungsgarantien, sozialer Absicherung, Qualifizierungsoffensiven sowie kürzerer Wochen- und Lebensarbeitszeit, um die vorhandene Erwerbsarbeit gerechter zu verteilen[24].

Was auf den ersten Blick wie eine offensive Strategie zur Bewältigung des Strukturwandels aussah, war tatsächlich eher ein Rückzugsgefecht. Die lange diskutierten Ideen wurden erst spät in Kampagnenform gegossen, und der Ruf nach Kooperation war schwerlich ein Zeichen von Stärke, gerade im Falle der britischen *unions*, die es bis dato mehrheitlich abgelehnt hatten, sich in die Rolle von Co-Managern zu begeben[25]. Vielmehr versuchten die Arbeitnehmervertreter nun im Wege der Verständigung zu erreichen, was als Forderung nicht durchzusetzen war. In der Prosperitätsphase hatten Gewerkschaften einen verhältnismäßig leichten Stand gehabt, Rationalisierungsvorhaben aufzuhalten, solange weiterhin absolute Gewinne erwirtschaftet worden waren und ihr Potential, kostenintensiven Widerstand zu leisten, etwaige Vorteile aufgewogen hatte. Trübe Konjunkturaussichten und strukturelle Arbeitslosigkeit verschlechterten ihre Verhandlungsposition jedoch eklatant. Je mehr Arbeitsplätze durch neue Technologien überflüssig wurden und je kräftiger die Arbeitslosenziffern stiegen, desto weniger glaubwürdig klangen Streikdrohungen. Verschärfter Wettbewerb und technologische Innovation verschoben die Initiative sichtlich zugunsten der Kapitaleigner und unterstrichen somit die grundsätzlich reaktive Grunddisposition von Arbeitnehmer-

---

[23] Vgl. Thomas Fetzer, Driven towards Internationalisation. British Trade Unions Politics at Ford and Vauxhall 1960–2001, Diss., Florenz 2008, S. 159, S. 198f., S. 209f. und S. 212–216.
[24] Vgl. Markey, Technology, S. 560f.
[25] Vgl. Fetzer, Internationalisation, S. 211f., S. 217f. und S. 369.

vertretungen. Auf Unternehmerforderungen nach mehr Lohnflexibilität und Mobilität sowie nach Abbau des Kündigungsschutzes und Einschnitten ins soziale Netz fanden sie wenig mehr als defensive Antworten.

Angesichts der 30.000 Arbeitsplätze, die in der westdeutschen Druckindustrie zwischen 1970 und 1976 verloren gegangen waren, beschloss die IG Druck und Papier 1978 einen Streik, um das Berufsbild des Schriftsetzers zu erhalten und die Kerntruppe der Traditionsgewerkschaft zu schützen. Am Ende stand jedoch nicht mehr als ein befristetes Rationalisierungsschutzabkommen, das zudem den eigenen Regelungsbereich zugunsten betrieblicher Vereinbarungen beschnitt[26]. Unterdessen erwiesen sich die Erfolge der britischen Kollegen auf den zweiten Blick als Pyrrhussieg. Der 1978/79 ausgefochtene Arbeitskampf bei der „Times" führte nicht zu dauerhaften Sicherungen für die Beschäftigten, wohl aber zum Verkauf des Verlagshauses an Rupert Murdochs Gruppe *News International*, die in den folgenden Jahren eine radikal antigewerkschaftliche Politik verfolgen sollte[27].

Dass diese erfolgreich war, wird meist dem neoliberalen Kurswechsel der 1979 ins Amt gewählten konservativen Regierung unter Führung Margaret Thatchers zugeschrieben. Eine Welle dezidiert gewerkschaftsfeindlicher Gesetze versetzte die Arbeitgeber in die Lage, ihre Position bei Löhnen und Arbeitszeiten, Prozessinnovationen und Standortverlagerungen gegen die Interessen der Beschäftigten durchzusetzen, denen effektiver Widerstand durch die Aufhebung ihrer zivilrechtlichen Immunitäten, das Verbot des *closed shop* und die weitgehende Ausschaltung von Streikposten praktisch versagt wurde[28]. Nicht minder wichtig war die Ermutigung, die das Kabinett Thatcher jenen Unternehmern zuteil werden ließ, die willens waren, den Mythos Gewerkschaftsmacht auf die Probe zu stellen; im *Miners Strike* von 1984/85 statuierte die Regierung selbst das Exempel[29].

Dennoch scheint fraglich, inwieweit der harte Kurs Thatchers tatsächlich ausschlaggebend war, da die doppelte Dynamik von

---

[26] Vgl. Tarifvertrag „Neue Technik" in der Druckindustrie 1978, in: Gewerkschaftliche Monatshefte 29 (1978), S. 310–316.
[27] Vgl. John Gennard, A History of the National Graphical Association, London 1990, S. 479–484.
[28] Vgl. Wrigley, Trade Unions, S. 73–77; Andrew Gamble, The Free Economy and the Strong State. The Politics of Thatcherism, Basingstoke/London 1988, S. 117–127.
[29] Vgl. Wrigley, Trade Unions, S. 46 und S. 76f.

Internationalisierung und technologischem Wandel nicht politisch induziert war[30]. Auch das westdeutsche Beispiel spricht eher dagegen, die Niederlagen der organisierten Arbeiterbewegung in den 1980er Jahren allein auf die konservative „Tendenzwende" zurückzuführen. Zwar stand den Gewerkschaften seit 1982 auf bundespolitischer Ebene eine christlich-liberale Koalition gegenüber, die korporatistischen Arrangements wenig aufgeschlossen begegnete, soziale Leistungen kürzte und die finanziellen Spielräume der Gewerkschaften im Arbeitskampf empfindlich beschnitt[31]. Mit marktliberalem Radikalismus à la Thatcher war dies indes nicht gleichzusetzen, fehlte dem Kabinett Kohl doch ein „verbindliches wirtschafts- und gesellschaftspolitisches Konzept"[32].

Wenngleich es kaum Absicht der neuen Bundesregierung war, die gewerkschaftliche Organisationsmacht per se zu zerstören, ähnelten sich die deutschen und britischen Entwicklungen doch frappierend. Die zentralen Arbeitskämpfe der 1980er Jahre wurden nicht gewonnen, der Organisationsgrad war rückläufig, und immer mehr Mitglieder kehrten einer Arbeiterbewegung den Rücken, deren Positionen immer weniger öffentliche Resonanz fanden. Neben den empfindlichen Niederlagen in ihren Kernzuständigkeiten Arbeitszeit, Entlohnung und Arbeitsplatzsicherheit trugen dazu auch eigene Versäumnisse bei. Die Gewerkschaften hatten sich in den Jahrzehnten zuvor nicht ausreichend mit der Verbürgerlichung vieler Mitglieder und den Konsequenzen für ihre eigene Mobilisierungsfähigkeit auseinandergesetzt. Neue Strategien, um über das Ende der Proletarität hinaus Arbeitnehmer in großer Zahl zu organisieren, waren überschaubar, nicht zuletzt weil das Sozialprofil von Mitgliedern und mehr noch von Funktionären eklatante Schieflagen zeigte: Sie waren zu alt, zu männlich und zu weiß respektive zu deutsch. Gerade gegenüber den Neuen Sozialen Bewegungen und ihren moderneren, offeneren Repräsentations- und Aktionsformen verloren die Gewerkschaften an Boden, noch verstärkt durch den Niedergang des Ostblocks, der jegliche Kapitalismuskritik zumindest kurzfristig zu diskreditieren schien. Ein weiteres Problem betraf die Facharbeiter unter den Gewerkschaftsmitgliedern: Über Jahrzehnte das Rückgrat der Arbeiterbewegung, erlebten sie die technologischen Wandlungsprozesse vielfach als

---

[30] Vgl. Fetzer, Internationalisation, S. 378f.
[31] Vgl. Klaus Schönhoven, Die deutschen Gewerkschaften, Frankfurt a.M. 1987, S. 248f.
[32] Tim Schanetzky, Die große Ernüchterung. Wirtschaftspolitik, Expertise und Gesellschaft in der Bundesrepublik 1966 bis 1982, Berlin 2007, S. 257.

Dequalifizierung. Ihre traditionsreichen, sozial und ökonomisch privilegierten Berufe wurden marginalisiert, ihre Fähigkeiten nicht mehr benötigt. Die Versuche, ihre Vorrechte und Statusvorteile zu wahren, brachten die Betroffenen in einen Interessengegensatz zu den weniger handwerklich als allgemein (an)gelernten, flexibleren Kräften, die von der Schleifung traditioneller Qualifikationsbastionen profitieren konnten. Dieser Konflikt fiel im britischen *multi union*-System mit seiner Unterscheidung von *craft* und *industrial* ungleich schärfer aus als in den deutschen Einheitsgewerkschaften und implizierte eine zusätzliche Schwäche, die erst mit der Fusionswelle der 1980er und 1990er Jahre allmählich überwunden wurde[33].

Ein letztes Versäumnis lag in der defizitären Internationalisierung. Trotz aller Beteuerungen grenzüberschreitender Solidarität hatten sich Gewerkschaften allzu lange als nationale Interessenvertretungen verstanden und sich gerade deswegen offen für die Standortlogik des Managements und die Forderungen nach niedrigeren Lohn- und Sozialstandards gezeigt, wenn es darum ging, „ihre" Werke vor Konkurrenz zu schützen. Eigene europäische oder gar darüber hinausgehende Organisationsbemühungen blieben lange Stückwerk oder kamen über Lippenbekenntnisse nicht hinaus. Ansätze, dies zu überwinden, zeigten sich erst in den *European Works Councils* der 1980er Jahre, die zudem die Kehrtwende der britischen Gewerkschaften von einer europafeindlichen Haltung zu einer Politik des rettenden Strohhalms markierten: Angesichts ihrer weitgehenden Marginalisierung und Entrechtung im Vereinigten Königreich wurde nun die europäische Ebene zur Ersatzarena, die freilich weder den nationalen Bedeutungsverlust ausglich noch zum Katalysator eines wirklich einheitlichen Vorgehens avancierte.

3. Niedergang und neue Wege

Politische Entscheidungen beeinflussten somit die Geschwindigkeit und Radikalität von Reform- und Verfallsprozessen. Die Interventionen der britischen Regierung zerschlugen die Kampfkraft der Gewerkschaften und verwiesen sie als gesellschaftliche Akteure auf die hinteren Plätze. Mangelnde Erfolge und abnehmende gesellschaftliche Repräsentativität schwächten sie zudem als intermediäre

---

[33] Vgl. Gennard, History, S. 180f.; Wrigley, Trade Unions, S. 32ff.; Peter Cook, The Industrial Craftsworker. Skill, Managerial Strategies and Workplace Relationships, London 1996, S. 219–282.

Instanz, die ihre Mitglieder in das politische und soziale Gemeinwesen integrierte und legitime Mitspracheansprüche anmelden konnte. Dies galt im Grundsatz ebenfalls für die Bundesrepublik, wo die Gewerkschaften hinlänglich damit beschäftigt waren, den Mitgliederschwund zu bremsen. Auf der anderen Seite profitierten die deutschen Arbeitnehmervertreter davon, dass der Flächentarifvertrag durch betriebliche Vereinbarungen zwar in seiner Wirkung beschnitten, aber nicht aufgegeben wurde. In Großbritannien hingegen waren 1998 nur noch 40 Prozent aller Beschäftigten vom *collective bargaining* erfasst, und nur noch 13 Prozent der industriellen Abkommen wurden mit mehr als einem Arbeitgeber getroffen[34].

Entscheidenden Anteil an diesem Bedeutungsverlust hatte die Trias aus technologischem Fortschritt, konjunkturellem Abschwung und internationalem Wettbewerb. Dadurch wurden die für die industriellen Arbeitsbeziehungen ausschlaggebenden Koordinaten neu definiert und die Arbeitnehmerposition beträchtlich geschwächt. Streik blieb eine weitgehend stumpfe Waffe angesichts anhaltender struktureller Erwerbslosigkeit sowie dank neuer Informations- und Transporttechnologien, die Verlagerungen erleichterten. Strategische Fehler der Gewerkschaften und Pfadabhängigkeiten begünstigten diese Entwicklung: Organisationslernen erforderte Zeit, wurde meist erst mit großer Verzögerung in praktische Politik umgesetzt und erreichte oft nicht die Basis. Darin ähnelten sich, trotz unterschiedlicher institutioneller Voraussetzungen, die britischen und deutschen Entwicklungen – ebenso wie im Trend zur Fusionierung: Mitte der 1990er Jahre entschieden sich die Druckgewerkschaften in der Bundesrepublik und in Großbritannien fast zeitgleich, in größeren, industrieübergreifenden Vereinigungen – Amicus und ver.di – aufzugehen.

Dies war das Eingeständnis der eigenen Niederlage. Unter dem Eindruck der doppelten Erwartungshaltung, bei schrumpfenden Verteilungs- und Verhandlungsspielräumen sowohl die Arbeitsplätze der eigenen Mitglieder zu sichern als auch glaubhafte Strategien zum Abbau der Arbeitslosigkeit zu entwickeln, gelang es den Gewerkschaften nicht, ihre Forderungen nach Zuständigkeitsmonopolen, Qualifizierungsmaßnahmen und Umverteilung von Arbeitszeit durchzusetzen. Von der Dynamik des Wandels überholt, verloren sie – wechselseitig bedingt – Einfluss und Mitglieder.

---

[34] Vgl. Chris Howell, Trade Unions and the State. The Construction of Industrial Relations Institutions in Britain, 1890–2000, Princeton/Oxford 2005, S. 162; für die Entwicklung der letzten zehn Jahre vgl. Craig Barrat, Trade Union Membership 2008, London 2009, S. 33–37.

Ein Weg aus dieser Sackgasse scheint noch immer nicht gefunden. In Großbritannien setzt man weiterhin auf große Einheiten: *Unite the Union*, die weitgespannte *Umbrella*-Gewerkschaft, in der Amicus 2007 aufging, kündigte jüngst an, sich künftig transatlantisch zu orientieren. In Deutschland deuten unterdessen die letzten Tarifkonflikte einen möglichen Trend zu kleineren, berufsständisch organisierten und geschlossen agierenden Vertretungen an, deren Verständnis ihres gesellschaftlichen Auftrags allerdings begrenzt ist. Ob dies Gewerkschaften neuen oder doch eher alten Typs sind, wird sich erst zeigen müssen.

Alois Wacker
Arbeitslosigkeit als Thema der Sozialwissenschaften

Geschichte, Fragestellungen und Aspekte der Arbeitslosenforschung

1. Arbeitslosigkeit in der Geschichte

Um die Jahreswende 1876/77, also zur Zeit der deutschen „Gründerkrise", klopften im damaligen Industriedorf Linden – heute ein Stadtteil von Hannover – Beamte der Königlichen Polizei an alle Haustüren und erkundigten sich nach der Zahl der im Haushalt lebenden Arbeitslosen. Das Ergebnis dieser kleinen Umfrage wurde Ende Januar 1877 veröffentlicht. Man ermittelte unter anderem, dass zum Zeitpunkt der Befragung in Linden etwa 160 Familien lebten, „deren Ernährer" – wie es in dem Bericht heißt – „schon seit Wochen ohne Arbeit und jeglichen Verdienst sind"[1].

Die Schutzleute fragten – modern gesprochen – auch nach den verfügbaren persönlichen Ressourcen und nach familiären beziehungsweise individuellen *Coping-* oder Überlebensstrategien, um mit der Notlage fertig zu werden. Denn es heißt weiter: „Mühsam und kümmerlich suchen zum Theil diese Familien sich durchzuhelfen, indem sie entweder Sachen versetzen oder Unterstützung von Seiten der Commune beanspruchen, auch wohl Schulden contrahiren oder die Mildtätigkeit Begüterter in Anspruch nehmen." Ziel der Umfrage war es, das Ausmaß der Hilfsbedürftigkeit in den arbeitslosen Familien und Haushalten zu ermitteln. Wie in vielen anderen deutschen Kommunen machten sich nämlich auch in Linden die Stadtväter Sorgen wegen der drohenden zusätzlichen Belastung der Gemeindefinanzen; denn der Bericht fährt fort: „Länger ist indes ein solcher Zustand nicht haltbar. Sie [die Arbeitslosen] werden alle der Armen-Verwaltung zur Last fallen, da sie in Linden ihren Unterstützungs-Wohnsitz haben."

---

[1] HStA Hannover, Hann. 180 Hannover Nr. 1378, S. 1f.; die folgenden Zitate finden sich ebenda, S. 2; vgl. auch Jochen Mignat, Arbeitslosigkeit in Hannover 1877 bis 1989, in: Hannoversche Geschichtsblätter N.F. 44 (1990), S. 79–132, und Rolf Wabner, Lernen aus verpaßten Chancen. Zur Geschichte der hannoverschen Arbeiterbewegung 1815–1933, Köln 1982.

Um diese Aussage richtig einordnen zu können, muss man wissen, dass die Wohngemeinde im Rahmen der kommunalen Armenfürsorge zur Unterstützung „ihrer" hilfsbedürftigen Armen verpflichtet war[2]. Anspruch auf Unterstützung hatten alle, die seit mindestens zwei Jahren in der Gemeinde gemeldet waren[3]. Auch hatte es Tradition, sich zur Bekämpfung der Armut der Polizei zu bedienen[4]. Noch in anderer Hinsicht ist diese kaum bekannte Umfrage aufschlussreich: Sie wurde wenige Jahre nach dem Beginn der großen Depression 1873, der „erste[n] Rezession des industrialisierten Deutschland"[5], durchgeführt. Sie fand also am Beginn des gewaltigen gesellschaftlichen Transformationsprozesses statt, der Deutschland ins Industriezeitalter katapultierte und Arbeitslosigkeit als „Nichtbeschäftigung lohnabhängiger Arbeitskräfte [...], die zwar rechtlich frei, aber wirtschaftlich auf die Fremdverwertung ihrer Arbeitsleistung als des einzigen und persönlichen Mittels ihrer Existenzerhaltung angewiesen sind"[6], zu einem wiederkehrenden Massenphänomen machte, das Politik und Sozialwissenschaften zunehmend beschäftigte.

2. Zur Geschichte der Arbeitslosigkeit – zur Geschichte der Arbeitslosenforschung

Vor diesem Hintergrund möchte ich zunächst die Frage erörtern, wann eigentlich die sozialwissenschaftliche Forschung begann, das neuartige Phänomen ökonomisch bedingter Nichtbeschäftigung als Untersuchungsgegenstand zu entdecken. Hinweise finden sich in einigen Darstellungen zur Geschichte der Arbeitslosigkeit[7], in

---

[2] Vgl. Frank Niess, Geschichte der Arbeitslosigkeit. Ökonomische Ursachen und politische Kämpfe: Ein Kapitel deutscher Sozialgeschichte, Köln ²1982, S. 97.
[3] Vgl. Gerhard A. Ritter, Soziale Frage und Sozialpolitik in Deutschland seit Beginn des 19. Jahrhunderts, Opladen 1998.
[4] Vgl. Eckart Pankoke, Von „guter Policey" zu „socialer Politik". „Wohlfahrt", „Glückseligkeit" und „Freiheit" als Wertbindung aktiver Sozialstaatlichkeit, in: Christoph Sachße/Florian Tennstedt (Hrsg.), Soziale Sicherheit und soziale Disziplinierung, Frankfurt a.M. 1986, S. 148–180.
[5] Bénédicte Zimmermann, Arbeitslosigkeit in Deutschland. Zur Entstehung einer sozialen Kategorie, Frankfurt a.M. 2006, S. 41f.
[6] Walter Bogs, Arbeitslosigkeit (II) Arbeitslosenfürsorge und Arbeitslosenversicherung, in: Erwin von Beckerath (Hrsg.), Handwörterbuch der Sozialwissenschaft, Bd. 1, Göttingen 1956, S. 312–320, hier S. 312.
[7] Vgl. z.B. John A. Garraty, Unemployment in history. Economic thought and public policy, New York 1978; John Burnett, Idle hands. The experience of unemployment, 1790–1990, London 1994.

denen die ältere Literatur zum Teil ausführlich ausgewertet wird. Auch könnte man vermuten, in Arbeiten zur Geschichte der empirischen Sozialforschung fündig zu werden; die Geschichte der Arbeitslosenforschung wird dort jedoch bestenfalls am Rande gestreift.

Die Suche nach den Anfängen sozialwissenschaftlicher Arbeitslosenforschung schließt zudem eine Offenlegung der Datierungskriterien ein. Eine Diskussion darüber fehlt meines Wissens jedoch bisher in der einschlägigen Literatur. Üblicherweise lässt man die Arbeitslosenforschung zur Zeit der ersten Weltwirtschaftskrise mit der bekannten Studie „Die Arbeitslosen von Marienthal" oder – seltener – mit der ebenfalls 1933 erschienenen Dissertation des amerikanischen Soziologen Edward Wight Bakke beginnen[8]. Liest man beide Studien heute, so fällt auf, dass jede Bezugnahme auf andere Autoren und Untersuchungen, das heißt eine Darstellung des damaligen Forschungsstands, fehlt. Dies hat vermutlich dazu beigetragen, die Entstehung einer sozialwissenschaftlichen Arbeitslosenforschung mit dem Erscheinungsjahr dieser beiden Studien – 1933 – zu identifizieren.

Bénédicte Zimmermann wählte in ihrer Arbeit einen anderen Weg. Sie untersuchte, wann das Wort Arbeitslosigkeit in der deutschen Sprache gebräuchlich wurde und wann staatliche Institutionen begannen, Menschen als arbeitslos zu etikettieren und zu registrieren. Ihre wichtigste Quelle stellt eine Bibliographie aus dem Jahre 1904 dar[9], die belegt, dass Arbeitslosigkeit vor etwa 1890 in Deutschland kein Thema gewesen sei, während die Zahl einschlägiger Publikationen nach 1890 gleichsam explodierte[10]. Auch John Garraty, ein Ökonom aus den USA, verweist auf den allgemeinen Sprachgebrauch und meint mit Blick auf Großbritannien, der Begriff Arbeitslosigkeit habe sich erst gegen Ende des 19. Jahrhunderts allgemein durchgesetzt[11].

Dass Arbeitslosigkeit in den Industriestaaten Europas in der zweiten Hälfte des 19. Jahrhunderts erst allmählich als eigenständiges, von Armut zu unterscheidendes soziales Problem erkannt und

---

[8] Vgl. Marie Jahoda/Paul F. Lazarsfeld/Hans Zeisel, Die Arbeitslosen von Marienthal. Ein soziographischer Versuch mit einem Anhang zur Geschichte der Soziographie, Konstanz 1960 (Erstausgabe 1933); Edward Wight Bakke, The unemployed man: A social study, London 1933.
[9] Vgl. Emil Krüger, Bibliographie der Arbeitslosenfürsorge. In dänischer, deutscher, französischer, holländischer, italienischer, norwegischer, portugiesischer, spanischer und tschechischer Sprache gesammelte Berichte, Berlin 1904.
[10] Vgl. Zimmermann, Arbeitslosigkeit, S. 41 f.
[11] Vgl. Garraty, Unemployment in history, S. 4.

anerkannt wurde, ist mittlerweile gut untersucht und weitgehend unstrittig[12]. 1885 ging man im Rahmen der reichsweiten Vereinheitlichung der Armenfürsorge in Deutschland zum Beispiel dazu über, zwischen elf Armutsursachen und damit zwischen elf Gruppen von Armen zu unterscheiden[13]. In der deutschen Sozialstatistik wurde Arbeitslosigkeit nun – neben Krankheit, Verletzung des Ernährers, Altersschwäche, Arbeitsscheu – neu als Armutsursache eingeführt. Im diskursanalytischen Jargon Zimmermanns wurde Arbeitslosigkeit damit erstmals als eigenständiges Phänomen „sozial sichtbar".

Aus dem Blickwinkel des empirischen Sozialforschers wäre es allerdings höchst ungewöhnlich, wenn die dramatischen Konjunkturausschläge in der Anfangsphase der Industrialisierung und ihre Auswirkungen nicht früher das Interesse der entstehenden Sozialwissenschaften auf sich gezogen hätten. Selbst Karl Marx unternahm 1880 den – bekanntlich gescheiterten – Versuch einer Industriearbeiterbefragung, in der auch das Problem des Arbeitsplatzverlusts thematisiert wurde[14]. Eine weitere Möglichkeit, den Beginn einer sozialwissenschaftlichen Arbeitslosenforschung zu bestimmen, liegt daher in der Suche nach thematisch einschlägigen empirischen Studien. In Großbritannien, wo nicht nur die Industrialisierung, sondern auch die empirische Sozialforschung früher einsetzte als in Deutschland[15], entstand in der ersten Hälfte des 19. Jahrhunderts eine Vielzahl von Sozialenqueten[16]. Bereits 1840 untersuchte der Arzt, Medizinalstatistiker und Soziologe Louis René Villermé auf der Basis einer vergleichenden Feldstudie Arbeitsbedingungen und Arbeitslosigkeit in der schweizerischen und französischen Textilindustrie[17].

---

[12] Vgl. Burnett, Experience, S. 146.
[13] Vgl. hierzu und zum Folgenden Zimmermann, Arbeitslosigkeit, S. 57.
[14] Vgl. Karl Marx, Fragebogen für Arbeiter (1880), in: Marx – Engels, Werke (MEW), hrsg. vom Institut für Marxismus-Leninismus beim ZK der SED, Bd. 19, Berlin 1969, S. 230–237, hier S. 230ff.
[15] Vgl. Bernard Lècuyer/Anthony Oberschall, The early history of social research, in: David L. Sills (Hrsg.), International encyclopedia of the social sciences, Bd. 15, New York 1968, S. 36–53, und Wolfgang Bonß, Die Einübung des Tatsachenblicks. Zur Struktur und Veränderung empirischer Sozialforschung, Frankfurt a.M. 1982.
[16] Vgl. z.B. Friedrich Engels, Die Lage der arbeitenden Klasse in England. Nach eigener Anschauung und authentischen Quellen (1845), in: MEW, Bd. 2, S. 224–506; Johannes Fallau, Einige Mitteilungen über die Einrichtung statistischer Enqueten in England, Frankreich und Belgien, mit einer Schlußanwendung auf den deutschen Zollverein, in: Zeitschrift für die Gesamte Staatswissenschaft 3 (1846), S. 725ff.
[17] Vgl. Louis R. Villermé, Tableau de l'état physique et moral de ouvriers employeés dans les manufactures de coton, de laine et de soie, Paris 1840.

Problemwahrnehmung und Problembewusstsein waren also – zumindest in bestimmten Kreisen – schon weit vor 1890 entwickelt. 1849 publizierte Rudolf Virchow seine berühmten „Mitteilungen über die in Oberschlesien herrschende Typhus-Epidemie", in der er als Heilmittel zur Linderung des Elends Maßnahmen der Wirtschaftsförderung vorschlug und so zum Begründer der Sozialmedizin wurde[18]. Insgesamt – und dafür ist auch die eingangs erwähnte Lindener Umfrage ein spätes Beispiel – gilt wohl Oberschalls Feststellung: „Auch vor 1870 hat es in Deutschland schon [...] Erhebungen gegeben; aber diese wurden im kleinen, örtlich begrenzten Rahmen durchgeführt."[19]

In seiner in den 1870er Jahren begonnenen Studie über die Hausindustrie in den Taunusdörfern untersuchte der Frankfurter Privatgelehrte Gottlieb Schnapper-Arndt die Folgen der lokalen Wirtschaftskrise, er redete aber statt von Arbeitslosigkeit von der „plötzlichen Brotlosigkeit" der Beschäftigten – mit dem bezeichnenden Zusatz „infolge industrieller Krisen"[20]. Ähnlich sprach Friedrich Engels in einer seiner Elberfelder Reden aus dem Jahre 1845 mal von der großen „Anzahl brotloser Arbeiter", mal von der „großen Anzahl arbeitsloser Leute" beziehungsweise den „Arbeitslosen"[21]. Albert Johann Dufour-Feronce und Gustav Harkort widmeten ihre 1848 erschienene Denkschrift dem „Verein der brodlosen Arbeiter"[22]. Das „Zentralkomitee für Arbeiter" forderte im April 1848 in Berlin die „Beschäftigung der Arbeitslosen in Staatsanstalten"[23]. Auf dem Kongress der Arbeitervereine im August desselben Jahres wurde dann erstmals die Forderung nach Einrichtung einer „staatlichen Arbeitslosenunterstützung" erhoben[24]. Selbst wenn also Mitte des 19. Jahrhunderts im Falle entlassener Arbeiter

---

[18] Rudolf Virchow, Die Not im Spessart. Mitteilungen über die in Oberschlesien herrschende Typhus-Epidemie, Darmstadt 1968.
[19] Anthony Oberschall, Empirische Sozialforschung in Deutschland 1848–1914, Freiburg 1997, S. 43.
[20] Gottlieb Schnapper-Arndt, Hoher Taunus. Eine sozialstatistische Untersuchung in fünf Dorfgemeinden, Allensbach 1975, hier S. 155.
[21] Friedrich Engels, Zwei Reden in Elberfeld (vorgetragen am 8. und 15. 2. 1845), in: MEW, Bd. 2, S. 536–557, hier S. 544f.
[22] Vgl. Albert Johann Dufour-Feronce/Gustav Harkort, Versuch zur Beantwortung einiger der durch die Commission für Erörterung der Gewerbs- und Arbeits-Verhältnisse in Sachsen aufgestellten Fragepunkte, Leipzig 1848.
[23] Zit. nach Arno Klönne, Die deutsche Arbeiterbewegung. Geschichte, Ziele, Wirkungen, Düsseldorf ²1981, hier S. 24.
[24] Hans Limmer, Die deutsche Gewerkschaftsbewegung, 3. völlig überarbeitete Aufl., München 1970, hier S. 18.

in Deutschland noch nicht durchgängig von Arbeitslosigkeit gesprochen wurde, war das Wort offensichtlich bekannt und in Gebrauch. Die sogenannte Arbeiter- oder „soziale Frage"[25] beschäftigte nicht nur Polizei und Politik, sondern auch die Sozialwissenschaften und die entstehende empirische Sozialforschung.

Charakteristisch für diese erste Phase sozialwissenschaftlicher Auseinandersetzung mit dem Thema Arbeitslosigkeit war allerdings, dass – in den Industriestaaten mindestens noch bis zur Weltwirtschaftskrise – Arbeitslosigkeit und Armut wie Zwillinge zusammengehörten. Angesichts unzureichender sozialer Unterstützungssysteme war Hunger eine der unvermeidlichen Folgen länger anhaltender Erwerbslosigkeit. Noch 1933 fand der US-amerikanische Journalist Robert McMurry für seinen nach einem Besuch in Marienthal entstandenen Artikel die Überschrift „When men eat dogs", um die extreme Notlage der Menschen zu verdeutlichen[26]. Und in den 1980er Jahren gab Marie Jahoda im Rückblick auf die Weltwirtschaftskrise zu bedenken: „Vielleicht sind ihre Resignation, Apathie und Hoffnungslosigkeit nicht Folge des *Arbeitsplatzverlustes*, sondern ihrer *Armut*."[27] An anderer Stelle betonte sie:

„Offenkundig gibt es zwei Faktoren, die die mentale Verfassung von Arbeitslosen potentiell erklären können: die plötzliche Verschlechterung des Lebensstandards, die allzu oft in Armut führt, wenn Zuwendungen und Ersparnisse aufgebraucht sind; oder der Verlust der Arbeit und der mit ihr verbundenen Lebensweise."[28]

Wir können also das folgende Zwischenfazit ziehen: Je nach Standpunkt und Präferenz lassen sich die Anfänge der Arbeitslosenforschung auf die Jahre 1933, 1890, 1885 oder 1849 datieren.

---

[25] Vgl. z.B. Wolfram Fischer/Georg Bajor, Die soziale Frage, Stuttgart 1967.

[26] Robert N. McMurry, When men eat dogs, in: The Nation vom 1.4.1933, S. 15–18.

[27] Marie Jahoda, Strategic questions in social research: The case of unemployment, in: Roy M. MacLeod (Hrsg.), Technology and the human prospect. Essays in honour of Christopher Freeman, London 1986, S. 157–172, hier S. 162 (Übersetzung und Hervorhebung durch den Autor).

[28] Marie Jahoda, Economic recession and mental health: Some conceptual issues, in: The Journal of Social Issues 44 (1988), S. 13–23, hier S. 17 (Übersetzung durch den Autor).

3. Was erschwert die Aufarbeitung der Geschichte der Arbeitslosenforschung?

Warum fällt es so schwer, die Anfänge sozialwissenschaftlicher Arbeitslosenforschung eindeutig zu datieren? Blickt man zurück auf die Situation um 1850, so fällt auf: Arbeitslosenforschung war seit ihren Anfängen multidisziplinär und ist es bis heute geblieben. Unter dem Dach der Sozialwissenschaften versammelten sich im 19. Jahrhundert – ohne Anspruch auf Vollständigkeit – Disziplinen wie Ökonomie, Staatswissenschaft, (Moral-)Statistik, Rechtswissenschaft, Sozialmedizin, Soziologie und Geschichtswissenschaft[29]. Der verständliche Blick von Soziologen oder Psychologen auf ihre eigene Fachgeschichte engt das Sichtfeld freilich unzulässig ein. Soll die Geschichte der Arbeitslosenforschung in ihrer ganzen Vielfalt und Breite aufgearbeitet werden, sind alle sozialwissenschaftlichen Disziplinen zu berücksichtigen. Will man Multidisziplinarität nicht nur empirisch konstatieren, sondern auch rechtfertigen, so bietet sich aus meiner Sicht ein Scheinwerfermodell an: Jede Wissenschaft besitzt eigene theoretisch-methodische Zugänge und eigene Fragestellungen, mit denen sie ihre Untersuchungsgegenstände auf ihre Weise konstituiert. Diese Eigentümlichkeit macht zwar die interdisziplinäre Zusammenarbeit alles andere als einfach, aber sie ermöglicht es, spezifische Aspekte eines Themas aus der jeweiligen Fachperspektive professionell zu erhellen. Im günstigen Fall können sich die disziplinären Sichtweisen perspektivisch ergänzen und ein besonderes Licht auf den Gegenstand der Untersuchung werfen. Aber keine einzelne Disziplin kennt oder hat das ganze Bild.

Erschwert wird die Aufarbeitung der Anfänge der Arbeitslosenforschung aber nicht nur durch die Vielzahl der Disziplinen, die Arbeitslosigkeit zu ihrem Thema gemacht haben, sondern auch dadurch, dass die empirische Beschäftigung mit der Arbeitslosigkeit in den Sozialwissenschaften fast zwangsläufig reaktiv erfolgt. Soziale Probleme werden also erst dann wissenschaftlich bearbeitet, wenn sie zu einem gesellschaftlichen Problem geworden sind. Diese Ausgangslage führte im Auf und Ab der Konjunktur zu einer diskontinuierlichen Beschäftigung der Sozialwissenschaften mit dem Thema Arbeitslosigkeit. Damit erhöhte sich zwangsläufig das Risiko, dass der erreichte Forschungsstand nicht beständig festgehalten wurde und nur mit Mühe fortgeschrieben werden konnte. Elisabeth Noelle-Neumann wies etwa im Zusammenhang mit der

---

[29] Vgl. Oberschall, Empirische Sozialforschung, S. 82 und S. 92.

Neuauflage der Marienthal-Studie im Jahre 1960 darauf hin, dass in der damaligen wirtschaftlichen Boomphase sowohl in Europa als auch in den USA „Marienthal" weitgehend vergessen war[30].

Da die Erscheinungsformen der Arbeitslosigkeit und ihre Folgen zudem stark durch die wirtschaftliche Entwicklung, das System der sozialen Sicherung im Falle der Erwerbslosigkeit und die gesellschaftlich dominierenden Wertorientierungen geprägt werden, entsteht das psychosoziale Profil der Arbeitslosigkeit gleichsam in jeder Epoche neu und muss empirisch auch neu bestimmt werden. Die Diskontinuität betrifft also nicht nur die Geschichte der Arbeitslosenforschung und ihre Fortschreibung; sie ist in gewisser Weise die notwendige Konsequenz historischer Veränderungen, die die Erscheinungsformen und die Erfahrung der Arbeitslosigkeit zeitgenössisch prägen. In diesem Sinne konstatierte Marie Jahoda in ihrem Vergleich der Arbeitslosigkeit der 1930er und der 1980er Jahre, dass sich seither vieles „radikal verändert" habe, so dass es „aus sozialpsychologischer Perspektive sinnvoll" sei, „zu untersuchen, ob sich die Erfahrungen aus den dreißiger Jahren heute wiederholen"[31].

Der französische Sozialpsychologe Serge Moscovici hat in den 1970er Jahren zur Kennzeichnung kollektiv geteilter Meinungen und Wirklichkeitsauffassungen das Konzept der „sozialen Repräsentation" vorgeschlagen. Vereinfacht gesagt sind soziale Repräsentationen für ihn Bilder, die „in unseren Köpfen herumschwirren, die wir jedoch nicht selbst geschaffen haben"[32]. Vielmehr übernehmen wir soziale Repräsentationen als gesellschaftlich geprägte und kulturell verankerte Wahrnehmungs- und Deutungsmuster aus unseren sozialen Netzwerken. Solche Bilder konservieren und tradieren kollektive gesellschaftliche Erfahrungen und Bewertungen und erleichtern uns die soziale Orientierung. Wenn dem so ist, dann besteht in Zeiten raschen gesellschaftlichen Wandels die Gefahr, dass unsere begrifflichen Analyseversuche die Veränderungen der Realität nur deshalb unzureichend erfassen, weil wir noch in aus der Vergangenheit übernommenen Kategorien denken und argumentieren. So fällt es uns heute meist schwer, bei Armut *nicht*

---

[30] Vgl. Elisabeth Noelle-Neumann, My friend Paul F. Lazarsfeld, in: International Journal of Public Opinion Research 13 (2001), S. 315–321.
[31] Marie Jahoda, Wieviel Arbeit braucht der Mensch? Arbeit und Arbeitslosigkeit im 20. Jahrhundert, Weinheim 1983, S. 62.
[32] Serge Moscovici, Geschichte und Aktualität sozialer Repräsentationen, in: Uwe Flick (Hrsg.), Psychologie des Sozialen. Repräsentationen in Wissen und Sprache, Reinbek 1995, S. 266–314, hier S. 281.

an Hunger zu denken, obwohl wir wissen, dass Einkommensarmut in Deutschland eher mit Übergewicht einhergeht.

Mit der Wiederkehr der Massenarbeitslosigkeit in den 1970er Jahren wurden zunächst die alten, überlieferten Bilder der Arbeitslosigkeit aus den 1930er Jahren reaktiviert, bis man entdeckte, dass sich die sozialstaatlichen Sicherungen in der Zwischenzeit signifikant verbessert hatten[33]. Das für diese Zeit charakteristische Schwanken zwischen Dramatisierung und Verharmlosung der Arbeitslosigkeitsfolgen hat sicherlich einen Grund in diesen tradierten Bildern von Arbeitslosenschicksalen aus der Zeit der Weimarer Republik, die mit dem Auftauchen der Massenarbeitslosigkeit wieder erinnert wurden. Solche Bilder können bekanntlich gesellschaftlich sehr wirkmächtig sein, müssen aber natürlich nicht der Realität entsprechen[34].

4. Fragestellungen und Themen der frühen sozialwissenschaftlichen Arbeitslosenforschung

Auch auf die Gefahr hin, allzu sehr zu vereinfachen, möchte ich für die Frühzeit der sozialwissenschaftlichen Arbeitslosenforschung drei große thematische Linien herausstellen. Zwei dieser Linien sind inhaltlich aufeinander bezogen und formulieren – aus unterschiedlichem Blickwinkel – eine Makroperspektive: Welche politisch-gesellschaftlichen Auswirkungen hatte, erstens, die periodisch wiederkehrende Massenarbeitslosigkeit im Rahmen des gesellschaftlichen Wandels Deutschlands von einer Agrar- zu einer Industriegesellschaft? Wie sollte, zweitens, die Gesellschaft auf den Tatbestand der periodisch auftretenden Massenarbeitslosigkeit reagieren?

Was die erste dieser beiden thematischen Linien betrifft, schrieb Bénédicte Zimmermann: „Die Lohnarbeit und die Armut, die sie hervorbrachte, bezeichneten ab der zweiten Hälfte des 19. Jahrhunderts [...] einen Raum, in dem sich unterschiedliche Diskurse über die Gesellschaft trafen: konservative, liberale und sozialistische." Während Marxisten die soziale Frage „als Motor der

---

[33] Vgl. Garraty, Unemployment in history, S. 251, und Marie Jahoda, Krankmachende Arbeitslosigkeit – gesundmachende Arbeit? Eine kritische Reflexion über die psychosozialen Funktionen der Arbeit, in: Freiheit + Gleichheit 4 (1983), S. 69–72.
[34] Die neuere empirische Arbeitslosenforschung hat überzeugend belegen können, dass trotz aller sozialstaatlichen Verbesserungen seit den 1930er Jahren Arbeitslosigkeit auch heute noch für die überwiegende Zahl der Betroffenen eine massive Verunsicherung und psychosoziale Belastung darstellt; vgl. auch den Beitrag von Steffen Jaksztat in diesem Band.

Revolution betrachteten, der mit dem kapitalistischen System verschwinden würde", versuchten die Reformer, „daraus eine neue Kategorie der öffentlichen Intervention zu machen"[35]. Marx hatte sich bekanntlich im „Elend der Philosophie" über jene lustig gemacht, die in der Armut nur das Elend sähen, „ohne die revolutionäre umstürzende Seite darin zu erblicken, welche die alte Gesellschaft über den Haufen werfen wird"[36]. Und Engels formulierte noch 1886 siegesgewiss: „[W]ährend die Zahl der Arbeitslosen von Jahr zu Jahr anschwillt, [...] können wir beinahe den Zeitpunkt berechnen, wo die Arbeitslosen die Geduld verlieren und ihr Schicksal in ihre eigenen Hände nehmen werden"[37]. Oder wie es dann 1926 auf dem 1. Kongress der Roten Gewerkschafts-Internationale ganz in der Tradition dieser heroischen Massenpsychologie hieß: „Ihr seid die ersten, die in diesen Kämpfen gelitten haben. Ihr werdet aber auch die ersten sein, die zum Angriff übergehen werden!"[38]

Wie Marie Jahoda in einem Interview Ende der 1970er Jahre zu Protokoll gab, stand noch in den 1920er Jahren in Wien genau diese Frage nach dem politischen Sozialisationspotential ökonomischer Krisenerfahrungen im Zentrum des Erkenntnisinteresses der jungen Sozialisten und Sozialwissenschaftler. In der Sozialistischen Partei Österreichs habe damals eine weitreichende Diskussion über die politische Wirkung der Massenarbeitslosigkeit stattgefunden: „Ein Teil der Diskutanten hat gesagt, es ruiniere die Arbeitslosen und mache sie apathisch; und der andere Teil hat gesagt, es führe zu einer Revolution."[39] Um zwischen beiden Positionen rational entscheiden zu können, wurde – mit politischer Rückendeckung durch die Partei – dann die Untersuchung in Marienthal durchgeführt.

Den politisch-wissenschaftlichen Gegendiskurs über die soziale Frage, der an die Stelle der Revolutionserwartung die Reform setzte, führten vor allem die Mitglieder des Vereins für Socialpolitik, dem neben Sozialwissenschaftlern und Juristen auch Ökonomen an-

---

[35] Zimmermann, Arbeitslosigkeit, S. 40f.
[36] Karl Marx, Das Elend der Philosophie. Antwort auf Proudhons „Philosophie des Elends" (1846/47), in: MEW, Bd. 4, S. 49–184, hier S. 143.
[37] Friedrich Engels, Vorwort zur englischen Ausgabe des Kapitals, in: MEW, Bd. 23, S. 36–40, hier S. 40.
[38] Zit. nach Ali Wacker, „...und wir können den Zeitpunkt beinahe berechnen, wo die Arbeitslosen ihre Geduld verlieren". Überlegungen zur Geschichte der Arbeitslosenbewegung, in: Hans Bosse u. a. (Hrsg.), Politische Psychologie, Frankfurt a.M. 1981, S. 125–150, hier S. 130.
[39] „Ich habe die Welt nicht verändert". Gespräch mit Marie Jahoda, in: Mathias Greffrath (Hrsg.), Die Zerstörung einer Zukunft. Gespräche mit emigrierten Sozialwissenschaftlern, Reinbek 1979, S. 103–144, hier S. 121 ff.

gehörten. Sie beantworteten die Frage: Wie soll eine Gesellschaft auf den Tatbestand der periodisch auftretenden Massenarbeitslosigkeit reagieren? mit der Aufforderung zur sozialstaatlichen Intervention. Sobald angesichts der nicht länger zu leugnenden Risiken kapitalistischen Wirtschaftens die Verantwortung und Zuständigkeit des Staates für die soziale Absicherung seiner Bürger im Prinzip anerkannt war, stellten sich eine Reihe eher technischer Fragen, die den administrativen Umgang mit Arbeitslosigkeit und den Arbeitslosen betrafen: Wie lässt sich zuverlässig feststellen, wie groß das Ausmaß der Arbeitslosigkeit und die Zahl der Arbeitslosen ist? Wer genau soll unter welchen Voraussetzungen in den Genuss sozialstaatlicher Unterstützung kommen? An welche individuellen Voraussetzungen soll die Gewährleistung der Unterstützung gebunden werden? In welchem Verhältnis stehen Arbeitsvermittlung und Arbeitslosenunterstützung? Welche Institutionen sollen die notwendigen Dienstleistungen erbringen? Wer legt die Ansprüche fest und wie hoch sollen sie sein? Es ist unschwer zu erkennen, dass uns diese Fragen noch heute beschäftigen.

Bénédicte Zimmermann kommentierte die damalige Debatte: „So wurde die Definition von Arbeitslosigkeit, die theoretisch klar zu sein schien, problematisch, wenn es darum ging, Kriterien für ihre statistische Identifizierung festzulegen."[10] Strategisch formuliert: Wie kann man den Missbrauch von Sozialleistungen verhindern und die Verwendung öffentlicher Mittel zur Unterstützung der Arbeitslosen rechtfertigen? Diese Frage, welche die Auseinandersetzung um ein staatliches Unterstützungssystem für Arbeitslose bekanntermaßen maßgeblich bestimmt hat, beruhte auf der sozialisationstheoretisch fundierten Überzeugung, dass der Mensch über keinen natürlichen Arbeitstrieb verfüge, ja, dass – wie Freud in einer berühmten Fußnote schrieb – dem Menschen eine „natürliche Arbeitsscheu" angeboren sei[11]. Traf diese Annahme zu – und diese Auffassung war weit verbreitet –, so bestand die Gefahr, dass die durch Arbeitslosigkeit erzwungene Untätigkeit Arbeitslose für die sich herausbildende Arbeitsgesellschaft unbrauchbar machte.

Wie tiefgreifend und lebhaft diesbezügliche Ängste und Befürchtungen waren, mögen zwei Äußerungen belegen, die in eine Zeit fallen, in der die staatliche Absicherung für den Fall der Arbeitslosigkeit im Prinzip bereits akzeptiert, aber die konkrete

---

[10] Zimmerman, Arbeitslosigkeit, S. 51.
[11] Sigmund Freud, Das Unbehagen in der Kultur, in: ders., Gesammelte Werke. Werke aus den Jahren 1925–1931, Bd. 14, Frankfurt a.M. ⁴1968, S. 419–506, hier S. 438.

Ausgestaltung noch heftig umstritten war. Im Jahre 1894 erklärte ein Zentrumsabgeordneter auf einem katholischen Kongress:

„Dauert die Arbeitslosigkeit lange, dann gewöhnt sich der vordem fleißige Arbeiter an den Müßiggang; zuerst wird er arbeitsscheu, dann verkommen und schließlich ein Verbrecher; und hat der Mann Kinder, so wird für sie das elterliche Haus, die Familie, die eine Schule sozialer Tugenden sein sollte, eine Schule der Sittenlosigkeit und des Verbrechens."[42]

Und ein Jahr später betonte der liberale Sozialpolitiker Otto von Boenigk:

„Er [der Arbeitslose] wird leicht den Mut verlieren und sich jenem fünften Stand, dem der Arbeitsscheuen, anschließen. Die aus der strammen Arbeit entspringende Befriedigung wird der Gewohnheit an ein dolce far niente Platz machen, das den Unglücklichen bald dem Branntwein, das heißt dem Verbrechen und seine Familie dem wirtschaftlichen Ruin entgegentreibt."[43]

Jedes staatliche Unterstützungsangebot finanzieller oder materieller Art musste daher zwingend mit Maßnahmen zur Aufrechterhaltung von Arbeitsmoral und Arbeitsdisziplin kombiniert werden. Wie schwierig diese Diskussion war, zeigt sich auch daran, dass das Gesetz über Arbeitsvermittlung und Arbeitslosenversicherung erst am 16. Juli 1927 verabschiedet werden konnte. Es wäre ein eigenes Thema, die heftige Kontroverse um die konkrete Ausgestaltung der Arbeitslosenversicherung darzustellen[44]. Letztendlich hat sich die Skepsis der damaligen Kritiker historisch bestätigt: Bei anhaltender Massenarbeitslosigkeit ist eine Versicherung überfordert und kann das für Versicherungen typische Prinzip des Risikoausgleichs nicht oder nur schwer durchhalten[45].

Die dritte thematische Linie ist weniger durch eine bestimmte Fragestellung gekennzeichnet als vielmehr durch die Methode: Man wollte den tatsächlichen Konsequenzen der Arbeitslosigkeit für die Betroffenen auf *empirischem* Wege auf die Spur kommen. Dies machte den Kern der entstehenden sozialwissenschaftlichen Arbeitslosenforschung aus, die sich bis heute primär als Wirkungsforschung versteht: Welche Konsequenzen sind mit Arbeitsplatzverlust und Arbeitslosigkeit verbunden? Wie verändert sich dadurch

---

[42] Zit. nach Zimmermann, Arbeitslosigkeit, S. 50.
[43] Zit. nach Niess, Geschichte der Arbeitslosigkeit, S. 58.
[44] Vgl. Karl Christian Führer, Arbeitslosigkeit und die Entstehung der Arbeitslosenversicherung 1902–1927, Berlin 1990.
[45] Vgl. Friedbert W. Rüb, Risiko: Versicherung als riskantes Geschäft, in: Stephan Lessenich (Hrsg.), Wohlfahrtsstaatliche Grundbegriffe, Frankfurt a.M. 2003, S. 303–330.

die physische, moralische und psychosoziale Verfassung der Betroffenen und ihrer Familien? Die unmittelbaren Folgen lagen im 19. und frühen 20. Jahrhundert offen zutage: Angesichts unzureichender oder überforderter sozialer Sicherungssysteme drohten jedem, der längere Zeit ohne Erwerbsarbeit blieb und nicht über Rücklagen verfügte, Hunger und Obdachlosigkeit. Die mittelbaren gesundheitlichen Folgen von Arbeitslosigkeit – Unterernährung und erhöhte Krankheitsanfälligkeit – waren daher ein vorherrschendes Forschungsthema[46].

Die Moralisierung der Erwerbsarbeit ließ befürchten, dass die aus der eisernen Disziplin der industriellen Arbeit Entlassenen im strengen Wortsinn asozial wurden. Folgen der Arbeitslosigkeit wie Nichtsesshaftigkeit, Ehescheidungen, Eigentumsdelikte, Prostitution, Alkoholismus und Selbstmordgefährdung waren daher bevorzugte Themen der frühen Forschung. Die „Übergänge zwischen Arbeitslosigkeit und Asozialität" schienen „fließend" zu sein[47].

Viele der frühen Beschreibungen und Analysen der Auswirkungen von Arbeitslosigkeit lesen sich daher in weiten Teilen als Beiträge zur Devianzforschung – speziell im Falle arbeitsloser Jugendlicher[48]. Arbeitslose bilden jedoch – wie auch die Armen – in der öffentlichen Wahrnehmung keine homogene Gruppe, so dass man mit Recht von der „Zwiespältigkeit der Figur des Arbeitslosen"[49] sprechen kann. Die soziale Konstruktion der Arbeitslosigkeit folgte weitgehend dem älteren Wahrnehmungsmuster der Armut. Seit dem Mittelalter wurden Arme mehr oder minder scharf in unwürdige und würdige geschieden: „Vor allem hat sich die Unterscheidung des nicht arbeitsfähigen (‚würdigen') vom arbeitsscheuen und deshalb ‚unwürdigen' Armen durchgesetzt, die zur Arbeit erzogen werden müssen."[50]

Aus sozialpsychologischer Sicht steht bei der Wahrnehmung von Arbeitslosigkeit die Ursachenattribution, die Verantwortungszuschreibung im Zentrum. Es geht dabei um die Schuldfrage – ein

---

[46] Vgl. Klaus-Dieter Thomann, Die gesundheitlichen Auswirkungen der Arbeitslosigkeit, in: Ali Wacker (Hrsg.), Vom Schock zum Fatalismus? Soziale und psychische Auswirkungen der Arbeitslosigkeit, Frankfurt a.M. ²1981, S. 194–240.
[47] Niess, Geschichte der Arbeitslosigkeit, S. 58.
[48] Vgl. z.B. Michael T. Wermel/Roswitha Urban, Arbeitslosenfürsorge und Arbeitslosenversicherung in Deutschland, Berlin 1949, S. 16.
[49] Zimmermann, Arbeitslosigkeit, S. 61.
[50] Otto Gerhard Oexle, Arbeit, Armut, „Stand" im Mittelalter, in: Jürgen Kocka/Claus Offe (Hrsg.), Geschichte und Zukunft der Arbeit, Frankfurt a.M. 2000, S. 67–79.

klassisches Mittel sozialer Differenzierung und Disziplinierung. Heute wie damals dreht sich ein großer Teil der öffentlichen Kontroverse um die Frage, ob Arbeitslose ihre Lage selbst verschuldet haben bzw. ob sie sich genug anstrengen, um wieder Arbeit zu finden. Der Verdacht, Arbeitslose seien arbeitsscheu, spielt damit unterschwellig auch heute noch eine bedeutsame Rolle. Sozialpsychologisch lässt sich die Hartnäckigkeit dieses Verdachts mit einem fundamentalen Attributionsfehler erklären[51]. Die sozialpsychologische Repräsentationsforschung belegt zwar die Dominanz struktureller, gesellschaftlicher Erklärungen des Arbeitsplatzverlustes. In der Erklärung von Arbeitslosigkeit ist der Verweis auf individuelle Fähigkeits- oder Motivationsdefizite aber noch virulent[52]. Nach eigenen Beobachtungen wird im Alltagsdiskurs scharf zwischen Entlassung und einer länger andauernden Arbeitslosigkeit unterschieden: Während der Verlust des Arbeitsplatzes vorrangig strukturell erklärt wird, werden meist Personenmerkmale herangezogen, um den Verbleib in Nichtbeschäftigung verständlich zu machen.

5. Was lehrt uns der Blick zurück in die Geschichte der Arbeitslosenforschung?

Die etwa Mitte des 19. Jahrhunderts beginnende Beschäftigung der Sozialwissenschaften mit dem Thema Arbeitslosigkeit lässt sich nur schwer vom älteren Armutsdiskurs und der Armutsforschung unterscheiden. Zwar konnte Arbeitslosigkeit im 19. Jahrhundert angesichts der periodischen Wiederkehr von Beschäftigungskrisen nicht länger als rein individuelles Problem gedeutet werden. Dennoch schwankte die öffentliche Wahrnehmung zwischen der Anerkennung von Arbeitslosigkeit als struktureller Begleiterscheinung des industriellen Kapitalismus und der Angst vor beziehungsweise dem Misstrauen gegenüber den Betroffenen. Diese Januskopfigkeit der sozialen Wahrnehmung spiegelt sich noch in der Konstruktion der sozialstaatlichen Sicherungssysteme mit ihrer Mischung aus Hilfe und Kontrolle wieder.

Arbeitslosigkeit hat sich bekanntlich historisch nicht als Motor der Revolution, sondern als Motor des Sozialstaats und des Auf-

---

[51] Vgl. Lee Ross/Richard E. Nisbett, The person and the situation. Perspectives of social psychology, New York 1991.
[52] Vgl. Miles Hewstone/Martha Augoustinos, Soziale Attributionen und soziale Repräsentationen, in: Flick (Hrsg.), Psychologie des Sozialen, S. 78–99, hier S. 94 ff.

baus entsprechender sozialer Sicherungssysteme erwiesen[53]. Angesichts der Unzulänglichkeit der überkommenen, auf Armut bezogenen Hilfsmaßnahmen griff die frühe Forschung neben der Armutsproblematik (Ernährung und Gesundheit) vor allem spektakuläre Devianzphänomene auf (Diebstahl, Selbstmord, Alkoholismus, Zerrüttung der Familien, Verwahrlosung, Nichtsesshaftigkeit, Elendsprostitution).

Von Beginn an bestand aber keine Alleinzuständigkeit einer Disziplin für die Bearbeitung des Themas. Eine Rekonstruktion der Geschichte der Arbeitslosenforschung muss daher eine multidisziplinäre Perspektive wählen. Dass sich Armuts- und Arbeitslosenforschung nach dem Ende des Zweiten Weltkriegs auseinander entwickelt haben, ist eine historische Errungenschaft und Ausdruck der sozialstaatlichen Entkopplung von Armutslagen und Arbeitslosigkeit, die – wie die aktuelle Debatte um „Hartz IV" zeigt – auch wieder brüchig werden kann. Alles in allem, so könnte man bilanzieren, erstaunt – allen Fortschritten in Theorie und Methode zum Trotz – die Kontinuität bestimmter grundlegender Forschungsfragen.

---

[53] Vgl. Karl Otto Hondrich/Johann Behrens, Sozio-psychologische Mechanismen zur Bewältigung der Arbeitslosigkeit, in: Wirtschaftsdienst 61 (1982), S. 65–69, und Fritz W. Scharpf, Massenarbeitslosigkeit und politischer Quietismus: Das Modell Deutschland, in: Wirtschaftsdienst 62 (1982), S. 59–62.

Zeitgeschichte im Gespräch

Lieschen Müller wird politisch
Geschlecht, Staat und
Partizipation im 20. Jahrhundert

Herausgegeben von Christine
Hikel, Nicole Kramer und
Elisabeth Zellmer
2008 | 141 S. | Br. | € 16,80
ISBN 978-3-486-58732-6
Zeitgeschichte im Gespräch, Bd. 4

»Der schlanke Aufsatzband analysiert auf dem neuesten Stand der Forschung die längste und vielschichtigste Bürgerrechtsbewegung unserer Zeit. ... eine spannende Lektüre, die alle wahren Demokratinnen und Demokraten packen wird«.
Katharina Hundhammer, Landshuter Zeitung

»Insgesamt lässt sich festhalten, dass der Sammelband auf hohem analytischem Niveau einen aufschlussreichen Einblick in die verschiedenen Phasen der politischen Emanzipation von Frauen vermittelt.«
Christina Herkommer, sehepunkte

Oldenbourg

oldenbourg.de

Bestellungen über den Buchhandel
oder direkt: verkauf@oldenbourg.de

Steffen Jaksztat
Der Beitrag der Sozialpsychologie zur Arbeitslosenforschung

1. Einleitung

In einer um Erwerbsarbeit zentrierten Gesellschaft ist die Teilhabe am Erwerbsleben für viele Menschen ein wesentliches Element ihres Wohlbefindens. Beruflich tätig zu sein bedeutet nicht nur, ein bestimmtes Einkommen zu erzielen. Auch gesellschaftliches Ansehen, die Möglichkeit zu sozialen Kontakten und Selbstverwirklichung sind eng mit der Erwerbsarbeit verknüpft. In Arbeitsgesellschaften dient der Beruf als „wechselseitige Identifikationsschablone"[1]: Wir müssen nur den Beruf eines Anderen kennen und schon glauben wir, ihn zu kennen.

Wie wichtig Arbeit für die meisten Menschen ist, wird vielleicht am deutlichsten, wenn sie fehlt. Nicht erst seit der klassischen Studie „Die Arbeitslosen von Marienthal"[2] aus den 1930er Jahren ist die Erforschung der psychischen und sozialen Folgen unfreiwilliger Arbeitslosigkeit ein wichtiges, wenngleich konjunkturabhängiges Thema der empirischen Sozialwissenschaften. Und auch wenn die Ausgangslage heute eine andere ist – vor allem, weil der Verlust des Arbeitsplatzes in der Regel nicht mehr unmittelbar mit materieller Verelendung verbunden ist –, so treten auch in modernen Wohlfahrtsstaaten negative psychosoziale Folgen von Arbeitslosigkeit auf.

Dieser Beitrag gliedert sich in zwei Teile. Im ersten Teil wird es um die Frage gehen, ob und in welchem Ausmaß Arbeitslosigkeit eine potentielle Gefährdung des individuellen psychischen Wohlbefindens darstellt. Zu diesem Zweck möchte ich versuchen, einen kurzen Überblick über die Erkenntnisse der psychologischen Forschung hinsichtlich der gesundheitlichen Konsequenzen von Arbeitslosigkeit zu geben. Im Anschluss an diese empirischen Befunde

---

[1] Ulrich Beck, Risikogesellschaft. Auf dem Weg in eine andere Moderne, Frankfurt a.M. 1986, hier S. 221.
[2] Vgl. Marie Jahoda/Paul F. Lazarsfeld/Hans Zeisel, Die Arbeitslosen von Marienthal. Ein soziographischer Versuch über die Wirkungen langandauernder Arbeitslosigkeit, Frankfurt a.M. 1975; die Studie erschien erstmals 1933.

geht es um deren theoretische Interpretation. Es soll gezeigt werden, wie die (Sozial-)Psychologie zur *Erklärung* der psychischen und gesundheitlichen Konsequenzen von Arbeitslosigkeit beitragen kann. Im Mittelpunkt werden dabei Marie Jahodas einflussreiche „Theorie der manifesten und latenten Funktionen von Erwerbsarbeit" und darauf aufbauende Konzepte stehen.

2. Empirische Erkenntnisse zur psychischen Befindlichkeit Arbeitsloser

Die Zahl empirischer Studien zum Thema Arbeitslosigkeit ist mittlerweile nahezu unüberschaubar groß: Eine einfache Suche in der Datenbank „PSYNDEXplus" für psychologische Literatur unter dem Schlagwort *unemployment* liefert 1377 Treffer[3]. An dieser Stelle kann und soll den vorhandenen Literaturberichten[4] keine weitere Zusammenfassung der (sozial-)psychologischen Forschung an die Seite gestellt werden. Vielmehr geht es darum, die Ergebnisse ausgewählter Meta-Analysen vorzustellen[5], die möglichst viele quantitative Einzelstudien auswerten und auf statistischem Weg zusammenfassen, um auf der Basis einer hohen Fallzahl zu einem verlässlichen Gesamtergebnis zu gelangen. Auf diese Weise können generalisierende Aussagen über die Wirkung von Arbeitslosigkeit gemacht werden.

Der bisher wohl umfassendste Versuch einer derartigen systematischen Integration von Forschungsbefunden wurde am Lehrstuhl für Wirtschafts- und Sozialpsychologie der Universität Erlangen-Nürnberg durchgeführt[6]. Sowohl Querschnittstudien, die

---

[3] Suchanfrage am 5.10.2008.
[4] Vgl. z.B. David Dooley/Jonathan Fielding/Lennart Levi, Health and Unemployment, in: Annual Review of Public Health 17 (1996), S. 449–465.
[5] Vgl. Gregory C. Murphy/James A. Athanasou, The effect of unemployment on mental health, in: Journal of Occupational and Organizational Psychology 72 (1999), S. 83–99; Frances M. McKee-Ryan u. a., Psychological and Physical Well-Being During Unemployment: A Meta-Analytic Study, in: Journal of Applied Psychology 90 (2005), S. 53–76; Karsten I. Paul/Alice Hassel/Klaus Moser, Die Auswirkungen von Arbeitslosigkeit auf die psychische Gesundheit. Befunde einer quantitativen Forschungsintegration, in: Alfons Hollederer/Helmut Brand (Hrsg.), Arbeitslosigkeit, Gesundheit und Krankheit, Bern 2006, S. 35–51.
[6] Vgl. Karsten I. Paul, The negative mental health effect of unemployment: Meta-analyses of cross-sectional and longitudinal data, Diss., Erlangen/Nürnberg 2005; Karsten I. Paul/Klaus Moser, Negatives psychisches Befinden als Wirkung und als Ursache von Arbeitslosigkeit: Ergebnisse einer Metaanalyse, in: Jeannette Zempel/Johann Bacher/Klaus Moser (Hrsg.), Erwerbslosigkeit. Ursachen, Auswirkungen und Interventionen, Opladen 2001, S. 83–110.

das psychische Wohlbefinden Arbeitsloser und Erwerbstätiger zu *einem* Zeitpunkt miteinander vergleichen, als auch methodisch anspruchsvollere Längsschnittstudien, in denen die psychischen Effekte der *Übergänge* von Erwerbstätigkeit in Arbeitslosigkeit oder umgekehrt thematisiert werden, fanden Eingang in diese Meta-Analysen – insgesamt weit mehr als 300 empirische Studien aus den letzten vier Jahrzehnten. Die Ergebnisse sprechen eine deutliche Sprache: Menschen, die ihre Stelle verloren haben, leiden unter vielfältigen psychischen Beeinträchtigungen und zeigen beispielsweise Symptome von Depression, Angst (etwa Ruhelosigkeit und Schlafschwierigkeiten), vermindertem Wohlbefinden und gestörtem Selbstwertgefühl. Arbeitslosigkeit hat demnach deutlich negative Folgen für die psychische Gesundheit der Betroffenen. Bei sämtlichen untersuchten Indikatoren zeigten sich Effektstärken mittlerer Größe. „Der Anteil derer, die psychisch deutlich beeinträchtigt sind und möglicherweise psychologische oder medikamentöse Behandlung benötigen, [ist] unter den Arbeitslosen mehr als doppelt so groß wie unter den Erwerbstätigen", so das Fazit von Karsten I. Paul, Alice Hassel und Klaus Moser[7].

Angesichts dieses Befunds kann es wenig überraschen, dass sich in einer Reihe von Studien Hinweise für einen Zusammenhang zwischen Arbeitslosigkeit und einem erhöhten Selbstmordrisiko finden lassen[8]. Eine norwegische Untersuchung, die über einen Zeitraum von fünf Jahren durchgeführt wurde, zeigte etwa, dass Selbstmordgedanken unter Arbeitslosen relativ weit verbreitet sind: Ungefähr jeder fünfte Befragte unter 50 Jahren gab an, unlängst solche gehabt zu haben. Darüber hinaus ließ sich feststellen, dass bei denjenigen die Gedanken an einen Freitod signifikant zurückgingen, die eine neue Arbeitsstelle finden konnten[9].

Der Nachweis negativer Auswirkungen von Arbeitslosigkeit auf die körperliche Gesundheit ist metaanalytisch bisher nur bedingt

---

[7] Paul/Hassel/Moser, Arbeitslosigkeit, in: Hollederer/Brand (Hrsg.), Arbeitslosigkeit, S. 42.
[8] Vgl. Ulf-G. Gerdtham/Magnus Johannesson, A note on the effect of unemployment on mortality, in: Journal of Health Economics 22 (2003), S. 505–518; Sven-Erik Johansson/Jan Sundquist, Unemployment is an important risk factor for suicide in contemporary Sweden: an 11-year follow-up study of a cross-sectional sample of 37.789 people, in: Public Health 111 (1997), S. 41–45; Stephen Platt, Unemployment and suicidal behaviour: A review of the literature, in: Social Science and Medicine 19 (1984), S. 93–115.
[9] Vgl. Björgulf Claussen, Suicidal Ideation in the Long-Term Unemployed: A Five-year Longitudinal Study, in: Thomas Kieselbach u. a. (Hrsg.), Unemployment and Health. International and Interdisciplinary Perspectives, Bowen Hills 2006, S. 109–118.

gelungen. So ergab etwa eine auf Krankenkassendaten basierende Studie, dass das Risiko für Krankenhausaufenthalte deutlich sank, nachdem Menschen arbeitslos geworden waren, was sicherlich auf die Abnahme berufsbedingter Erkrankungen zurückzuführen ist. Es stellte sich aber auch heraus, dass das Risiko, wegen eines Herzinfarkts in ein Krankenhaus eingewiesen zu werden, mit der Dauer der Arbeitslosigkeit deutlich anstieg[10]. In einer aktuellen medizinischen Studie gelang zudem der Nachweis, dass Arbeitslosigkeit offenbar mit einer Verschlechterung der Immunfunktion einhergeht[11]. Diese Befunde verweisen darauf, dass sich durch Arbeitslosigkeit bedingte psychische Belastungen auch in körperlichen Symptomen manifestieren können.

Ob psychische Missbefindlichkeit tatsächlich kausal durch Arbeitslosigkeit verursacht wird oder ob dahinter nicht in erster Linie Selektionsmechanismen des Arbeitsmarkts im Sinne einer größeren Arbeitsmarktfitness psychisch unbelasteter Menschen gesehen werden müssen, wurde im Rahmen der psychologischen Arbeitslosenforschung immer wieder diskutiert[12]. Vor dem Hintergrund einer steigenden Zahl von Längsschnittuntersuchungen kann mittlerweile davon ausgegangen werden, dass beides gilt: Psychische Probleme sind sowohl *Wirkung* als auch *Ursache* von Arbeitslosigkeit. Ihre eigenen Erkenntnisse zusammenfassend beschreiben Paul und Moser diesen Teufelskreis folgendermaßen:

„Psychisch belastete werden leichter arbeitslos als unbelastete Menschen. Der Zustand der Arbeitslosigkeit verursacht dann weitere psychische Probleme, die schließlich die Suche nach einer neuen Stelle erschweren und dazu führen, daß die schädigende Situation der Arbeitslosigkeit länger andauert als bei beschwerdefreien Menschen."[13]

Arbeitslosigkeit zieht jedoch nicht zwangsläufig ernsthafte psychische Belastungen nach sich. Vielmehr können Menschen ganz unterschiedlich auf die Erfahrung von Arbeitslosigkeit reagieren.

---

[10] Vgl. Siegfried Geyer/Richard Peter, Hospital admissions after transitions into unemployment, in: Sozial- und Präventivmedizin 48 (2003), S. 105–114.
[11] Vgl. Frances Cohen u. a., Immune Function Declines with Unemployment and Recovers after Stressor Termination, in: Psychosomatic Medicine 69 (2007), S. 225–234.
[12] Vgl. z.B. David Fryer, Unsicherheit, Strukturwandel der Arbeitslosigkeit und psychische Gesundheit, in: Hans G. Zilian/Jörg Flecker (Hrsg.), Soziale Sicherheit und Strukturwandel der Arbeitslosigkeit, München 2000, S. 240–256.
[13] Paul/Moser, Arbeitslosigkeit, in: Zempel/Bacher/Moser (Hrsg.), Erwerbslosigkeit, S. 104.

Mitarbeiter des Soziologischen Forschungsinstituts Göttingen identifizierten beispielsweise in einer qualitativen Untersuchung eine Gruppe von Betroffenen, für die Arbeitslosigkeit offenbar eine überwiegend positive Erfahrung darstellte. Diese Menschen erlebten in erster Linie eine Entlastung von restriktiven Arbeitsbedingungen und schätzten insbesondere den Zugewinn an Autonomie und Zeitsouveränität. Arbeitslosigkeit bedeutete für sie eine „Chance auf Zeit"[14], um persönliche Handlungsspielräume zu nutzen und zu erweitern. Diese sogenannten *good copers* werden in der psychologischen Arbeitslosenliteratur immer wieder erwähnt[15]. Entsprechende Hinweise finden sich übrigens bereits in Berichten, die in der Weltwirtschaftskrise der 1930er Jahre verfasst wurden[16].

Wie Arbeitslose ihre persönliche Situation erleben, kann unter anderem davon abhängen, welchen Stellenwert Erwerbstätigkeit in ihrem Leben hat, ob es ihnen gelingt, den Verlust ihrer Stelle im Alltag auf subjektiv sinnvolle Weise zu kompensieren, wie lange die Arbeitslosigkeit dauert, wie sie ihre Wiederbeschäftigungschancen wahrnehmen, wie groß ihr sozialer Rückhalt ist und welche finanziellen beziehungsweise materiellen Ressourcen ihnen zur Verfügung stehen[17]. Diese *Moderatorvariablen* bestimmen in hohem Maße, ob sich ein Mensch gegen die negativen psychischen und sozialen Folgen der Arbeitslosigkeit zur Wehr setzen kann oder nicht[18]. Allen individuellen Unterschieden zum Trotz muss aber festgehalten werden: Der Vergleich arbeitsloser und erwerbstätiger Menschen zeigt immer wieder, dass der Verlust des Arbeitsplatzes und die ergebnislose Suche nach einer neuen Stelle im Allgemeinen mit signifikanten negativen psychischen Konsequenzen verbunden

---

[14] Martin Kronauer/Berthold Vogel/Frank Gerlach, Im Schatten der Arbeitsgesellschaft. Arbeitslose und die Dynamik sozialer Ausgrenzung, Frankfurt a.M./New York 1993, S. 90.
[15] Vgl. David Fryer/Roy Payne, Proactive behavior in unemployment: findings and implications, in: Leisure Studies 3 (1984), S. 273–295.
[16] Vgl. Hans Safrian, „Wir ham die Zeit der Orbeitslosigkeit schon richtig genossen auch". Ein Versuch zur (Über-)Lebensweise von Arbeitslosen in Wien zur Zeit der Weltwirtschaftskrise um 1930, in: Gerhard Botz/Josef Weidenholzer (Hrsg.), Mündliche Geschichte und Arbeiterbewegung – eine Einführung in Arbeitsweisen und Themenbereiche der Geschichte „geschichtsloser" Sozialgruppen, Wien 1984, S. 293–331.
[17] Vgl. McKee-Ryan u.a., Unemployment.
[18] Vgl. Alois Wacker, Arbeitslosigkeit aus sozialpsychologischer Perspektive. Referat auf der Tagung „Logik der Ökonomie – Krise der Arbeit. Perspektiven für eine gerechte Verteilung von Arbeit und Einkommen" in der Evangelischen Sozialakademie Friedewald vom 15.3.–17.3.2000 (http://www.sozpsy.uni-hannover.de/DfA/arbeit.htm).

sind. Einfache statistische Zusammenhänge spiegeln jedoch, und dies ist hier der entscheidende Punkt, Wahrscheinlichkeiten wider und nicht Notwendigkeiten.

3. Theoretische Erklärungen

Obwohl mittlerweile starke Belege für einen kausalen Zusammenhang zwischen Arbeitslosigkeit und psychischem Missbefinden vorliegen, bleibt die schwierige Frage zu klären, wodurch die offenbar vielfältigen negativen Folgen eines Arbeitsplatzverlusts psychologisch erklärt werden können. Was macht die Arbeitslosigkeit für viele Menschen so belastend? Um eine Antwort darauf zu finden, wurde oftmals versucht, die Situation arbeitsloser Menschen im Licht allgemeiner sozialpsychologischer Theorien zu interpretieren. Breite Anwendung fanden auch allgemeine Stresstheorien[19]. Darüber hinaus wurden jedoch auch einige spezielle (sozial-)psychologische Arbeitslosigkeitstheorien entwickelt, von denen eine Auswahl im Folgenden kurz vorgestellt werden soll.

Der mit Sicherheit einflussreichste sozialpsychologische Erklärungsversuch für die psychischen Folgen von Arbeitslosigkeit stammt von Marie Jahoda[20] – einer Co-Autorin der berühmten Marienthal-Studie. Jahoda argumentierte, dass Erwerbsarbeit aus psychologischer Sicht sowohl manifeste als auch latente Funktionen erfüllt. Erstere sind offensichtlich: In der Regel gehen Menschen arbeiten, um den Lebensunterhalt für sich oder ihre Familie zu verdienen. Darüber hinaus hat Erwerbsarbeit aber eine Reihe weiterer latenter Funktionen, die Jahoda auch als Erlebniskategorien bezeichnete, von denen fünf von besonderer Bedeutung sind: „1. time structure, 2. an enlarged social network, 3. participation in collective efforts, 4. definition of social identity, 5. and required regular activity"[21]. Diese Erlebniskategorien entsprechen Jahodas Theorie zufolge tiefsitzenden Bedürfnissen der meisten Mitglieder moderner Gesellschaften, was sie zu wichtigen Voraussetzungen für menschliches

---

[19] Vgl. Richard S. Lazarus, Streß und Streßbewältigung – ein Paradigma, in: Sigrun-Heide Filipp (Hrsg.), Kritische Lebensereignisse, München 1995, S. 198–232; Janina C. Latack/Angelo J. Kinicki/Gregory E. Prussia, An integrative process model of coping with job loss, in: Academy of Management Review 20 (1995), S. 311–342.
[20] Vgl. hierzu und zum Folgenden Marie Jahoda, Wieviel Arbeit braucht der Mensch? Arbeit und Arbeitslosigkeit im 20. Jahrhundert, Weinheim 1983.
[21] Marie Jahoda, Manifest and latent functions, in: Nigel Nicholson (Hrsg.), The Blackwell Encyclopedic Dictionary of Organizational Behaviour, Oxford 1997, S. 317f., hier S. 318.

Wohlbefinden macht. Die Tatsache, dass so viele arbeitslose Menschen psychisch leiden, erklärt sich demnach durch den umständehalber bedingten Mangel an Erfahrungen in diesen fünf Erlebniskategorien. Aus diesem Grund wird Jahodas Erklärungsansatz auch als *Deprivationsmodell* bezeichnet.

Aus psychologischer Sicht bestand für Jahoda das bedeutendste Problem in der durch die Arbeitslosigkeit bedingten „Zerstörung einer gewohnten Zeitstruktur"[22]. Auch wenn sich viele erwerbstätige Menschen über zu viel Arbeit und zu wenig Freizeit beklagen, fest steht: Die große Mehrheit der Erwerbstätigen ist es gewohnt, dass ihr Tages-, ja sogar ihr gesamter Lebenslauf wesentlich durch Erwerbsarbeit strukturiert wird. Den Wegfall dieser gewohnten, von außen gesetzten Struktur empfinden daher nur wenige Menschen tatsächlich als Befreiung. Die freie Zeit der Arbeitslosigkeit nannte Jahoda in der Marienthal-Studie „ein tragisches Geschenk". Den meisten Menschen fällt es äußerst schwer, den Verlust dieser Zeitstruktur aus eigener Kraft zu kompensieren und subjektiv sinnvolle, selbstbestimmte Tätigkeiten an die Stelle der Erwerbsarbeit zu setzen.

Ebenfalls von großer Bedeutung für das psychische Wohlbefinden waren für Jahoda – nicht zuletzt am Arbeitsplatz geknüpfte – soziale Kontakte. Arbeitslose, denen diese Kontakte fehlen, leiden häufig unter der Empfindung, nutzlos zu sein. Das fundamentale Verlangen, sich einer Gruppe zugehörig zu fühlen, bleibt für viele Arbeitslose ungestillt; ihnen fehlt auch das Gefühl, gebraucht zu werden. Die Erwerbsarbeit befriedigt diese Bedürfnisse in der Regel gleichsam nebenbei durch kollektives, arbeitsteiliges Handeln. Da gesellschaftliche Position und Selbstverständnis der meisten erwachsenen Menschen wesentlich mit Erwerbsarbeit verknüpft sind, postulierte Jahoda ferner, dass die Missbefindlichkeit Arbeitsloser durch den Verlust ihres sozialen Status und die Bedrohung ihrer persönlichen Identität mit verursacht werde. Insgesamt sei der Aspekt materieller Deprivation in modernen Wohlfahrtsstaaten hinter die Bedeutung dieser Erlebniskategorien zurückgetreten. Zugleich konzedierte Jahoda, dass nicht alle Arbeitsplätze in gleichem Maße geeignet seien, um die von ihr theoretisch postulierten Bedürfnisse zu befriedigen und dass Menschen theoretisch auch außerhalb der Erwerbsarbeit Zugang zu den Erlebniskategorien finden könnten, etwa durch Hobbies oder ehrenamtliches Engagement.

---

[22] Jahoda, Wieviel Arbeit braucht der Mensch, S. 45f.

Als direkte Kritik an Jahodas Deprivationsmodell formulierte David Fryer seine *Agency Restriction Theory*[23]. Folgt man diesem Ansatz, dann besteht das größte psychologische Problem von Arbeitslosigkeit im eingeschränkten Handlungsspielraum der Betroffenen. Viele Arbeitslose müssen die äußerst frustrierende Erfahrung machen, dass ihre Möglichkeiten zu einer selbstbestimmten und planbaren Lebensführung abnehmen. Dies ist in Fryers Augen der entscheidende Grund für die negativen Auswirkungen der Arbeitslosigkeit auf die Psyche.

Zwei Aspekten kommt dabei besondere Bedeutung zu: den finanziellen Restriktionen und den unklaren Zukunftsperspektiven. Vor allem der erste Punkt – der schädigende Einfluss arbeitslosigkeitsbedingter Armutserfahrungen – wurde von Fryer in Abgrenzung zu Marie Jahoda hervorgehoben[24]. Tatsächlich bietet die ökonomische Situation Arbeitsloser viele potentielle Quellen für Enttäuschungen und Ohnmachtsgefühle: Die häufig massiven finanziellen Einschränkungen lassen Konsumbedürfnisse unbefriedigt und blockieren zudem die Erfüllung eigener Pläne; die Abhängigkeit von staatlichen Unterstützungsleistungen wird von vielen Betroffenen als stigmatisierend wahrgenommen; soziale Rollen wie die des Ernährers können nur noch schwer ausgefüllt werden. Für den arbeitslosen Menschen ist es in den meisten Fällen zudem vollkommen offen, ob und wann er wieder eine Beschäftigung finden und wie diese dann aussehen wird. Kurz: Die Zukunft ist weniger berechenbar und wirkt dadurch schnell bedrohlich.

Fryers Annahmen beschreiben im Wesentlichen das, was in der Sozialpsychologie gemeinhin als Kontrollwahrnehmung bezeichnet wird. Unter Kontrolle versteht man dabei die „Überzeugung bzw. das Bestreben einer Person, erwünschte Zustände herbeizuführen und aversive Zustände zu vermeiden oder zumindest reduzieren zu können"[25]. Von Kontrolle spricht man nicht nur dann, wenn eine Person ihre Umwelt durch eigenes Handeln tatsächlich beeinflussen kann (primäre Kontrolle), sondern auch, wenn bestimmte Ereignisse

---

[23] Vgl. David Fryer, Employment deprivation and personal agency during unemployment: A critical discussion of Jahoda's explanation of the psychological effects of unemployment, in: Social Behavior 1 (1986), S. 3–23.

[24] Vgl. David Fryer, Benefit agency? Labour market disadvantage, deprivation, and mental health. C.S. Myers Lecture 1994, in: The Psychologist 8 (1995), S. 265–272.

[25] Zit. nach Dieter Frey/Eva Jonas, Die Theorie der kognizierten Kontrolle, in: ders./Martin Irle (Hrsg.), Theorien der Sozialpsychologie, Bd. III: Motivations-, Selbst- und Informationsverarbeitungstheorien, Stuttgart 2002, S. 13–50, hier S. 13; das Folgende nach diesem Beitrag.

im Sinne einer kognitiven Anpassungsstrategie erklärt und/oder vorhergesagt werden können (sekundäre Kontrolle).

Die Kerngedanken dieses Ansatzes lassen sich folgendermaßen skizzieren: Menschen haben ein Bedürfnis nach Kontrolle; sie sind also bestrebt, Zustände und Ereignisse, die sie selbst betreffen, zu beeinflussen, vorherzusagen und zu kontrollieren. Die Erfahrung, bedeutsame Ereignisse und Zustände weder primär noch sekundär kontrollieren zu können, führt zu einer Beeinträchtigung des Erlebens und Verhaltens. Negative und subjektiv unkontrollierbare Ereignisse werden in der Konsequenz vom Individuum als Bedrohung empfunden. Nimmt man hingegen bestimmte Möglichkeiten der Kontrolle wahr, so reduziert dies den durch aversive Zustände und Ereignisse hervorgerufenen Stress[26].

Fryers *Agency Restriction Theorie* ist in hohem Maße kompatibel mit diesen kontrolltheoretischen Annahmen, weil sie auf die eingeschränkten Handlungsspielräume und Einflussmöglichkeiten Arbeitsloser verweist und eben diese Einschränkungen für die psychische Befindlichkeit Arbeitsloser verantwortlich macht. Zu nennen sind in diesem Zusammenhang vor allem die Nicht-Erreichbarkeit oder die Blockierung persönlicher Ziele und Pläne aufgrund eingeschränkter finanzieller Mittel. Aber auch die deutlich erschwerten Chancen, die eigene Zukunft verlässlich zu planen und positiv zu gestalten, schränken die Handlungsoptionen Arbeitsloser ein. In allen relevanten Lebensbereichen sind diese in besonderem Maße gefährdet, die Kontrolle über ihr Leben zu verlieren.

Eine dritte psychologische Erklärung der Folgen von Arbeitslosigkeit, die als Integration der beiden bisher vorgestellten Modelle angesehen werden kann, stammt von Peter Warr[27]. Folgt man dessen Argumentation, lässt sich jede beliebige soziale Umgebung auf ihren Einfluss auf die psychische Befindlichkeit eines Menschen hin untersuchen. Neun Merkmale des „Lebensraums" stellen dabei für ihn die entscheidenden Determinanten des seelischen Wohlbefindens dar: Möglichkeit zur Kontrolle der eigenen Lebensbedingungen; Möglichkeit, eigene Fähigkeiten zu entwickeln und anzuwenden; externe Zielvorgaben, die aktivierend und motivierend wirken; Abwechslung und die Chance, neue Erfahrungen zu machen; Vorhersehbarkeit und Durchschaubarkeit von Ereignissen; Verfügbarkeit ausreichender finanzieller Ressourcen; körperliche Sicherheit; Möglichkeit zum interpersonalen Kontakt; eine

---

[26] Auch Jahoda, Wieviel Arbeit braucht der Mensch, S. 116, sieht Kontrolle als menschliches Grundbedürfnis an.
[27] Vgl. Peter Warr, Work, unemployment and mental health, Oxford 1987.

soziale Position, die Selbstachtung und Anerkennung durch andere begünstigt[28].

Warr verglich den Einfluss dieser Faktoren auf das psychische Wohlbefinden mit dem Einfluss von Vitaminen auf Körper und Gesundheit. Eine zu geringe Dosis beeinträchtige die psychische Befindlichkeit, während eine höhere zunächst mit einer Verbesserung der Befindlichkeit einhergehe. Ein Zuviel habe jedoch, vergleichbar mit der Wirkung der Vitamine C und E, entweder keinen weiteren positiven Effekt zur Folge (Verfügbarkeit von Geld, körperliche Sicherheit, angesehene soziale Position) oder sei wie im Fall der Vitamine A und D sogar schädlich (Kontrollmöglichkeiten, Möglichkeit zum Einsatz der eigenen Fähigkeiten, von außen generierte Handlungsziele, Abwechslung/Vielfalt, Übersichtlichkeit der Umgebung, Möglichkeit zum interpersonalen Kontakt).

Warrs Theorie ist nicht auf das Phänomen Arbeitslosigkeit beschränkt, sondern erhebt den Anspruch, als „systematic conceptual framework"[29] allgemein anwendbar zu sein. So kann zum Beispiel auch die Umgebung eines erwerbstätigen Menschen mit Hilfe der vorgeschlagenen Kategorien charakterisiert und auf ihren schädigenden Einfluss auf das psychische Wohlbefinden hin untersucht werden. Verändert sich die Umgebung eines Menschen in den genannten Dimensionen, dann bleibt das der Theorie zufolge nicht ohne psychische Auswirkungen. So erlaubt dieses Modell beispielsweise im Fall eines Arbeitsplatzverlusts Prognosen darüber, ob Folgen für die psychische Gesundheit zu erwarten sind oder nicht. Gleichzeitig wird mit diesem Erklärungsansatz betont, dass Arbeit nicht als generell gut und Arbeitslosigkeit nicht als generell schlecht bezeichnet werden kann.

Dass bei vielen Arbeitslosen psychische Probleme zu beobachten sind, erklärte Warr damit, dass die Umgebung eines arbeitslosen Menschen typischerweise wenig Zugang zu „Vitaminen" biete, die der psychischen Gesundheit förderlich sind. Viele der in seinem Modell aufgeführten Punkte weisen große Ähnlichkeit zu Jahodas Deprivationstheorie auf. Nicht weniger Überschneidungen finden sich jedoch auch zwischen Warrs Ansatz und Fryers *Agency Restriction Theory*. So betonten sowohl Warr als auch Fryer, dass die oftmals eingeschränkten Möglichkeiten, die persönliche Zukunft überschauen, planen und kontrollieren zu können, sowie die vielfälti-

---

[28] In Anlehnung an Thomas Kieselbach/Gerd Beelmann, Arbeitslosigkeit und Gesundheit: Stand der Forschung, in: Hollederer/Brand (Hrsg.), Arbeitslosigkeit, S. 13–31.
[29] Warr, Work, S. V.

gen Folgen finanzieller Schwierigkeiten in hohem Maße dafür verantwortlich sind, wie belastend Arbeitslose ihr Leben empfinden.

4. Fazit

Dass Arbeitslosigkeit auch heute noch mit vielfältigen und ernstzunehmenden negativen psychischen Folgen ursächlich verbunden ist, kann mittlerweile als gesicherte wissenschaftliche Erkenntnis gelten. Weniger klar ist, unter welchen spezifischen Bedingungen und warum Arbeitslosigkeit zu psychischen Problemen führt. Die Identifizierung der entscheidenden Moderatorvariablen (Unter welchen Umständen treten negative Effekte auf?) und Mediatorvariablen (Wodurch werden die psychischen Folgen von Arbeitslosigkeit kausal verursacht?) bleibt daher eine wichtige Aufgabe einer differentiellen psychologischen Arbeitslosenforschung – und zwar nicht zuletzt mit Blick auf die Frage, wie Arbeitslosen aus psychologischer Sicht am besten geholfen werden kann und bei welchen Personengruppen mit besonders schwerwiegenden psychischen Problemen zu rechnen ist.

Die neuere Forschung hat insbesondere die Bedeutung finanzieller Probleme wieder stärker ins Zentrum der Aufmerksamkeit gerückt. Auch wenn Arbeitslose in der Regel nicht mehr Hunger leiden, müssen relative Armutserfahrungen auch heute als eine wesentliche, wenn nicht sogar *die* wichtigste Quelle für Frustrationen angesehen werden: Je länger die Arbeitslosigkeit andauert, desto stärker sind die Arbeitslosen gezwungen, ihre Lebensverhältnisse den enger werdenden finanziellen Spielräumen anzupassen, die eigenen materiellen Ansprüche oder Wünsche hintanzustellen und den gewohnten Lebensstandard auf unbestimmte Zeit zu revidieren[30]. Arbeitslosenforschung ist daher immer auch Armutsforschung.

Die soziologische Arbeitsmarktforschung zeigt, dass die Beschäftigungsverhältnisse in Deutschland seit den 1990er Jahren instabiler geworden sind[31] und dass die Karriere – gedacht als kontinuierlicher sozialer und beruflicher Aufstieg – an Bedeutung verloren

---

[30] Vgl. z.B. Peter A. Creed/Sean Macintyre, The relative effects of deprivation of the latent and manifest benefits of employment on the well-being of unemployed people, in: Journal of Occupational Health Psychology 6 (2001), S. 324–441; Peter A. Creed/Juanita Muller/Michael A. Machin, The role of satisfaction with occupational status, neuroticism, financial strain and categories of experience in predicting mental health in the unemployed, in: Personality and Individual Differences 30 (2001), S. 435–447.
[31] Vgl. Olaf Struck u.a., Instabile Beschäftigung. Neue Ergebnisse zu einer alten Kontroverse, in: KZfSS 59 (2007), S. 294–317.

hat[32]. Kurz gesagt: Erwerbsbiographien sind brüchiger geworden. Es ist daher anzunehmen, dass in Zukunft für einen Großteil der Erwerbspersonen Arbeitslosigkeit, aber auch Arbeitsplatzunsicherheit, Unterbeschäftigung und befristete Beschäftigung ein wesentlicher Bestandteil ihrer beruflichen Laufbahn sein werden. Dies stellt die Anpassungsfähigkeit der betroffenen Menschen auf eine harte Probe und fordert die psychologische Arbeitslosenforschung heraus, ihre Perspektive zu erweitern und sich verstärkt mit unsicheren oder prekären Beschäftigungsformen zu befassen.

---

[32] Vgl. Martin Diewald/Stephanie Sill, Mehr Risiken, mehr Chancen? Trends in der Arbeitsmarktmobilität seit Mitte der 1980er Jahre, in: Olaf Struck/Christoph Köhler (Hrsg.), Beschäftigungsstabilität im Wandel?, München/Mering 2004, S. 39–61.

Petra Schütt, Sabine Pfeiffer, Anne Hacket, Tobias Ritter
Soziologische Beiträge zur Arbeitslosenforschung

1. Arbeitslosigkeit – ein gesellschaftliches Dauerphänomen im Wandel

Seit über 30 Jahren begleiten Massen- und Langzeitarbeitslosigkeit das Leben in der Bundesrepublik Deutschland, wobei die Sockelarbeitslosigkeit mit jedem Konjunkturabschwung auf ein höheres Niveau stieg. Auch wenn die Arbeitslosenzahlen im Oktober 2008 erstmals seit 16 Jahren wieder unter die Drei-Millionen-Grenze gesunken sind, kann man aufgrund der weltweiten Finanzkrise mit all ihren Folgen davon ausgehen, dass diese günstige Entwicklung nicht von Dauer sein wird. Wie Karl Marx' Aussagen zur Dominanz der Finanz- über die Realwirtschaft wieder in aller Munde sind, so ungebrochen aktuell erscheinen seine Ausführungen zur unvermeidlichen Produktion von Arbeitslosigkeit. Marx differenzierte nicht nur zwischen verschiedenen Formen der Arbeitslosigkeit (die wir heute als latente, strukturelle Arbeitslosigkeit oder als prekäre Arbeit bezeichnen)[1], sondern er zeigte auch, dass die „steigende Produktivkraft der Arbeit [...] mit Notwendigkeit eine permanente scheinbare Arbeiterüberbevölkerung" erzeugt[2].

Unabhängig von konjunkturellen Schwankungen wird uns Arbeitslosigkeit also weiter begleiten. Der gesellschaftliche Umgang damit aber unterliegt, was Wahrnehmung, Deutung, Bekämpfung und Verarbeitung des Phänomens betrifft, dem Wandel. Der folgende Beitrag skizziert die wesentlichen Entwicklungen der *soziologischen* Arbeitslosen- beziehungsweise Arbeitslosigkeitsforschung in groben Zügen. Zunächst wird der Ausgangspunkt markiert: das Aufkommen von Erwerbs- oder Lohnarbeit als zentrales Moment der Vergesellschaftung, die Arbeitslosigkeit entstehen ließ und damit eine soziologische Auseinandersetzung mit dem Thema erst ermöglichte. Im Anschluss daran zeichnen wir die verschiedenen soziologischen Forschungsperspektiven im historischen Verlauf

---

[1] Vgl. Karl Marx, Das Kapital. Kritik der politischen Ökonomie, Bd. 1, in: Marx – Engels, Werke (MEW), hrsg. vom Institut für Marxismus-Leninismus beim ZK der SED, Bd. 23, Berlin 1972, S. 670–677.
[2] Marx, Kapital, Bd. 3, in: MEW, Bd. 25, S. 233.

nach und geben einen Überblick über aktuelle Fragestellungen und Forschungsrichtungen der Arbeitslosenforschung in Deutschland. Abschließend gehen wir speziell auf das Konzept des Arbeitsvermögens und seine Einbettung in die aktuelle qualitative Arbeitslosenforschung ein.

2. Erwerbsarbeit als Vergesellschaftungsmodus

Die Entwicklung der soziologischen Arbeitslosenforschung ist eng verknüpft mit der Herausbildung von Erwerbs- und Lohnarbeit als der dominanten Form sozialer Sicherung. Dabei bezieht sich Arbeitslosigkeit immer auf zweierlei: auf Erwerbsarbeit und auf staatliche Regulierung. Arbeitslosigkeit bedeutet zum einen, dass man nicht in der Lage ist, die eigene Reproduktion durch Erwerbsarbeit zu gewährleisten, und sie bezieht sich zum anderen auf den Staat (genauer: den Sozialstaat), der die Normen für die Unterstützung und die Regulierung von Armut setzt. Im Zuge der gesellschaftlichen Neubewertung von Arbeit, oder besser: von Lohnarbeit, kriminalisierte und stigmatisierte man zunächst land- und arbeitslose Arme; Erwerbslosigkeit wurde gleichgesetzt mit Vagabundieren und bedeutete den Ausschluss aus den familiären wie herrschaftlichen Schutzsystemen[3]. Zeugnisse dieses Wandels sind etwa die in ganz Europa entstehenden Zucht- und Arbeitshäuser, in denen anfangs noch undifferenziert Problemgruppen wie Arme, Kranke, Waisen, verlassene Mütter, Geistesgestörte, Kriminelle, Witwen oder „Arbeitsscheue" zusammengefasst wurden[4]. Es handelte sich um Menschen, die sich aus eigener Kraft nicht ausreichend versorgen konnten, und dieses „Versagen" wurde durch strikten Arbeitszwang sanktioniert.

Der Vorwurf des Versagens implizierte das positive „Spiegelbild bürgerlichen Erwerbssinns, Geschäftigkeit und Selbständigkeitsstrebens, den Normen und Leitbildern des neuen Zeitalters". Die Entstehung fortschrittlicher Produktionsweisen, die Ausweitung von Lohnarbeit, räumliche Mobilitätsanforderungen und andere Arbeitsformen bedurften eines neuen Arbeitskräftetyps, der nur über seine Arbeitskraft als Reproduktionsquelle verfügte, spezifische

---

[3] Vgl. Markus Promberger, Eine kurze Geschichte der Arbeitslosigkeit, Teil 1: Vom Mittelalter bis zur Industrialisierung, in: Arbeit und Beruf 56 (2005), S. 1 f.
[4] Vgl. Christian Marzahn, Das Zucht- und Arbeitshaus. Die Kerninstitution frühbürgerlicher Sozialpolitik, in: ders./Hans-Günther Ritz (Hrsg.), Zähmen und Bewahren. Die Anfänge bürgerlicher Sozialpolitik, Bielefeld 1984, S. 7–68; das folgende Zitat findet sich ebenda, S. 30.

Kenntnisse und Fähigkeiten hatte und sich die für die neuen Produktionsformen entscheidenden normativen und sozialen Orientierungen (Pünktlichkeit, Fleiß, Leistungs- und Gewinnstreben, Arbeitsdisziplin) zu Eigen machte[5]. Zucht- und Arbeitshäuser bildeten einen wesentlichen Teil der frühen Sozialpolitik, „verstanden als systematisches, auf bestimmte Ziele abgestelltes und eine abgrenzbare Menschengruppe gerichtetes Handeln säkularer Mächte"[6]. Diese Häuser vereinten drei Funktionen, die im Laufe der Zeit ausdifferenziert wurden:

„Auf der *ökonomischen* Ebene bedeutet das Zucht- und Arbeitshaus eine Entlastung der Armenkassen und damit eine allgemeine Zentralisierung, Rationalisierung und Ökonomisierung des Armenwesens. Darüber hinaus war es ein Beitrag zur Arbeiterbeschaffung und insbesondere zur Entwicklung neuer Produktionszweige und zentralisierter, kontrollierter Reproduktionsformen. Auf der *ordnungspolitischen* Ebene war das Zucht- und Arbeitshaus ein Instrument zur Sozialdisziplinierung, dessen sich das aufsteigende Bürgertum […] immer mehr bemächtigte […]. Auf der *ideologischen* Ebene erzwang, demonstrierte und verbreitete das Zucht- und Arbeitshaus pädagogisierend jene neuen Orientierungen und Normen, deren Verinnerlichung den freien Lohnarbeiter erst funktionstüchtig und verwertbar macht."[7]

Die frühbürgerliche Sozialpolitik gilt auch als „Geburtshelfer der bürgerlichen Gesellschaft, indem sie mithalf, die Sozialstruktur so zu formen, dass ein immer größerer Bevölkerungsanteil als Lohnarbeiter verfügbar wurde"[8].

3. Zur historischen Entwicklung der soziologischen Arbeitslosigkeitsforschung in Deutschland

Frühe Veröffentlichungen zur Arbeitslosigkeit wurden zumeist aus einem ordnungs- und sozialpolitischen Blickwinkel verfasst. Es ging dabei nicht nur um Fragen der Verelendung, sondern auch um die Aufrechterhaltung der Vergesellschaftung durch Lohn-

---

[5] Vgl. Thomas Fischer, Die Anfänge frühbürgerlicher Sozialpolitik, in: Marzahn/Ritz (Hrsg.), Zähmen und Bewahren, S. 69–89.
[6] Christoph Butterwegge, Krise und Zukunft des Sozialstaates, Wiesbaden 3., erweiterte Aufl. 2006, S. 38.
[7] Marzahn, Zucht- und Arbeitshaus, in: ders./Ritz (Hrsg.), Zähmen und Bewahren, S. 67.
[8] Hans-Günther Ritz/Volker Stamm, Funktionen staatlicher Sozialpolitik im Übergang zum Frühkapitalismus, in: Marzahn/Ritz (Hrsg.), Zähmen und Bewahren S. 91–136, hier S. 93.

arbeit[9]. Ein erster Perspektivenwechsel erfolgte, als Arbeitslosigkeit zunehmend bei Lohnarbeitswilligen auftrat; nunmehr wurden nicht mehr nur im Subjekt liegende, sondern auch externe Faktoren als Mitverursacher von Arbeitslosigkeit benannt und analysiert.

Die Wirtschaftskrisen des ausgehenden 19. Jahrhunderts waren von einem Anstieg der Arbeitslosenzahlen begleitet. So wurde das Problem der Arbeitslosigkeit nicht mehr nur als ein Problem der Lohnarbeiter wahrgenommen, sondern erhielt einen wachsenden Stellenwert in der bürgerlichen Gesellschaft[10]. Damit setzte sich auch eine Aufteilung der Fürsorgebedürftigen in Arbeitslose und Arme durch. Gerade diese Differenzierung ermöglichte es, subjektunabhängige Ursachen von Arbeitslosigkeit ins Auge zu fassen. Allerdings gab es erst in der Weimarer Republik nennenswerte wissenschaftliche Beiträge zu diesem Thema, vor allem zur Arbeitslosenversicherung und zur so genannten wertschaffenden Erwerbslosenfürsorge. Mit der Weltwirtschaftskrise stieg die Zahl der einschlägigen Veröffentlichungen rapide an[11]. Die Erhebungen drehten sich im Wesentlichen um vier thematische Schwerpunkte: materielle Einschränkungen, Auswirkungen auf soziale Beziehungen, Auswirkungen auf den Einzelnen, Veränderung der politischen Einstellungen. Viele dieser Untersuchungen haben gezeigt, dass Arbeitslosigkeit zu erheblichen Belastungen und Veränderungen der Lebenssituation der Betroffenen führte[12].

Mit zunehmender Langzeitarbeitslosigkeit rückten auch die Folgen des Verlustes von Vergesellschaftung durch Arbeit ins Blickfeld. Das wohl berühmteste Buch aus dieser Zeit ist die Marienthal-Studie, welche die Konsequenzen lang anhaltender Massenarbeitslosigkeit in einem österreichischen Industriedorf möglichst vollständig zu erfassen suchte[13]. Stärker flächendeckend-repräsentativ war

---

[9] Vgl. Wolfgang Bonß/Rolf G. Heinze, Arbeit, Lohnarbeit, ohne Arbeit. Zur Soziologie der Arbeitslosigkeit, in: dies. (Hrsg.), Arbeitslosigkeit in der Arbeitsgesellschaft, Franfurt a.M. 1984, S. 7–49, hier S. 12.
[10] Vgl. Markus Promberger, Eine kurze Geschichte der Arbeitslosigkeit, Teil 2: Von der Gründerzeit bis zum Ende des zweiten Weltkrieges, in: Arbeit und Beruf 56 (2005) H. 2, S. 33f., sowie Frank Niess, Geschichte der Arbeitslosigkeit. Ökonomische Ursachen und politische Kämpfe: Ein Kapitel deutscher Sozialgeschichte, Köln 1979, S. 26–32 und S. 77–87.
[11] Vgl. Gerhard A. Ritter, Der deutsche Sozialstaat. Anfänge, historische Weichenstellungen und Entwicklungstendenzen, in: Anton Rauscher (Hrsg.), Grundlagen des Sozialstaats, Köln 1998, S. 11–44, hier S. 11–30.
[12] Vgl. Bonß/Heinze, Arbeit, Lohnarbeit, ohne Arbeit, in: dies. (Hrsg.), Arbeitslosigkeit in der Arbeitsgesellschaft, S. 15f.
[13] Vgl. Maria Jahoda/Paul F. Lazarsfeld/Hans Zeisel, Die Arbeitslosen von Marienthal. Ein soziographischer Versuch über die Wirkungen langandauernder Arbeitslosigkeit, Leipzig 1933.

eine Studie des Frankfurter Instituts für Sozialforschung angelegt, die sich seit 1929 auch mit den politischen Orientierungen von Arbeitslosen beschäftigte[14]. Max Horkheimer fragte insbesondere „nach dem Zusammenhang zwischen dem wirtschaftlichen Leben der Gesellschaft, der psychischen Entwicklung der Individuen und den Veränderungen im kulturellen Bereich"[15]. Die Bedeutung von Arbeitslosigkeit für die politische Identitätsfindung sowie für die familiale Autoritätsbildung wurde hier aus marxistischer und psychoanalytischer Perspektive untersucht. Diese Studie hatte in mehrfacher Hinsicht einen Sonderstatus: Sie war interdisziplinär konzipiert und kombinierte qualitative mit quantitativen Methoden. Festzuhalten bleibt, dass die Ergebnisse bereits auf eine Tendenz zur „Abgrenzung nach unten" hinwiesen, da die wachsende Gruppe von Arbeitslosen eine Bedrohung für das schlecht abgesicherte Proletariat darstellte.

In der NS-Zeit kam die Arbeitslosenforschung in Deutschland zum Erliegen. Die Arbeitslosigkeit wurde schon bald kaum mehr öffentlich thematisiert. Die Arbeitslosenquoten verschwanden aus den statistischen Jahrbüchern, und die absoluten Zahlen wurden geschönt[16]. In anderen Ländern entwickelte sich dieser Zweig der Sozialwissenschaften dagegen weiter, wobei sich zwei bis heute voneinander abgrenzbare Untersuchungslinien feststellen lassen: „die dominant psychologisch/sozialpsychologisch orientierte Arbeitslosenforschung" und die „eher ökonomisch/sozialpolitisch akzentuierte Arbeitslosigkeitsforschung". Während sich erstere „auf die psychischen und sozialen *Auswirkungen* der Arbeitslosigkeit bei den Betroffenen konzentriert und individuelle Verarbeitungsstrategien untersucht", fragt letztere „nach den ökonomischen und sozialen *Ursachen* und analysiert Möglichkeiten ihrer Bekämpfung auf der Ebene des politischen und ökonomischen Systems"[17].

Nachdem die schlimmsten Folgen des Zweiten Weltkriegs überwunden waren, ging die Arbeitslosigkeit in der Bundesrepublik wie in allen westlichen Industriestaaten stark zurück. Eine Phase noch nie dagewesenen wirtschaftlichen Aufschwungs brach an,

---

[14] Vgl. Erich Fromm u.a. (Hrsg.), Autorität und Familie, vollständige Ausgabe in 2 Bänden, Paris 1936.
[15] Rolf Wiggershaus, Die Frankfurter Schule. Geschichte, theoretische Entwicklung, politische Bedeutung, München/Wien ²1987, S. 51 f.
[16] Vgl. Promberger, Kurze Geschichte der Arbeitslosigkeit, Teil 2, S. 34, und Otto Uhlig, Arbeit amtlich angeboten. Der Mensch auf seinem Markt, Stuttgart u.a. 1970, S. 267–274.
[17] Bonß/Heinze, Arbeit, Lohnarbeit, ohne Arbeit, in: dies. (Hrsg.), Arbeitslosigkeit in der Arbeitsgesellschaft, S. 13 f.; Hervorhebungen im Original.

und es verwundert nicht, dass Arbeitslosigkeitsforschung in dieser Phase kaum existierte[18]. Noch 1970 beschränkte sich Armut für Heinz Strang auf Restbestände von Nichtintegrierbaren: „Je mehr die ‚positionelle und existenzielle Armut', jene dominante Armut der vergangenen Jahrhunderte, zurückgeht, desto mehr tritt die ‚potentielle Anomie in jeder Form des Sozialverhaltens' in den Blickpunkt."[19] Die Sozialpolitik zielte bis Ende der 1970er Jahre stark auf den Statuserhalt auch bei Arbeitslosigkeit, die in erster Linie friktionaler oder saisonaler Natur war und – auch motiviert durch die Systemkonkurrenz zur DDR – durch eine aktive Arbeitsmarktpolitik gemildert wurde[20]. Obwohl die Arbeitslosenquote 1975 auf 4,7 Prozent stieg, nahmen Politik und soziologische Forschung die Veränderungen am Arbeitsmarkt zunächst kaum als strukturelles Problem wahr. Man hielt vielmehr am „Traum immerwährender Prosperität" fest und glaubte, prinzipiell jeden oder jede wieder in den Arbeitsmarkt integrieren zu können[21].

Mit den Rezessionen 1974/75, 1981/82 und 1992/93 stiegen die Arbeitslosenzahlen. Die in den Krisenjahren abgebauten Arbeitsplätze konnten in den Erholungsphasen nicht wieder geschaffen werden; aus der konjunkturellen wurde eine strukturelle Arbeitslosigkeit. Aufgrund dieser Entwicklung kam es in den 1980er Jahren zu einer differenzierteren Betrachtung der Arbeitslosen nach Gruppen – Jugendliche, Frauen, gering Qualifizierte oder Ältere – und zu einem Aufschwung der sozialpsychologisch orientierten Arbeitslosenforschung[22]. Allerdings: die alte Dichotomie von Arbeit/Nicht-Arbeit

---

[18] Vgl. Erik Boettcher (Hrsg.), Sozialpolitik und Sozialreform. Ein einführendes Lehr- und Handbuch der Sozialpolitik, Tübingen 1957. Anton Burghardt (Lehrbuch der Allgemeinen Sozialpolitik. Bedingungen, Geschichte, Vollzug, Effekte, Berlin 1966, S. 387) verwies darauf, dass zu dieser Zeit Langzeitarbeitslose in den USA nicht mehr in der Statistik geführt wurden.
[19] Heinz Strang, Erscheinungsformen der Sozialhilfebedürftigkeit. Beitrag zur Geschichte, Theorie und empirischen Analyse der Armut, Stuttgart 1970, S. 38 f.; Hervorhebungen im Original.
[20] Am 1.7.1969 löste das Arbeitsförderungsgesetz das Gesetz über Arbeitsvermittlung und Arbeitslosenversicherung von 1927 ab und ergänzte den Auftrag der Bundesanstalt für Arbeit um die Förderung der beruflichen Bildung. Vgl. Josef Stingl, Vom Gesetz über Arbeitsvermittlung und Arbeitslosenversicherung (AVAVG) zum Arbeitsförderungsgesetz (AFG), in: Reinhart Bartholomäi u.a. (Hrsg.) Sozialpolitik nach 1945. Geschichte und Analysen. Ernst Schellenberg zum 70. Geburtstag, Bonn 1977, S. 349–359, hier S. 357ff.
[21] Burkart Lutz, Der kurze Traum immerwährender Prosperität. Eine Neuinterpretation der industriell-kapitalistischen Entwicklung im Europa des 20. Jahrhunderts, Frankfurt a.M./New York, 1989.
[22] Vgl. die Literaturverweise der Dokumentationsstelle für Arbeitslosenfor-

war nach wie vor wirksam, Arbeitslosigkeit wurde unter dem Aspekt der Ausgrenzung thematisiert, und die Norm der Vollbeschäftigung sowie das Ziel der Re-Integration der Arbeitslosen in das Erwerbssystem standen (noch) nicht zur Disposition. Neue Perspektiven und Ergebnisse, die aus der Armutsforschung kamen, veränderten jedoch auch die Arbeitslosenforschung.

Die Armutsforschung war bis in die 1980er Jahre überwiegend durch große, zeitpunktbezogene Querschnittsdatenerhebungen gekennzeichnet. Armut wurde meist als dauerhafter, sich zunehmend verschlimmernder Zustand wahrgenommen. Einen regelrechten Schub erhielt die deutsche Armutsforschung durch das Projekt „Sozialhilfekarrieren", in dem die Bezugsdauer von Sozialhilfe im Lebensverlauf eine wichtige Rolle spielte[23]. Die Ergebnisse zeigten, dass bei der Armutsbevölkerung hohe Einkommensmobilität und Fluktuation vorherrschten. Die armen Bevölkerungsschichten waren also keineswegs eine homogene Gruppe, sondern vergleichsweise mobil. Es gab Aufstiegskarrieren sowie aktives Handeln im Hilfebezug, und das vorherrschende Zeitmuster war durch Phasen kurzfristiger Arbeitslosigkeit gekennzeichnet[24]. Der soziale Wandel und zunehmende Individualisierungsprozesse hatten zur Folge, dass nicht mehr nur die Ränder der Gesellschaft von Armut betroffen waren, sondern zunehmend auch die Mittelschichten. Die Ergebnisse der im Rahmen des SFB 186 erarbeiteten Studien erweiterten den Personenkreis, mit dem sich Armutsforschung befasste, und schärften den Blick für Übergangsstationen oder Verlaufskarrieren. Sie zeigten, dass nicht nur ein stabiles unteres Segment, sondern ein deutlich größerer Teil der Bevölkerung nicht dauerhaft am gesellschaftlichen Wohlstand partizipieren konnte und zumindest zeitweise vom Arbeitsmarkt ausgeschlossen wurde. Man sprach von „neuer Armut" in einer Zwei-Drittel- oder Drei-Viertel-Gesellschaft[25].

schung für den Zeitraum 1975–1989, unter www.sozpsy.uni-hannover.de/DfA/index.html.
[23] Vgl. Stephan Leibfried u.a., Zeit der Armut. Lebensläufe im Sozialstaat, Frankfurt a.M. 1995, S. 15f. Das von der DFG im Rahmen des SFB 186 „Statuspassagen und Risikolagen im Lebensverlauf" in Bremen durchgeführte Projekt hatte eine Laufzeit von 1988 bis 2001.
[24] Vgl. Jutta Allmendinger/Thomas Hinz, Bildung, in: Bericht der Staatsregierung zur sozialen Lage in Bayern, hrsg. vom Bayerischen Staatsministerium für Arbeit und Sozialordnung, München 1999, S. 15–25.
[25] Vgl. Richard Hauser/Udo Neumann, Armut in der Bundesrepublik Deutschland. Die sozialwissenschaftliche Thematisierung nach dem Zweiten Weltkrieg, in: Stephan Leibfried/Wolfgang Voges (Hrsg.), Armut im modernen Wohlfahrtsstaat, Köln 1992, S. 237–271, hier 241f.

Die Erkenntnisse aus dieser dynamischen Betrachtung von Armut hatten Auswirkungen auf die Arbeitslosen- und Arbeitslosigkeitsforschung, aber auch auf die Arbeitsforschung insgesamt. Martin Kronauer, Berthold Vogel und Frank Gerlach verwiesen Anfang der 1990er Jahre auf die Irritationen, die von den Ergebnissen der Arbeitslosenforschung auf den Begriff der Arbeitsgesellschaft ausstrahlten: „Je mehr wir über einzelne Aspekte der Arbeitslosigkeit und spezifische Gruppen von Arbeitslosen erfuhren, desto schwieriger wurde es, noch Gemeinsamkeiten in den Erfahrungen mit Arbeitslosigkeit zu erkennen, oder mit anderen Worten, desto mehr entzog sich die ‚Arbeitsgesellschaft', die diesen Erfahrungen ihren Stempel aufdrückt, dem Blick."[26] Gesellschaftstheoretisch orientierte Arbeitslosenforschung setzte sich zunehmend auch mit dem Grundverständnis von Arbeit auseinander. Es galt, Arbeit als Kategorie neu zu reflektieren, da die klassischen Konzepte von Lohnarbeit, Arbeiterklasse, Arbeitsteilung, Beruflichkeit et cetera an analytischer Schärfe verloren hatten[27]. Gleichzeitig kam insbesondere durch die feministische Forschung und deren Forderung nach einer Neubewertung von Reproduktionsarbeit Kritik am Arbeitsbegriff selbst auf[28]. Die kritische Auseinandersetzung mit dem Arbeitsbegriff und dessen Verknüpfung mit Erwerbs- oder Lohnarbeit berührte auch das bisherige (Selbst-)Verständnis der Arbeitsgesellschaft, so dass Erwerbsarbeit als zentraler Vergesellschaftungsmodus teilweise zum Auslaufmodell erklärt wurde. Angesichts des *jobless growth* in den westlichen Industriestaaten machte gar das Schlagwort vom „Ende der Arbeitsgesellschaft" die Runde. Andererseits gab es auch Beiträge, in denen die Zukunft der Erwerbsarbeit unter veränderten Bedingungen thematisiert wurde[29].

---

[26] Martin Kronauer/Berthold Vogel/Frank Gerlach, Im Schatten der Arbeitsgesellschaft. Arbeitslose und die Dynamik sozialer Ausgrenzung, Frankfurt a.M./New York 1993, S. 14.
[27] Vgl. Leo Montada (Hrsg.), Arbeitslosigkeit und soziale Gerechtigkeit, Frankfurt a.M./New York 1994, und Hansjürgen Daheim/Helmut Heid/Karl Krahn (Hrsg.), Soziale Chancen. Forschungen zum Wandel der Arbeitsgesellschaft, Frankfurt a.M./New York 1992.
[28] Vgl. Regina Becker-Schmidt/Gudrun Axeli-Knapp/Beate Schmidt, Eines ist zu wenig – beides ist zu viel. Erfahrungen von Arbeiterfrauen zwischen Familie und Fabrik, Bonn 1983.
[29] Die Diskussionen zur Erweiterung oder Erneuerung des Arbeitsbegriffs gehen weiter; vgl. Wieland Jäger/Sabine Pfeiffer, „Die Arbeit ist das lebendig gestaltende Feuer ...". Der Marxsche Arbeitsbegriff und Lars Clausens Entwurf einer modernen Arbeitssoziologie, in: Arbeit 5 (1996), S. 233–246.

Durch die Diskussionen um den Begriff der Arbeit, dessen Neubewertung und die Kritik an der Einengung auf lohnabhängige Erwerbsarbeit verlor die Arbeitslosigkeit – als negativ von der Erwerbsarbeit abgeleiteter Begriff – ebenfalls an Kontur. Bürgerschaftliches Engagement, Eigenarbeit, Reproduktionsarbeit oder überhaupt „Tätigkeiten" neben der Erwerbsarbeit wurden in die Debatte zur Konturierung einer neuen Arbeitsgesellschaft eingebracht; die Dichotomie zwischen Erwerbsarbeit und Arbeitslosigkeit stand zur Disposition. Dementsprechend versuchte die Forschung, diesen Dualismus zu überwinden und einen integrativen Blick auf unterschiedliche Tätigkeiten, Fähigkeiten und Aneignungssphären in Erwerbs- und Lebenswelt zu gewinnen.

Ein weiterer Perspektivenwechsel der Arbeitslosenforschung ist inspiriert von neuen Konzepten aus der Arbeitsforschung, die Veränderungen von Arbeit und Arbeitswelt aufgreifen: der auf Verwirklichungschancen abzielende Capability-Ansatz von Amartya Sen[30], der Exklusionsansatz zur sozialen Ausgrenzung[31], das Drei-Zonen-Modell von Robert Castel (Zone der Integration, Zone der Unsicherheit/Prekarität, Zone der Entkoppelung)[32], die Konzepte der Prekarisierung, etwa von Pierre Bourdieu,[33] das Forschungsprogramm der Entgrenzung von Arbeit und Leben[34].

„Diese Konzepte sprengen einen engen, an der kapitalistisch verfassten (männlichen) (Normal-)Erwerbsarbeit orientierten Arbeitsbegriff und erweitern diesen u. a. tendenziell um qualitative, gebrauchswertseitige Aspekte bzw. insistieren auf einer diffuser werdenden Grenze der Sphäre der Erwerbsarbeit."[35]

Arbeitslosenforschung wird also vor dem Hintergrund einer Entwicklung, die Begriffe wie Normalbiographie oder Normalarbeitsverhältnis nicht mehr adäquat erscheinen lässt, gleichsam in die Zange genommen. Die aktuellen Konzepte der Arbeitslosigkeits-,

---

[30] Vgl. Amartya Sen, Ökonomie für den Menschen. Wege zur Gerechtigkeit und Solidarität in der Marktwirtschaft, München/Wien 2000, und Christian Arndt u.a., Das Konzept der Verwirklichungschancen. Empirische Operationalisierung im Rahmen der Armuts- und Reichtumsmessung, Tübingen 2006.
[31] Vgl. Martin Kronauer, Exklusion. Die Gefährdung des Sozialen im hochentwickelten Kapitalismus, Frankfurt a.M. 2002.
[32] Vgl. Robert Castel, Die Metamorphosen der sozialen Frage. Eine Chronik der Lohnarbeit, Konstanz 2000.
[33] Vgl. Pierre Bourdieu, Gegenfeuer. Wortmeldungen im Dienste des Widerstands gegen die neoliberale Invasion, Konstanz 1998, S. 96–102.
[34] Vgl. Nick Kratzer, Arbeitskraft in Entgrenzung. Grenzenlose Anforderungen, erweiterte Spielräume, begrenzte Ressourcen, Berlin 2003.
[35] Sabine Pfeiffer, Arbeitsvermögen. Ein Schlüssel zur Analyse (reflexiver) Informatisierung, Wiesbaden 2004, S. 139f.

Arbeitslosen- und Arbeitsmarktforschung verweisen auf die Notwendigkeit einer neuen Sensibilität für die Übergänge, Randbereiche und Interdependenzen von Arbeit und Nicht-Arbeit. Diese Übergänge sind oft fließend, die Menschen an den Rändern sind teilweise sowohl „drinnen" als auch „draußen". Die Unsicherheit an der Peripherie der Arbeitswelt wirkt in diese hinein und verstärkt auch dort Unsicherheit[36]. Lebensverläufe werden zunehmend geprägt von der Bewältigung und Ausgestaltung von Übergängen (beispielsweise Schule/Ausbildung, Ausbildung/Arbeitsmarkt, regionale, horizontale und soziale Mobilität, zweiter/erster Arbeitsmarkt), die Wirkung in die Zukunft entfalten und sich entscheidend auf das Gelingen oder Misslingen weiterer Übergänge auswirken[37]. Die Veränderungen am Arbeitsmarkt stellten und stellen im Verein mit dem weltweiten Wettbewerbsdruck nicht nur die soziologische Forschung, sondern auch den Sozialstaat vor neue Herausforderungen.

„Vor diesem Hintergrund steigen die Anforderungen an die Sozial-, Bildungs- und Arbeitsmarktpolitik. Es wird zunehmend schwieriger diese in einer Weise auszubalancieren, um zugleich Flexibilität und Effizienz als auch Autonomie, Wohlfahrt und Sicherheit für möglichst viele Menschen zu steigern."[38]

4. Politikwechsel: Die Gesetze für moderne Dienstleistungen am Arbeitsmarkt

Die Einführung der „Gesetze für moderne Dienstleistungen am Arbeitsmarkt" zwischen 2003 bis 2005 war eine Reaktion auf diese Herausforderungen. Die sogenannten Hartz-Reformen verfestigten das neue arbeitsmarktpolitische Leitbild des fördernden und

---

[36] Vgl. Berthold Vogel/Natalie Grimm, Prekarität der Arbeitswelt. Grenzgänger am Arbeitsmarkt, in: Forschung & Lehre 10/2008, S. 676f.
[37] Vgl. Walter R. Heinz (Hrsg.), Übergänge. Individualisierung, Flexibilisierung und Institutionalisierung des Lebensverlaufs, Weinheim 2000; Hans G. Mendius/Petra Schütt, Zwischenbetriebliche Mobilitätsfähigkeit und Beschäftigungssicherheit. Funktionen berufsfachlicher Qualifikation im Wandel, in: Sabine Gensior/Lothar Lappe/Hans-Gerhard Mendius (Hrsg.), Im Dickicht der Reformen. Folgen und Nebenwirkungen für Arbeitsmarkt, Arbeitsverhältnis und Beruf, Cottbus 2008, S. 197–246, und Anne Hacket, Einkommensfolgen von Betriebsmobilität und -stabilität, in: Hartmut Seifert/Olaf Struck (Hrsg.), Arbeitsmarkt und Sozialpolitik. Kontroversen um Effizienz und soziale Sicherheit, Wiesbaden 2009, S. 101–134.
[38] Olaf Struck/Hartmut Seifert, Arbeitsmarkt und Sozialpolitik. Eine Einführung, in: dies. (Hrsg.), Arbeitsmarkt und Sozialpolitik. Kontroversen um Effizienz und soziale Sicherheit, Wiesbaden 2009, S. 8–13, hier S. 8.

fordernden Staats. Die Neuregulierungen zielten nun nicht mehr auf Statussicherung, sie schlugen den Weg zu einem Wohlfahrtsstaat mit Grundsicherung ein. Die Hartz-Reformen veränderten die Rahmenbedingungen für die Bevölkerungsgruppen, die Hilfe bezogen oder am Rande der Bedürftigkeit lebten. Neue Übergangsverhältnisse entstanden und zwangen die Arbeitslosen-, Arbeitslosigkeits- und Arbeitsforschung dazu, auch diese Veränderungen und Uneindeutigkeiten konzeptionell zu erfassen.

Ein Beitrag zur Analyse der Dynamiken und Mehrdeutigkeiten unter den Bedingungen der Hartz-Reformen ist das Konzept des *Arbeitsvermögens*[39]. Dieses in der Arbeitsforschung entwickelte Konzept verwendet – unter anderem im Rückgriff auf den anthropologisch begründeten Arbeitsbegriff in den frühen Schriften von Karl Marx – einen erweiterten, also von Erwerbsarbeit losgelösten Arbeitsbegriff[40]. Arbeitsvermögen stellt die Gebrauchswertseite von Arbeit dar, umfasst alle leiblichen, impliziten, nicht-formalisierbaren Fähigkeiten zur Aneignung von Welt und entsteht im handelnden Umgang mit deren Mitteln, Gegenständen und Organisationsformen. Dies bedeutet vor allem auch, dass Arbeitsvermögen keine intrapersonale Fähigkeit darstellt, sondern die Verschränkung von Welt und Subjekt, von Struktur und Handeln in sich trägt. So richtet das Konzept des Arbeitsvermögens den Blick nicht auf definierbare *Zustände* (arbeitslos/nicht arbeitslos), sondern hebt auf die potentiellen *Aneignungssphären zur Bildung von Arbeitsvermögen* (etwa Erwerbsarbeit, Alltagswelt, Familie, Hobby oder Schwarzarbeit) ab. Gefragt wird, in welcher Weise unterschiedliche Aneignungssphären Ressourcen zur Bildung von Arbeitsvermögen bereitstellen und unter welchen Bedingungen dieses individuell gebildet wird. Damit ist es möglich, all diejenigen Aspekte einzubeziehen, die sich formaler Zertifizierung entziehen und somit jenseits klassischer Marktgängigkeit zu verorten sind. Diese theoretische Perspektive verweist dabei auf den Ressourcencharakter von Arbeitsvermögen in der Erwerbs- ebenso wie in der Lebenswelt.

Aber wie bildet sich Arbeitsvermögen, wenn eine zentrale Aneignungssphäre, nämlich die der Erwerbsarbeit und des Berufs, fehlt? Arbeitsvermögen – so die Ausgangsannahme – unterliegt besonders in Phasen des Hilfebezugs Transformations- und Erosionsprozessen. Zugleich ist Arbeitsvermögen jedoch sowohl für die

---

[39] Vgl. Pfeiffer, Arbeitsvermögen, S. 138–195.
[40] Vgl. Karl Marx, Ökonomisch-philosophische Manuskripte aus dem Jahre 1844, in: MEW, Bd. 42, und Karl Marx, Grundrisse der Kritik der politischen Ökonomie, in: MEW, Bd. 40.

Chancen einer Arbeitsmarktintegration als auch für die Bewältigung des Alltags im Hilfebezug von zentraler Bedeutung[41]. Dieser konzeptionelle Zugang liegt quer zu Ansätzen, die etwa die Beschäftigungsfähigkeit oder die Kompetenzdebatte in den Mittelpunkt stellen[42], und läßt es durch den Einsatz einer prozessualen Kategorie zu, die „Karriere" des Arbeitsvermögens im biographischen Verlauf zu rekonstruieren und umgekehrt dessen Rolle als subjektive Kompetenz zu erfassen, die es ermöglicht, die eigene Biographie zu leben, zu ‚füllen' und als sinnhaft zu konstruieren. Überdies wird die biographische Dynamik in Beziehung zu den Veränderungen der Anforderungen einer sich wandelnden Erwerbswelt gesetzt. Arbeitsvermögen bezieht sich immer gleichzeitig auf objektive Gelegenheitsstrukturen wie biographische Zufälle oder Teilhabechancen und auf subjektive Fähigkeiten beziehungsweise Ressourcen. Dieser Begriff zielt sowohl auf die Ressourcen des Individuums als auch auf die Ressourcen der ihm zugänglichen Aneignungssphären. Arbeitsvermögen stellt damit ein übergreifendes Konzept jenseits der tradierten Dichotomisierung Erwerbsarbeit – Arbeitslosigkeit dar, das einen integrierten Blick auf die gesellschaftlichen Veränderungsprozesse und Bewältigungsformen aus der Subjektperspektive zuläßt.

Besonders in gesellschaftlichen Übergangsbereichen enthält Arbeitslosigkeit häufig Elemente von Erwerbsarbeit wie Ein-Euro-Jobs oder arbeitspolitische Maßnahmen, während Erwerbsarbeit zuweilen durchaus der Arbeitslosigkeit (Aufstockung des Erwerbseinkommens im Rahmen des Sozialgesetzbuchs II, geringfügige Beschäftigungsverhältnisse) ähnelt. Will soziologische Arbeits-, Arbeitslosen- und Arbeitslosigkeitsforschung Fragen nach neuen Formen der Vergesellschaftung, sozialer Absicherung, Stabilität und Sicherung der Zukunftsfähigkeit unter immer stärkeren Flexibilitätsanforderungen beantworten, so benötigt sie Konzepte, die eine Verknüpfung der Sphären Erwerbsarbeit und Lebenswelt ermöglichen und insbesondere die bisherigen Grauzonen erfassen. In den Biographien der Menschen findet diese Integration der Sphären permanent statt; Getrenntes muss somit wieder zusammengedacht werden.

---

[41] Vgl. Sabine Pfeiffer u.a., Arbeitsvermögen und Arbeitslosigkeit. Empirische und theoretische Ergebnisse der SGB-II-Evaluation (2008), unter www.isf-muenchen.de/pdf/Arbeitsvermoegen_und_Arbeitslosigkeit.pdf.
[42] Vgl. Markus Promberger u.a., Beschäftigungsfähigkeit, Arbeitsvermögen und Arbeitslosigkeit, in: WSI-Mitteilungen 61 (2008), S. 70–76.

Markus Promberger
Das Beschäftigungsmotiv in der Arbeitszeitpolitik

1. Motivkonstellationen

Seit der industriellen Revolution ist Deutschland mit periodisch auftretender Arbeitslosigkeit konfrontiert[1]. Mit der wohlfahrtsstaatlichen Entwicklung einher geht die zunehmende Bedeutung der Arbeitslosigkeit als soziales Problem. Dabei haben sich verschiedene Säulen der Bekämpfung der Arbeitslosigkeit entwickelt: Die Arbeitsvermittlung, zunächst von Kommunen, Arbeitgeberverbänden oder Gewerkschaften, vereinzelt auch von privaten Anbietern betrieben, seit 1922 monopolisiert in der Reichsanstalt für Arbeitsvermittlung und ihren Rechtsnachfolgern bis zur heutigen Bundesagentur für Arbeit. Hinzu kam 1927 die Arbeitslosenversicherung, die dem Träger der Arbeitsvermittlung angegliedert wurde. Auch finden sich seit den späten 1920er Jahren vermehrt Maßnahmen des Typs, den man seit den späten 1960er Jahren als „aktive Arbeitsmarktpolitik" bezeichnet: Öffentliche Beschäftigung von Arbeitslosen, später auch Kurzarbeitergeld, Winterbauförderung, Qualifikation, Umschulung und andere Instrumente. Ansätze von Konjunktur- und öffentlicher „arbeitsmarktfreundlicher" Wirtschaftspolitik traten in den 1970er Jahren hinzu.

Doch man ginge fehl, die Betrachtung auf die staatliche Arbeitsmarktpolitik zu beschränken und die anderen Kollektivakteure des Wirtschaftslebens auszublenden. Vor allem die Gewerkschaften verbanden wiederholt beschäftigungspolitische Erwägungen mit ihrer Arbeitszeitpolitik, während die Arbeitgeber diesen Ansinnen oftmals negativ gegenüberstanden, auch wenn sie phasenweise bestimmte arbeitszeitpolitische Überlegungen der Gewerkschaften teilten. Um die Geschichte des Beschäftigungsmotivs in der Arbeitszeitpolitik soll es im Folgenden gehen. Dabei kann dieses allerdings nicht isoliert betrachtet werden, sondern muss zu den anderen Motiven der Arbeitszeitpolitik in Beziehung gesetzt werden[2].

---

[1] Vgl. Markus Promberger, Eine kurze Geschichte der Arbeitslosigkeit. 3 Teile, in: Arbeit und Beruf 56 (2005), S. 1ff., S. 33ff. und S. 65ff.
[2] Ausführlich hierzu Markus Promberger, Wie neuartig sind flexible Arbeitszeiten? Historische Grundlinien der Arbeitszeitpolitik, in: Hartmut

Die arbeitszeitpolitischen Motive von Arbeitnehmern und Gewerkschaften lassen sich idealtypisch folgendermaßen kategorisieren: Das Humanisierungsmotiv umfasst den Belastungsabbau, Gesundheitsaspekte, den Schutz von Kindern, Jugendlichen, Frauen, Müttern, älteren oder behinderten Arbeitnehmern, aber auch familienbezogene Gesichtspunkte oder generell die Anpassung von Arbeitszeiten an individuelle und kollektive Lebensformen und Lebenslagen. Zum Humanisierungsmotiv gehören aber auch Beweggründe, die auf Bildung, Selbstentfaltung und Kreativität zielen. Arbeitsökonomische Motive in der Arbeitszeitpolitik beziehen sich auf das Verhältnis von Lohn und Arbeitszeit. Das emanzipatorische Motiv schreibt dem Umfang der Arbeitszeit eine wichtige Rolle bei der politischen Bildung und Befreiung der arbeitenden Menschen zu. Eine der zentralen arbeitszeitpolitischen Triebkräfte der Gewerkschaften und Arbeitnehmer ist der Abbau von Arbeitslosigkeit – also das Beschäftigungsmotiv.

Die Bedürfnisse und Interessen von Arbeitgebern hinsichtlich der Arbeitszeit stehen unter der prinzipiellen Anforderung der ökonomisch optimalen Ressourcennutzung, was jedoch je nach Art der produzierten Güter und Dienstleistungen beziehungsweise der dabei eingesetzten Ressourcen und Technologien oder der Strukturierung der für das Unternehmen relevanten Märkte höchst unterschiedliche Zeitstrukturen bedingen kann. Diese Unterschiede bestehen sowohl im Querschnitt verschiedener Betriebe und Branchen, aber auch im historischen Längsschnitt. Kontinuitäts- und Flexibilitätserfordernisse treten dabei in der industriellen Produktion wie auch in den heutigen spät- und nachindustriellen Arbeitsverhältnissen neben- oder gegeneinander.

Arbeitszeitinteressen sowohl auf Arbeitnehmer- wie auch auf Arbeitgeberseite sind durchaus nicht homogen. Individuelle wie kollektive Interessenformierung in Arbeitszeitfragen stellen vielmehr stets einen Balanceakt dar[3]. Dabei entstehen innerhalb der Kollektivakteure konkrete Forderungen und Handlungsrichtlinien im Hinblick auf die Arbeitszeit: Verkürzung der Tages-, Wochen-, Jahres- oder Lebensarbeitszeit, die Normierung der Arbeitszeit im Sinne einer Eingrenzung von Schwankungen im Zeitverlauf oder flächenmäßigen Standardisierung, die Synchronisierbarkeit mit anderen

---

Seifert (Hrsg.), Flexible Zeiten in der Arbeitswelt, Frankfurt a.M. 2005, S. 9–39.
[3] Vgl. Helmut Wiesenthal, Strategie und Illusion. Rationalitätsgrenzen kollektiver Akteure am Beispiel der Arbeitszeitpolitik 1980–1985, Frankfurt a.M./ New York 1987.

Zeitstrukturen sowie die Frage der Freiräume für zumindest ansatzweise selbstbestimmte Arbeitszeitgestaltung.

2. Arbeitszeitpolitik in der frühen Industriegesellschaft

In der Frühphase der Industrialisierung, die in Deutschland für die erste Hälfte des 19. Jahrhunderts angesetzt werden kann, war das „arbeitszeitpolitische" Handeln der Arbeiter vor allem auf die Aufrechterhaltung traditioneller Zeitkulturen im Arbeitsalltag gerichtet. Feiertage, blaue Montage, das Verlassen der Arbeitsstätte zum Beispiel in der Erntezeit oder bei Festen im Herkunftsort und andere „Freiräume herkömmlicher Selbstbestimmung"[4], aber auch das Nebeneinander extensiver formaler Arbeitszeiten und informellen Unterlaufens dieser Regelungen durch Blaumachen, Zuspätkommen, Bummelei, exzessive Pausen, Schlafen und Alkoholtrinken am Arbeitsplatz prägten die frühindustrielle Arbeitszeitkultur. Diese traditionalistisch-vorindustrielle Interessenströmung hielt sich in manchen Branchen und Regionen bis zum Beginn des 20. Jahrhunderts, ihre Disziplinierung war ein zentrales Anliegen von Arbeitgebern und Staat[5].

Demgegenüber standen diejenigen Arbeitergruppen, deren Arbeitskultur sich an städtisch-ständischen Traditionen des Handwerks, angesichts einer „lebenslänglichen" Perspektive auf Lohnarbeit[6] aber auch an der Einsicht in die Notwendigkeit des pfleglichen Umgangs mit der eigenen Arbeitskraft orientierte. Ab etwa der Mitte des 19. Jahrhunderts war die Begrenzung der mit dem Arbeitsleben einhergehenden Belastungen durch die Verkürzung des Arbeitstags ein Anliegen der frühen Arbeiterbewegung und ihrer Unterstützer. Dies lässt sich am Beispiel der Agitation für den Zehnstundentag gut nachvollziehen. Zuerst in England begann damals auch der Abbau von Arbeitslosigkeit eine argumentative Rolle zu spielen, so dass uns hier wohl zum ersten Mal in der Geschichte das beschäftigungsorientierte Motiv in der Arbeitszeitpolitik begegnet.

Parallel zu den Wirtschaftskrisen im späten 19. Jahrhundert und der dabei immer wieder auftretenden Arbeitslosigkeit wurden in der Arbeiterbewegung Forderungen nach Arbeitszeitverkürzung

---

[4] Karl Hinrichs, Motive und Interessen im Arbeitszeitkonflikt. Eine Analyse der Entwicklung von Normalarbeitszeitstandards, Frankfurt a.M./New York 1988, S. 27.
[5] Vgl. Robert Castel, Die Metamorphosen der Sozialen Frage. Eine Chronik der Lohnarbeit, Konstanz 2000, S. 287.
[6] Vgl. Goetz Briefs, Das gewerbliche Proletariat, in: Alfred Vierkandt (Hrsg.), Handwörterbuch der Soziologie, Stuttgart 1931, S. 111.

zur gerechteren Verteilung der Arbeit erhoben: „That so long as there is one man who seeks employment and cannot obtain it, the hours of work are too long", befand schon im späten 19. Jahrhundert der damalige Vorsitzende des amerikanischen Gewerkschaftsbunds American Federation of Labour, Samuel Gompers[7], wobei diese Einstellung zumindest in Gewerkschaftskreisen auch lohnpolitisch motiviert war[8].

Werfen wir noch einen Blick auf die Unternehmer: In der ersten Hälfte des 19. Jahrhunderts fanden sich hier zunächst vor allem Bestrebungen zum Abbau vorindustrieller Zeitkulturen. Im Hintergrund dieser Position stand das Interesse, die kontinuierliche Verfügbarkeit der Ressource Arbeit sicherzustellen, wie es auch heute noch in Diskussionen um Wochenendarbeit aufscheint. Gleichzeitig war in der Frühphase der Industrialisierung die Flexibilität der Arbeitszeiten für die Unternehmer angesichts der Diskontinuitäten von Energie- und Rohstoffversorgung sowie unentwickelten Märkten und Technologien erstaunlich wichtig: Wenn es die Kontextbedingungen zuließen, wurde produziert bis zum sprichwörtlichen Umfallen[9]. Flexibilitätsinteressen der Unternehmer sind also keineswegs erst seit 1980 festzustellen.

Arbeitszeitpolitische Motive in der frühindustriellen Phase weisen bereits alle Facetten auf, die uns heute noch vertraut sind oder die wir heute als neu betrachten. Bekannt sind auf Arbeitnehmerseite Verkürzungsinteressen zum Belastungsabbau, für Bildung und Familie, erstmals und prominent auch zur Umverteilung von Arbeit, sowie Interessen zur Normierung von Zeitstrukturen. Gleiches gilt für die Arbeitgeberseite, wo die Abwehr von Verkürzungsbestrebungen, aber auch die Vermeidung von ineffizienten überlangen Arbeitszeiten dem heutigen Beobachter geläufig sind. Weniger bekannt sind die Autonomiebestrebungen der traditionellen, von vorindustrieller Arbeitskultur geprägten Arbeitnehmerschaft, aber auch die Flexibilitätsinteressen der Arbeitgeber in der frühindustriellen Epoche sowie ihr Bedürfnis nach kontinuierlicher Verfügbarkeit des Faktors Arbeit.

---

[7] Samuel Gompers, The eight-hour workday: its inauguration, enforcement and influences, Washington 1897; zit. nach Hinrichs, Motive und Interessen, S. 57.
[8] Vgl. ebd, S. 58, und Gary S. Cross, The Political Economy of Leisure in Retrospect. Britain, France and the Origin of the Eight-Hour-Day, in: Leisure Studies 5 (1986), S. 69–90.
[9] Vgl. Christoph Deutschmann, Der Weg zum Normalarbeitstag. Die Entwicklung der Arbeitszeiten in der Industrie bis 1918, Frankfurt a. M./New York 1985, S. 41 ff.

3. Die hochindustrielle Phase der Arbeitszeitpolitik

Der Industrialismus als praktizierte Lebensform wie als kulturelle Chiffre stand nach dem Ersten Weltkrieg in voller Blüte. Technologie, Märkte und Arbeitskultur hatten sich in hohem Maße von ihren vor- und frühindustriellen Wurzeln emanzipiert, die Arbeiterschaft war – ob auf revolutionäre oder reformerisch-integrative Weise – auf dem Wege in die Mitte der Gesellschaft. So steht die von Henry Ford propagierte Synthese aus Massenproduktion, Massenmotorisierung und Massenkonsum, später als „Fordismus" bezeichnet, synonym für die Gesellschaftsformation eines entwickelten Kapitalismus, der – anders als seine auf Massenelend und politischer Unterdrückung aufbauenden Vorgänger – imstande ist, wohlfahrtsstaatliche Züge zu entwickeln und die demokratische Integration des Klassenkonflikts zu leisten. Die Brüche, von denen diese Entwicklung vor allem in den Jahren 1918 bis 1945 begleitet war, sollten allerdings dabei nicht aus dem Blick geraten, wie etwa Reaktion und Faschismus in Teilen Europas oder Polizeieinsätze gegen Streikende in den USA. Generell ist die ablehnende Haltung weiter Teile des Unternehmertums gegenüber den Interessen der Arbeitnehmerschaft konstitutiv für diese Phase.

Das beschäftigungspolitische Motiv begegnet uns in deutlicher Form, als nach dem Ende des Ersten Weltkrieges die Einführung des Achtstundentags beschlossen wurde. Grund hierfür war die angespannte Arbeitsmarktlage wegen des Rückbaus der Rüstungsproduktion und der Integration der Kriegsheimkehrer in den Arbeitsmarkt. Für die hohe Bedeutung des Beschäftigungsmotivs in dieser Zeit spricht, dass auf drei verschiedenen Handlungsebenen, der internationalen, der nationalstaatlichen und der tarifpolitischen, entsprechende Beschlüsse unter Bezugnahme auf die Beschäftigungssituation gefasst wurden: Im Washingtoner Abkommen einigten sich die Mitgliedsstaaten der ILO 1919 auf eine tägliche Höchstarbeitszeit von acht Stunden[10], in den deutschen Demobilmachungsverordnungen von November 1918 und März 1919 wurde der Achtstundentag zeitlich befristet dekretiert und im Stinnes-Legien-Abkommen vom 15. November 1918 von den Tarifparteien beschlossen. All diese Abkommen und Dekrete wurden jedoch im Laufe der nächsten Jahre zunehmend unterlaufen, verwässert oder aufgehoben, beispielsweise in der Arbeitszeitverordnung von 1923, so dass die (Wieder-)Durchsetzung des Achtstundentags ein

---

[10] Das Abkommen wurde allerdings nur in Belgien und der Tschechoslowakei ratifiziert.

wichtiges Anliegen der Freien Gewerkschaften in der Weimarer Republik blieb.

Auch in den großen Arbeitsmarktkrisen der mittleren und späten 1920er Jahre plädierte der ADGB wiederholt beschäftigungspolitisch für eine Reduktion der wöchentlichen Arbeitszeit auf gesetzlichem Wege beziehungsweise für die schematische Einhaltung des Achtstundentags[11]. 1927 kam es dann auf Initiative von Gewerkschaften und SPD zum „Arbeitszeitnotgesetz", das – vor allem zur Entlastung des Arbeitsmarkts – einen Überstundenzuschlag von 25 Prozent und die Reduktion der täglichen Arbeitszeit an gesundheitsgefährdenden Arbeitsplätzen auf acht Stunden vorsah[12]. Die Argumentation der Gewerkschaften war allerdings selten einheitlich und wurde nicht kontinuierlich durchgehalten[13]. Dies änderte sich zu Beginn der 1930er Jahre, als der ADGB die Einführung der 40-Stunden-Woche forderte, um der auch durch technologischen und arbeitsorganisatorischen Fortschritt bedingten anhaltenden Massenarbeitslosigkeit entgegenzuwirken. Anders als beispielsweise in den USA blieb dieser beschäftigungspolitisch motivierte Vorstoß in Deutschland allerdings erfolglos[14].

Einen Kampf um die Verfügbarkeit von Arbeitskräften mussten die Unternehmer nun nicht mehr führen. Die ursprünglich äußerst heterogene Arbeiterschaft hatte sich zu einer relativ homogenen „Klasse" entwickelt, der außer der lebenslangen Lohnarbeit kaum eine Existenzperspektive zur Verfügung stand. Die Unternehmer widmeten sich mit Methoden der „wissenschaftlichen Betriebsführung"[15] nunmehr in hohem Maße der Kontrolle der Verausgabung von Arbeitskraft im Produktionsprozess sowie der Abwehr oder Revision gewerkschaftlicher und gesetzlicher Vorstöße zur Arbeits-

---

[11] Vgl. Wilhelm Rohde, Arbeitszeitverordnung in der Fassung des Arbeitszeitnotgesetzes vom 14. April 1927, nebst zugehörigen Gesetzen und Verordnungen, Leipzig 1927, S. 10ff.

[12] Ursprünglich war eine erneute Schematisierung des Achtstundentags angestrebt, die – so ein zeitgenössischer Kommentar – sogar noch deutlich über das Washingtoner Abkommen hinausging. Vgl. Friedrich Syrup, Die gesetzlichen Bestimmungen über die Regelung der Arbeitszeit nach dem Gesetz vom 14.4.1927 (Arbeitszeitnotgesetz) mit den Ausführungsbestimmungen des Reichsarbeitsministers vom 29.4.1927, Berlin ³1927, S. 6.

[13] Vgl. Günter Scharf, Geschichte der Arbeitszeitverkürzung. Der Kampf der deutschen Gewerkschaften um die Verkürzung der täglichen und wöchentlichen Arbeitszeit, Köln 1987.

[14] Zur erfolgreicheren Etablierung der 40-Stunden-Woche in den USA vgl. Hinrichs, Motive und Interessen, S. 81 ff.

[15] Frederick Winslow Taylor, Die Grundsätze wissenschaftlicher Betriebsführung, München 1919.

zeitverkürzung. So rief die schematische Durchführung des Achtstundentags in Deutschland seit 1918 breiten Widerstand hervor: Nicht nur die antigewerkschaftlich eingestellten Teile der Unternehmerschaft, sondern auch sozialreformerische Unternehmer wie Robert Bosch und Ernst Abbe und Sozialpolitiker wie Lujo Brentano, die den Achtstundentag prinzipiell befürworteten, wandten sich gegen dessen schematische Anwendung, weil dies die besonderen Zeitbedarfe einzelner Betriebe oder Situationen ignoriere[16]. Diese Kritik, die auf die Flexibilitätsanforderungen betrieblicher Produktion Bezug nahm, reichte wohl bis in Teile des Gewerkschaftslagers[17].

Wenden wir uns kurz der NS-Zeit zu: Eine der beschäftigungspolitischen Sofortmaßnahmen der Regierung Hitler nach der Machtergreifung war – neben der Manipulation der Arbeitslosenstatistik – die befristete Verkürzung der Wochenarbeitszeit auf 40 Stunden ohne Lohnausgleich[18]. Ziel war die – von der Zerschlagung der Arbeiterbewegung begleitete – Befriedung der Arbeitnehmer und ihre Einbindung in den NS-Staat durch die „Lösung" (faktisch Verschiebung) des drängenden sozialpolitischen Problems der Arbeitslosigkeit. Von dieser Verkürzung wurde jedoch im Zuge der wirtschaftlichen Expansion, besonders auch der Rüstungsindustrie, bald wieder nach oben abgewichen. Spätestens mit dem Übergang zur Kriegswirtschaft koppelte sich die NS-Arbeitspolitik endgültig von jedweder materiellen wie symbolischen Bezugnahme auf Arbeitnehmerinteressen ab. Die Arbeitszeitfrage reduzierte sich auf den Gegenstand von „Gefolgschaftspflichten" – so der Tenor der Arbeitszeitverordnung von 1934[19] – und Kriegsverordnungen. An Rüstungsbedarf und bald einsetzender Personal-

---

[16] Vgl. z.B. Ernst Abbe, Die volkswirtschaftliche Bedeutung der Verkürzung des Industriellen Arbeitstages. Zwei Vorträge (1901), in: ders., Sozialpolitische Schriften, Jena ²1921; Lujo Brentano, Über das Verhältnis von Arbeitslohn und Arbeitszeit, Leipzig ²1983.
[17] Vgl. Hinrichs, Motive und Interessen, S. 70.
[18] Vgl. – auch zum Mythos vom Abbau der Arbeitslosigkeit durch die NS-Regierung – Markus Promberger, Das VW-Modell und seine Nachfolger. Pioniere einer neuartigen Beschäftigungspolitik, München/Mering 2002, S. 31; Timothy W. Mason, Arbeiterklasse und Volksgemeinschaft. Dokumente und Materialien zur deutschen Arbeiterpolitik 1936–1939, Opladen 1975, S. 47.
[19] Abgesehen vom Gefolgschaftsbegriff stellte die Verordnung inhaltlich vor allem eine Zusammenfassung und Vereinheitlichung der Arbeitszeitregelungen der späten Weimarer Zeit dar, beseitigte aber sämtliche Mitbestimmungsaspekte. Vgl. Johannes Denecke/Dirk Neumann, Arbeitszeitordnung, München ¹⁰1987.

knappheit orientierte Arbeitszeitverlängerungen prägten die Kriegszeit.

Nach dem Zweiten Weltkrieg begann eine rund zehnjährige Periode hoher Arbeitslosigkeit[20]. Die Alliierten setzten 1946 die Kriegsverordnungen außer Kraft und reinstallierten damit die Arbeitszeitordnung von 1934[21]. Mitte der 1950er Jahre hatte sich dann die wirtschaftliche Situation konsolidiert und die Arbeitslosigkeit war auf ein niedriges Niveau gefallen. Mit dem Ende der krisenhaften Nachkriegsperiode und dem Beginn der wirtschaftlichen Expansion erhoben die wiedererstandenen Gewerkschaften erneut die Forderung nach verkürzten Arbeitszeiten; zwischen 1956 und 1966 wurde beispielsweise in der Metallindustrie die 40-Stunden-Woche eingeführt[22]. Vor dem Hintergrund der geringen Arbeitslosigkeit ist verständlich, dass hierbei vor allem humanisierungs- und verteilungspolitische Argumente ins Feld geführt wurden und das Beschäftigungsmotiv kaum eine Rolle spielte.

Ähnlich wie schon in den 1930er Jahren in den USA etablierte sich eine spezifische Kompromissstruktur zwischen Arbeit und Kapital, nach der längere Arbeitszeiten, Sonn- oder Feiertagsarbeit und später auch Samstagsarbeit prinzipiell zulässig waren und im Prinzip dem Dispositionsrecht der Arbeitgeber unterstanden, aber per Tarifvertrag als vom Arbeitszeitstandard abweichend definiert und höher bezahlt wurden. Durch die prinzipielle Beibehaltung des Achtstundentags wurde dem gewerkschaftlichen Interesse Rechnung getragen, die Unternehmen konnten jedoch ihren Flexibilitätsbedarf mittels gesondert und verteuert entgoltener Mehrarbeit decken. Gleichzeitig ergab sich für Arbeitnehmer eine Gelegenheit zur Einkommenssteigerung; gewerkschaftliche Verhandlungen und betriebliche Mitbestimmungsprozeduren beschränkten das Direktionsrecht der Unternehmen. So entstand ein tragfähiger Flexibilitätskompromiss, der den „Produktivitätspakt" zwischen Gewerkschaften und Arbeitgebern auf dem Felde der industriellen Arbeitszeit ergänzte und bis 1994 zum Grundbestand der bundesrepublikanischen Arbeitszeitpolitik gehören sollte.

---

[20] Vgl. Promberger, VW-Modell, S. 32.
[21] Sie blieb bis 1994 in Kraft.
[22] Vgl. Joachim Bergmann/Otto Jacobi/Walther Müller-Jentsch, Gewerkschaften in der Bundesrepublik, Frankfurt a.M. 1975, S. 192; Karl-Heinz von Kevelaer/Karl Hinrichs, Arbeitszeit und „Wirtschaftswunder". Rahmenbedingungen des Übergangs zur 40-Stunden-Woche in Deutschland, in: PVS 26 (1985), S. 52–75.

4. Die Renaissance des Beschäftigungsmotivs in der „Krise der Arbeitsgesellschaft"

Spätestens Mitte der 1970er Jahre setzten Verschiebungen im wirtschaftlichen Gefüge Westdeutschlands ein, die sich auch auf die Arbeitszeitpolitik auswirken sollten. Veränderungen der internationalen Arbeitsteilung, Rückgang des Wachstums, die Abkehr von der hochstandardisierten Massenproduktion und vor allem die wachsende weltwirtschaftliche Verflechtung erzwangen auf Unternehmensseite nicht nur eine vermehrte Fähigkeit zur Adaption an wechselnde Marktbedingungen, sondern konfrontierten die Gesellschaft nach dem Ende der Nachkriegsprosperität wiederum mit Massenarbeitslosigkeit.

Die Gewerkschaften leiteten mit den „Vorschläge[n] des DGB zur Wiederherstellung der Vollbeschäftigung" 1977 erneut eine Phase der Verkürzung der Wochenarbeitszeit ein, diesmal unter expliziter Heranziehung beschäftigungspolitischer Motive – hatte doch die Arbeitslosenzahl mit ihrem Sprung auf über eine Million 1975 bedrohlich zu wachsen begonnen. Die Gewerkschaften, voran die IG Metall, führten die Auseinandersetzungen mit einer Verbindung von beschäftigungspolitischen und humanisierungsbezogenen Motiven, wobei unter letzteren der persönliche Freizeitgewinn gegenüber den (älteren) Aspekten der Humanisierung der Arbeitsbedingungen bald in den Vordergrund trat. Emanzipatorische Motive spielten nur am Rande, bevorzugt in Diskussionen der Gewerkschaftslinken, eine Rolle[23]. Diese Konstellation besteht angesichts der hohen Sockelarbeitslosigkeit im Grundsatz bis heute fort.

Die Beschäftigungseffekte der Arbeitszeitverkürzungen seit 1974 sind in Expertenkreisen kontrovers diskutiert worden. Publizistische Gravitationszentren waren Düsseldorf und Köln, wo mit dem Wirtschafts- und Sozialwissenschaftlichen Institut und dem Institut der deutschen Wirtschaft nicht nur die Forschungsinstitute der Gewerkschaften und Arbeitgeber saßen, sondern auch das Institut für Soziale Chancen, das regelmäßige Repräsentativbefragungen zu Arbeits- und Betriebszeiten und Arbeitszeitwünschen durchführte[24]. Weitere Zentren im wissenschaftlich-politischen Diskurs bildeten der Bielefelder Forschungsschwerpunkt Zukunft

---

[23] Vgl. z.B. Arbeitsgruppe Alternative Wirtschaftspolitik, 35 Stunden sind genug! Abbau der Massenarbeitslosigkeit und Verbesserung der Arbeits- und Lebensbedingungen durch Arbeitszeitverkürzung, Köln 1983, S. 21.
[24] Vgl. zuletzt Frank Bauer u.a., Arbeitszeit 2003. Arbeitszeitgestaltung, Arbeitsorganisation und Tätigkeitsprofile, Köln 2004.

der Arbeit[25], der Arbeitszeitpräferenzen der Beschäftigten und deren kollektive Organisierbarkeit analysierte, das Frankfurter Institut für Sozialforschung mit seinen historisch-soziologischen Untersuchungen zum Normalarbeitszeitstandard[26], das Wissenschaftszentrum Berlin, in dessen Arbeiten es auch um den Zusammenhang lebensweltlicher Differenzierungen mit der Entstehung flexibler Arbeitszeitformen ging[27], sowie die Projektgruppe Arbeits- und Industrieforschung am Erlanger Institut für Soziologie, die eine Evaluation der Pilotabschlüsse in der Metallindustrie zur tariflichen Verkürzung der Wochenarbeitszeit durchführte[28]. Nicht zu vergessen das Deutsche Institut für Wirtschaftsforschung und das IAB der damaligen Bundesanstalt für Arbeit: So setzte die Diskussion um die Verkürzung der Arbeitszeiten mit Lutz Reyher vom IAB ein, Bernhard Teriet trug unmittelbar darauf entscheidend zur Prägung des Begriffs der Arbeitszeitflexibilisierung bei[29]. Eine der ersten Unternehmensbefragungen zur Arbeitszeitverkürzung sowie

---

[25] Vgl. Claus Offe/Karl Hinrichs/Helmut Wiesenthal (Hrsg.), Arbeitszeitpolitik. Formen und Folgen einer Neuverteilung der Arbeitszeit. Frankfurt a.M. 1983; Uwe Engfer u.a., Arbeitszeitsituation und Arbeitszeitverkürzung in der Sicht der Beschäftigten, in: MIAB 16 (1983), S.91–105; Karl Hinrichs, Zur Zukunft der Arbeitszeitflexibilisierung. Arbeitnehmerinteressen, betriebliche Interessen und Beschäftigungswirkungen, in: Soziale Welt 43 (1992), S.313–330.

[26] Vgl. Edwin Schudlich, Die Abkehr vom Normalarbeitstag. Entwicklung der Arbeitszeiten in der Industrie der Bundesrepublik seit 1945, Frankfurt a.M. 1987.

[27] Vgl. Andreas Hoff, Betriebliche Arbeitszeitpolitik zwischen Arbeitszeitverkürzung und Arbeitszeitflexibilisierung, München 1983; Friedhart Hegner/Margarete Landenberger, Arbeitszeit, Arbeitsmarkt und soziale Sicherung, Opladen 1988; Eckart Hildebrandt/Kristina Thurau-Vetter, Destandardisierung von Lebensläufen – Gestaltungsmöglichkeiten von Lebensarbeitszeit, in: Frank Bsirske u.a. (Hrsg.), Es ist Zeit: Logbuch für die ver.di-Arbeitszeitinitiative, Hamburg 2004, S.178–194.

[28] Vgl. Rudi Schmidt/Rainer Trinczek, Verbetrieblichung – viele Risiken, wenig Chancen, in: Eckart Hildebrandt/Eberhard Schmidt/Hans Joachim Sperling (Hrsg.), Zweidrittelgesellschaft – Eindrittelgewerkschaft. Kritisches Gewerkschaftsjahrbuch 1988/89, Berlin 1988, S.54–72; Markus Promberger, Was wird aus der Arbeitszeit? „Modernisierung" der betrieblichen Arbeitszeiten in der Metallindustrie zwischen Verkürzung, Pluralisierung und Differenzierung, München/Mering 1993; Christa Herrmann u.a., Forcierte Arbeitszeitflexibilisierung. Die 35-Stunden-Woche in der betrieblichen und gewerkschaftlichen Praxis, Berlin 1999; Markus Promberger u.a., Hochflexible Arbeitszeiten in der Industrie. Chancen, Risiken und Grenzen für Beschäftigte, Berlin 2002.

[29] Vgl. Lutz Reyher, Beschäftigungspolitische Alternativen zu hoher Arbeitslosigkeit, in: WSI-Mitteilungen 28 (1975) H.2, S.63–72; und Bernhard Teriet, Zeitsouveränität durch flexible Arbeitszeit, in: APuZ B 31/76, S.3–15.

das wohl erste und auch das bislang letzte Resümee zum Beschäftigungseffekt der Arbeitszeitverkürzung stammen aus diesem Institut[30]. Dazwischen liegen viele Beiträge des IAB, die eine moderate Zwischenposition in der bis in die 1990er Jahre fortwirkenden Kontroverse einnehmen.

Während arbeitgebernahe Publikationen den Beschäftigungseffekt abstritten[31], bewegten sich seriöse gewerkschaftsnahe Schätzungen zwischen 300.000 und einer halben Million durch tarifliche Wochenarbeitszeitverkürzung, das Vorruhestandsgesetz und die Ausweitung der Teilzeitarbeit gesicherter oder geschaffener Arbeitsplätze bis etwa 1987[32]. Ein wesentliches Problem der Quantifizierung des Beschäftigungseffekts besteht darin, dass in den Betrieben Arbeitszeitverkürzungen nicht nur durch Umverteilung von Beschäftigung, sondern auch durch Rationalisierungsmaßnahmen und Arbeitsverdichtung aufgefangen werden können. Und bei Rationalisierungsmaßnahmen wie auch bei Beschäftigungsgewinnen ist niemals komplett auseinanderzuhalten, ob sie ohnehin erfolgt wären oder erst durch die Arbeitszeitverkürzung ausgelöst wurden. Dabei spielt auch eine Rolle, dass technisch-organisatorische Änderungen in den Produktionsprozessen vor allem in Zeiten schlechter Konjunktur umgesetzt werden, ähnlich wie die beschäftigungspolitisch motivierte Arbeitszeitverkürzung. Rationalisierung gilt als wichtiger Gegenspieler der Arbeitsmarktentlastung durch kürzere Arbeitszeiten, letztere können durch die relative Verteuerung des Faktors Arbeit noch als zusätzliche „Rationalisierungspeitsche" wirken. Die Produktivitätsgewinne kürzerer Arbeitszeiten und Rationalisierungen können jedoch auf längere Sicht wiederum zur Sicherung von Arbeitsplätzen beitragen. Zur Abschwächung des

---

[30] Vgl. Eugen Spitznagel, Unternehmensbefragungen zur Arbeitszeitverkürzung, in: Arbeitszeit und flexible Altersgrenze. Aspekte und Fakten zur aktuellen Diskussion, hrsg. vom Institut für Arbeitsmarkt- und Berufsforschung, Nürnberg 1983, S. 68–72; Jürgen K. Kühl, Arbeitsmarktpolitik. Die Arbeitszeitverkürzung war und bleibt beschäftigungswirksam, in: Arbeit und Beruf 38 (1987) H. 6, S. 185f.; Hans-Uwe Bach u.a., Arbeitszeitpolitik, in: Jutta Allmendinger/Werner Eichhorst/Ulrich Walwei (Hrsg.), IAB Handbuch Arbeitsmarkt. Analysen, Daten, Fakten, Frankfurt a.M. u.a. 2005, S. 144–189.
[31] Vgl. Jürgen Husmann/Elisabeth Neifer-Dichmann, Arbeitszeitverkürzungen – ein beschäftigungspolitischer Fehlschlag, in: Peter Hampe (Hrsg.), Zwischenbilanz der Arbeitszeitverkürzung, München 1993, S. 59–74.
[32] Überblicke bei Hartmut Seifert, Beschäftigungswirkungen und Perspektiven der Arbeitszeitpolitik, in: WSI-Mitteilungen 42 (1989), S. 156–163, und Frank Stille/Rudolf Zwiener, Arbeitszeitverkürzung als Instrument der Beschäftigungspolitik, in: WSI-Mitteilungen 41 (1988), S. 594ff.

Beschäftigungseffekts trägt auch die Verkürzung in kleinen Schritten von wenigen Stunden pro Woche bei, die es den Betrieben leicht macht, allein mit organisatorischen Optimierungen und Rationalisierungsmaßnahmen zu reagieren, während von einer „schockartigen" Arbeitszeitverkürzung möglicherweise größere Beschäftigungsimpulse zu erwarten wären.

5. Ausblick

Die „nachfordistische" Epoche der Arbeitszeitpolitik weist einige bemerkenswerte Parallelen zur frühindustriellen Phase auf. Wie damals operieren Unternehmen heute in äußerst unsicheren Umwelten. Früher riefen Wechselfälle in den natürlichen Produktionsbedingungen oder Störungen der noch unentwickelten Märkte Risiken und Friktionen des Produktionsablaufs hervor, heute sind intensivierte Konkurrenz und überfungible Märkte einer global vernetzten Wirtschaft – etwa der Kapital- oder Finanzmarkt – an deren Stelle als Risikoproduzenten getreten. Zudem macht gelegentlich immer noch die Natur, auch in Form menschengemachter Katastrophen, von sich reden. Die Flexibilität des Faktors Arbeit, sowohl in ihrem Preis, als auch in zeitlicher und numerischer Disponibilität, ist heute wie zu Marx' Zeiten eine zentrale Anpassungsgröße für Unternehmen. Auf Seiten der Beschäftigten haben Arbeitszeitverkürzungen früherer Jahrzehnte und soziokulturelle Differenzierungsprozesse zu einer erneuten Heterogenisierung der Zeitinteressen geführt. Der Industrialismus als gemeinsamer Wertekanon und das Normalarbeits(zeit)verhältnis scheinen weitgehend ausgedient zu haben. Periodisch treten Interessen und Motive nach einer Entlastung des Arbeitsmarkts durch kürzere Arbeitszeiten vor allem auf der Arbeitnehmer- und Gewerkschaftsseite auf; dabei lassen sich deutliche Parallelen zum Konjunkturzyklus feststellen.

Wie viele Arbeitsplätze die Periode der Arbeitszeitverkürzung in der „Krise der Arbeitsgesellschaft" nun genau gerettet hat, ist kaum rekonstruierbar und bleibt strittig. Sicher ist allerdings, dass mit der auch beschäftigungspolitisch motivierten Absenkung der Arbeitszeiten seit 1980 ein weiteres Instrument für den Werkzeugkasten der Krisenbewältigung entstanden ist. Ob dies künftig – wie in den 1980er Jahren – vor allem in Form branchenweiter Verkürzungen der Wochen- oder Lebensarbeitszeit eingesetzt wird, ob wie in den 1990er Jahren in Form betrieblicher Bündnisse zur Beschäftigung und Standortsicherung oder wie im Herbst 2008 als Abbau von Stundenbeständen auf prallgefüllten Arbeitszeitkonten, wird sich zeigen. Gemeinsam ist allen Formen beschäftigungspolitisch motivierter Arbeitszeitabsenkung ein „solidarischer" Grundzug: Es gilt knapper werdende Arbeit umzuverteilen, bevor es zu Entlassungen als ultima ratio der betrieblichen und gesamtwirtschaftlichen Anpassungsprozesse kommt, oder neue Arbeitsplätze für bereits Arbeitslose zu schaffen.

Abkürzungen

ADGB	Allgemeiner Deutscher Gewerkschaftsbund
AfS	Archiv für Sozialgeschichte
ALQ	Arbeitslosenquote
APuZ	Aus Politik und Zeitgeschichte
AU	Austria
AUS	Australien
BAK	Bundesarchiv Koblenz
BE	Belgien
BHR	Business History Review
CAN	Canada
CDU	Christlich-Demokratische Union
CH	Confoederatio Helvetica
CSU	Christlich-Soziale Union
DE	(Bundesrepublik) Deutschland
DFG	Deutsche Forschungsgemeinschaft
DGB	Deutscher Gewerkschaftsbund
DK	Dänemark
DM	Deutsche Mark
EFTA	European Free Trade Association
EG	Europäische Gemeinschaft
EJ	Economic Journal
ESP	Espana
EU	Europäische Union
EWG	Europäische Wirtschaftsgemeinschaft
FDP	Freie Demokratische Partei
FIN	Finnland
FR	Frankreich
GATT	General Agreement on Tariffs and Trade
HP-Filter	Hodrick-Prescott-Filter
HStA	Hauptstaatsarchiv
IAB	Institut für Arbeitsmarkt- und Berufsforschung
ifo	Information und Forschung
IfZ	Institut für Zeitgeschichte
ILO	International Labour Organization
IRL	Irland
IT	Italien
JIR	Journal of Industrial Relations
JP	Japan

KZfSS	Kölner Zeitschrift für Soziologie und Sozialpsychologie
Mass.	Massachusetts
Mercosur	Mercado Común del Sur
MIAB	Mitteilungen aus der Arbeitsmarkt- und Berufsforschung
NAFTA	North American Free Trade Agreement
NAIRU	Non-accelerating inflation rate of unemployment
NDV	Nachrichtendienst des Deutschen Vereins für öffentliche und private Fürsorge
NL	Niederlande
NOR	Norwegen
NZ	New Zealand
OECD	Organization for Economic Co-operation and Development
QERU	Quasi-equilibrium rate of unemployment
PT	Portugal
PVS	Politische Vierteljahresschrift
SFB	Sonderforschungsbereich
SGB	Sozialgesetzbuch
SPD	Sozialdemokratische Partei Deutschlands
SWE	Schweden
TUC	Trades Union Congress
UK	United Kingdom
USA	United States of America
ZF	Zeithistorische Forschungen

Autorinnen und Autoren

Dr. Christoph Boyer (1953), Professor für Europäische Zeitgeschichte an der Universität Salzburg.

Dr. Gebhard Flaig (1952), Professor für Volkswirtschaftslehre an der Ludwig-Maximilians-Universität in München und Forschungsprofessor am ifo Institut für Wirtschaftsforschung in München.

Dr. Anne Hacket (1973), wissenschaftliche Mitarbeiterin am Institut für Sozialwissenschaftliche Forschung e.V. in München.

Dipl.-Soz.wiss. Steffen Jaksztat (1982), wissenschaftlicher Mitarbeiter bei der Hochschul-Informations-System GmbH in Hannover.

Dr. Sabine Pfeiffer (1966), wissenschaftliche Mitarbeiterin am Institut für Sozialwissenschaftliche Forschung e.V. in München und Lehrbeauftragte am Institut für Soziologie der Fernuniversität Hagen.

Dr. Kim Christian Priemel (1977), wissenschaftlicher Mitarbeiter an der Europa-Universität Viadrina in Frankfurt (Oder).

Dr. Markus Promberger (1963), Leiter des Forschungsbereichs Erwerbslosigkeit und Teilhabe am Institut für Arbeitsmarkt- und Berufsforschung der Bundesagentur für Arbeit in Nürnberg.

Dr. Thomas Raithel (1958), wissenschaftlicher Mitarbeiter am Institut für Zeitgeschichte München-Berlin und Professor am Historischen Seminar der Ludwig-Maximilians-Universität München.

Dipl.-Soz. Tobias Ritter (1977), wissenschaftlicher Mitarbeiter am Institut für Sozialwissenschaftliche Forschung e.V. in München.

Dr. Horst Rottmann (1964), Professor für Volkswirtschaftslehre und Quantitative Methoden an der Hochschule für angewandte Wissenschaften Amberg/Weiden und Forschungsprofessor am ifo Institut für Wirtschaftsforschung in München.

Dr. Wilfried Rudloff (1960), wissenschaftlicher Mitarbeiter an der Forschungsstelle Historische Sozialpolitik der Universität Kassel.

Dr. Thomas Schlemmer (1967), wissenschaftlicher Mitarbeiter am Institut für Zeitgeschichte München-Berlin, Redakteur der Reihe „Zeitgeschichte im Gespräch", Privatdozent am Historischen Seminar der Ludwig-Maximilians-Universität München.

Dipl.-Soz. Petra Schütt (1967), wissenschaftliche Mitarbeiterin am Institut für Sozialwissenschaftliche Forschung e.V. in München.

Dr. Winfried Süß (1966), wissenschaftlicher Mitarbeiter am Zentrum für Zeithistorische Forschung in Potsdam, Mitherausgeber der „Beiträge zur Geschichte des Nationalsozialismus", Lehrbeauftragter am Historischen Seminar der Ludwig-Maximilians-Universität München.

Dr. Alois Wacker (1942), Professor für Sozialpsychologie an der Universität Hannover, seit 2007 emeritiert.

Dr. Martin Werding (1964), Professor für Sozialpolitik und Sozialökonomik an der Ruhr-Universität Bochum, 1999–2008 Mitarbeiter des ifo Instituts für Wirtschaftsforschung in München.

Zeitgeschichte im Gespräch

Band 1
Deutschland im Luftkrig
Geschichte und Erinnerung
Dietmar Süß (Hrsg.)
2007 | 152 S. | € 16,80
ISBN 978-3-486-58084-6

Band 2
Von Feldherren und Gefreiten
Zur biographischen Dimension des Zweiten Weltkriegs
Christian Hartmann (Hrsg.)
2008 | 129 S. | € 16,80
ISBN 978-3-486-58144-7

Band 3
Schleichende Entfremdung?
Deutschland und Italien nach dem Fall der Mauer
Gian Enrico Rusconi, Thomas Schlemmer, Hans Woller (Hrsg.)
2. Aufl. 2009 | 136 S. | € 16,80
ISBN 978-3-486-59019-7

Band 4
Lieschen Müller wird politisch
Geschlecht, Staat und Partizipation im 20. Jahrhundert
Nicole Kramer, Christine Hikel, Elisabeth Zellmer (Hrsg.)
2009 | 141 S. | € 16,80
ISBN 978-3-486-58732-6

Band 5
Die Rückkehr der Arbeitslosigkeit
Die Bundesrepublik Deutschland im europäischen Kontext 1937 bis 1989
Thomas Raithel, Thomas Schlemmer (Hrsg.)
2009 | 177 S. | € 16,80
ISBN 978-3-486-58950-4

In Vorbereitung:

Band 6
Ghettorenten
Entschädigungspolitik, Rechtsprechung und historische Forschung
Jürgen Zarusky (Hrsg.)
2009 | Ca. 140 S. | € 16,80
ISBN 978-3-486-58941-2

Band 7
Hitler und England
Ein Essay zur nationalsozialistischen Außenpolitik 1920 bis 1940 von Herrmann Graml
2009 | Ca. 120 S. | € 16,80
ISBN 978-3-486-59145-3

oldenbourg.de   verkauf@oldenbourg.de

Oldenbourg

www.ingramcontent.com/pod-product-compliance
Lightning Source LLC
Chambersburg PA
CBHW032100230426
43662CB00035B/862